Stefano Apuzzo und Monica D'Ambrosio

Auch Tiere haben Seelen

Stefano Apuzzo
Monica D'Ambrosio

Auch Tiere haben Seelen

Von der Unsterblichkeit unserer Haustiere

tb
AQUAMARIN

ISBN 978-3-89427-470-2

Via Flamini, 109, I-00196 Roma
Titel der Originalausgabe:
Anche gli animali vanno in Paradiso

4. Auflage 2008

Voglherd 1 • D-85567 Grafing

Übersetzung aus dem Italienischen: Christina Döhler-Völpi

Umschlaggestaltung: Annette Wagner

Druck: Ebner & Spiegel, Ulm

Inhalt

Danksagung

Mein besonderer Dank gilt allen Freundinnen und Freunden, die mir bei der Redaktion dieses Buchs geholfen haben sowie den Verlagen, die großzügigerweise die Rechte zu einigen wichtigen Beiträgen zur Verfügung stellten – darunter Edizioni Mediterranee, ADN Kronos Salute, die diese Ausgabe ermöglicht haben, sowie Sperling & Kupfer, Edizioni Paoline, Agenzia Letteraria Internazionale, die Gruppe Geo-Armenia, Stampa Alternativa und Bau it.

Ich danke Stefano Carnazzi und Daniela Bellon für ihre wertvollen Beiträge, dem Verhaltensforscher und Katzenfreund Giorgio Celli, dem konsequenten, unermüdlichen, kämpferischen Carlo Ripa di Meana und der geistreichen Marina di Meana, Edgar Meyer und Cristina Morelli mit einer besonderen Widmung an ihren McWhite und die beiden wunderschönen Katzen Zorba und Balou, die das Fliegen gelernt haben. Ich danke auch Franco Libero Manco für seine wichtigen Hinweise.

Danke an Gaia, Stefania, Barbara, Angioletta, Caterina, Valentina, Sonia; an alle Schwestern und Freundinnen, die an dieses Buch von Monica geglaubt und viel Geduld bewiesen haben. Ich erinnere mich überdies jeden Tag daran, dass ich ohne die geduldige Liebe meiner Eltern Annamaria und Vittorio im Leben nicht weit gekommen wäre.

Ein Gedanke der Dankbarkeit geht auch an Tania Baldassari, Paola Grassilli und Mino D’Ambrosio.

Der Erlös dieses Buchs wird dazu beitragen, konkrete Maßnahmen der Hilfe und Behandlung für ausgesetzte Hunde und Katzen in verschiedenen Tierheimen zu finanzieren. Wir hoffen, damit einen kleinen Beitrag zur Sache der Tiere und zum friedlichen Zusammenleben auf diesem Planeten geleistet zu haben, damit die Menschen sich bewusst werden, dass unsere »kleineren Brüder«, wie Franziskus sie nannte, keine Objekte, sondern fühlende Lebewesen sind, die lieben und leiden und die wir eines Tages im Jenseits wiedertreffen werden. Dort werden wir Zeugnis ablegen müssen darüber, wie wir uns diesen wehrlosen Geschwistern gegenüber verhalten haben.

Erzähle deine Geschichte, erinnere dich an deine kleinen Freunde

Eine der schönsten Arten, unserer verstorbenen Freunde zu gedenken, ist, darüber zu schreiben und sich an die glücklichen Tage zu erinnern, die wir mit unseren Brüdern, den Tieren, verbracht haben. Der Verein »GAIA, Tiere und Umwelt« (www.gaiaitalia.it) hat zwei Wettbewerbe in Mailand und Genua veranstaltet, um Zeugenberichte und Schriften zu sammeln, die eine Liebe zwischen Tier und Mensch über den Tod hinaus bezeugen. Wir haben dazu sehr schöne Beiträge bekommen, von denen einige in diesem Buch veröffentlicht werden. Wir würden gern in Zusammenarbeit mit dem Verleger und den Leuten von Bau.it ein ganzes Buch mit den schönsten Geschichten herausbringen, von den Lesern und Leserinnen selbst geschrieben, die in enger Beziehung, Liebe und Respekt mit ihren vierbeinigen Freunden zusammengelebt haben.

Schriften, Geschichten und Zeugenberichte können Sie per e-mail an folgende Adresse senden: associazionegaia@tiscalinet.it

Der Tierschutzbund »GAIA« und die Autoren dieses Buchs verpflichten sich, zusammen mit dem Verleger die schönsten, bedeutendsten Texte in einem Band zusammenzufassen, der bald veröffentlicht werden kann. Wer seiner verstorbenen Freunde nur mit einem Photo und einer kurzen Widmung gedenken will, kann dies in den virtuellen Gärten von *Spoon River* auf der Webseite von www.bau.it tun, wo man einen virtuellen Blumenstrauß, ein Photo oder das ewige, unvergessene Lächeln veröffentlichen kann, das Ihnen Ihr Hund oder Ihre Katze geschenkt haben.

Vorwort

Wenn es ein Paradies gibt, ist es nur gerecht, dass dort auch Tiere leben. Könnt ihr euch einen Garten Eden vorstellen ohne den Gesang der Vögel, das Zwitschern der Schwalben, das Meckern der Ziegen oder das lustige Schnäuzchen eines Kaninchens, das um die Ecke lugt? In meiner Version vom Paradies kommt das Mauzen der Katzen und das freudige Gebell der Hunde, die endlich in Frieden spielen dürfen, aus jeder Ecke.

Oder wollen wir den armen Tieren auch diese Möglichkeit verweigern?

Ob wir nun praktizierende Gläubige oder atheistisch eingestellt sind, wir haben jedenfalls nicht das Recht, den anderen Bewohnern dieses Planeten die Türen des Paradieses vor der Nase zuzuschlagen, ihnen auch diesen Traum, diese Hoffnung auf Befreiung oder Erlösung zu nehmen. Wir muten diesen unschuldigen Kreaturen schon so viel Leid zu; wollen wir in unserer menschlichen Grausamkeit auch noch die Exklusivrechte auf die göttliche Liebe? Aber wahrscheinlich stimmt die tierfeindliche Haltung einiger Religionen mit der Nutzung der Tiere im Alltag überein: Wir züchten sie, essen sie auf, jagen, quälen und opfern sie. Wenn wir zugeben würden, dass Tiere eine Seele haben, so würde das bedeuten, dass wir viele unserer auf den Menschen ausgerichteten Sicherheiten aufgeben und unsere Beziehung zur Schöpfung neu überdenken müssten. Es würde wahrscheinlich heißen, dass wir uns nicht mehr als die absoluten Herren der Schöpfung aufführen könnten, sondern uns eher wie achtsame Eltern verhalten sollten, die ihre Kinder schützen. Aber, wie man weiß, ist es nicht leicht, bewusst die Verantwortung als Vater oder Mutter auf sich zu nehmen.

Ich persönlich sehe in der Diskussion darüber, ob Tiere eine Seele haben oder nicht, den Widerspruch zwischen denjenigen, die glauben, die Erde als Leihgabe oder Geschenk erhalten zu haben, und den anderen, die meinen, sie hätten sie besiegt oder erobert.

Ich glaube jedoch, dass jenseits aller religiösen, mystischen und spirituellen Überzeugungen der Respekt vor den Tieren und der Natur – als unser aller Mutter – eine Grundvoraussetzung sein muss, ein gemeinsamer Nenner im zivilisierten Gemeinschaftsleben. Wenn die Menschen sich selbst eine Seele zuschreiben, so können sie sie nicht allen anderen Tieren, den jüngeren Geschwistern der Menschheit, abstreiten. Diese Möglichkeit auszuschließen und auf eine so gewaltsame und totale Art die menschliche Spezies von allen anderen Bewohnern dieses Planeten zu trennen, ist eine anmaßende Grundvoraussetzung, die nur dramatische Konsequenzen nach sich ziehen kann. Die Tiere werden zu Objekten, zu »seelenloser belebter Materie« ohne Gefühle, Intelligenz und Schmerzempfindung, die wir nach Belieben missbrauchen können. Ich bin fest davon überzeugt, dass die kommenden Generationen diese zerstörerische Logik der Eroberer und Generäle, der Sadisten und Gewalttäter ablehnen werden. Die Räuber dieser Welt brauchen oft ideologische und religiöse Unterstützung, um ihre Untaten zu begehen: Bieten wir ihnen keine Unterstützung mehr!

Giorgio Celli

Einleitung

Immer mehr Theologen und gläubige Menschen zweifeln nicht mehr daran, dass Tiere eine Seele besitzen. In der Geschichte der Menschheit gab es wiederholt einflussreiche Stimmen, die den Tieren eine Seele zuschrieben; die Texte der Veden sagen aus, dass jedes Geschöpf, unabhängig von dem Körper, in dem es wohnt, eine Seele besitzt und die gleichen Möglichkeiten hat, sich zu den höchsten Ebenen der Spiritualität zu erheben. In den Augen der Veden sind also alle lebenden Wesen spirituell gleichwertig. Wie Herodot bestätigt, erkannten die Menschen des antiken Ägyptens als erste die Unsterblichkeit der Seele an, die alle Lebewesen durchwandert, bevor sie sich in einem menschlichen Körper inkarniert. Leibniz behauptete später, dass die Seelen der Tiere unsterblich seien.

Pythagoras führte dieses Konzept bis zum Extrem mit seiner Lehre von der Seelenwanderung, in der er annimmt, dass man möglicherweise seinen eigenen Vater umbringt, wenn man ein Tier tötet. Empedokles glaubte, dass sich in den Tieren die Seelen der Menschen inkarnieren. Auch Platon versicherte, dass jede einzelne Seele eine Vielzahl von Leben und Körpern durchläuft. Plutarch hat ein umfassendes Werk über die Ähnlichkeiten zwischen Menschen und Tieren verfasst. Für Aristoteles besitzen nicht nur Tiere, sondern auch Pflanzen eine Seele. Die Gründerväter der westlichen, hellenistisch geprägten Gesellschaft sind sich also größtenteils einig darin, dass die Tiere den gleichen »Lebenshauch« besitzen wie die Menschen.

Auch die Heiligen der Christenheit nahmen die Frage, ob Tiere eine Seele haben, wiederholt auf: Der Hl. Bernhard nennt die Seele der Tiere »Geist«, Johannes Chrysostomos spricht von der Unsterblichkeit der Tierseele und Justinus bestätigt, dass die Seele des Menschen von gleicher Natur ist wie die des Pferdes oder Esels. In der heutigen Zeit ist die Diskussion wieder aufgeflammt; wobei in regelmäßigen Abständen irgendein extrem katholisches Blatt sich dagegen ausspricht. Es gibt aber auch Vertreter der Kirche, die interessanterweise Stellung für die Tiere beziehen, indem sie sie in der Kirche segnen und somit unseren nicht-menschlichen Geschwistern ohne große Schwierigkeiten eine Seele zuerkennen. Bemerkenswert ist auch die Stellungnahme einer Dozentin der Rechtsphilosophie an der Università del Sacro Cuore in Rom, Maria Chiara Tallacchini, nach der »es nach dem neuen katholischen Katechismus im Widerspruch zur menschlichen Würde steht, Tiere unnütz leiden zu lassen und uneingeschränkt über ihr Leben zu verfügen«. Damit klagte sie die Jägerei, die Pelzindustrie und die Tierversuche in der Kosmetik an. Zweifellos stellt das Mosaik der Erfahrungen und Berichte, das die Autoren hier in diesem Buch zusammengefügt haben, nicht nur eine Ansammlung von eindrucksvollen Bildern, Erkenntnissen und Forschungsergebnissen dar, sondern einen wichtigen generellen Beitrag zur Diskussion über unsere Beziehung zu den Tieren. Es stellt einen kraftvollen, mit Entschiedenheit eingehaltenen Standpunkt zugunsten der These von der Unsterblichkeit der Tierseele dar.

Die Gemeinschaft derjenigen, die an die Unsterblichkeit der Tiere glaubt, kann, von der engagierten Arbeit der beiden Autoren bestärkt, sicher sein, dass nicht nur die Menschen, sondern auch die anderen Geschöpfe ewig leben; und dass ihr Dasein in einer geistigen Dimension weitergeht.

Antonio Marasco

I.

Vorstellung der Autoren und Autorinnen

Die Religionen haben oft eine widersprüchliche Beziehung zu Tieren. Im Allgemeinen ist der Mensch eher inkonsequent, was seine Herkunft, die Natur und die Tiere betrifft. Die westlichen Kulturen haben sich über die Jahrtausende immer weiter von Mutter Natur entfernt und sich auf den Elfenbeinturm des Anthropozentrismus zurückgezogen, der den Menschen ins Zentrum des Universums stellt. Descartes ist ein negatives Beispiel dafür. Andere Religionen, Traditionen und Kulturen leben hingegen friedlich mit der Natur, den Tieren oder auch dem Tod zusammen. Sie fügen sich harmonisch in das Gleichgewicht des Ökosystems ein.

Dieses Buch möchte einen Beitrag dazu leisten, den Tieren mehr Liebe, Respekt und Großzügigkeit entgegenzubringen. Die darin enthaltenen Erlebnisberichte und Geschichten, die von bekannten Medien, Mystikern und Theologen, aber auch von einfachen Leuten geschrieben wurden, werden demjenigen, der seinen treuen vierbeinigen Begleiter verloren hat, Trost bringen und ihm helfen, weiterhin mit seinen verstorbenen Freunden in Kontakt zu bleiben, sie zu lieben und mit ihnen zu kommunizieren. Im 19. Jahrhundert gab es eine Gruppe von Bischöfen, die sich fragte, ob die Indianer eine Seele hätten oder nicht. Die Debatte über das Vorhandensein der Tierseele erhitzt heute noch die Gemüter, obwohl Papst Johannes Paul II. ein klares Wort dazu gesprochen hat: »Tiere verfügen über etwas, das dem göttlichen Lebenshauch sehr ähnlich ist.« Er forderte dazu auf, »das Staunen über das Wunder der Schöpfung« und die Notwendigkeit »der Verbrüderung mit der Erde« wieder zu entdecken. Die amerikanischen Ureinwohner, die uns im spirituellen Bereich Beispiele von seltener Schönheit schenkten, haben nie an der Tatsache gezweifelt, dass Tiere eine Seele besitzen. Das Gleiche gilt für andere Stammesgemeinschaften, wie etwa die Pygmäen, die ein Tier und seine Seele um Verzeihung bitten, wenn sie gezwungen sind, es zu töten, um zu Nahrung zu kommen, sowie für zahlreiche östliche Konfessionen. Die katholische Kirche steckt offensichtlich in einem inneren Konflikt zwischen einem auf den Menschen ausgerichteten Fundamentalismus und einer franziskanischen Sicht der Schöpfung. Wir haben nicht die Absicht, die obersten Ränge der katholischen Kirche, den Papst und die Heiligen, für die Sache der Tiere zu gewinnen. Dennoch kehren die Erklärungen seitens der Erben der Apostel in neuerer Zeit in einer vorsichtigen Öffnung eine Tatsache um, die lange Zeit, seit den Tagen der Begründer des Christentums, als unumstößlich galt, dass nämlich die Kirche gegen Tiere und die Natur sei. Wir konnten weitaus mehr Stimmen zugunsten des Prinzips der friedlichen Koexistenz und des Respekts unter allen Kindern dieser Schöpfung sammeln, als solche, die für die Vormachtstellung des Menschen eingenommenen waren.

Wir haben uns dabei nicht nur auf das Christentum beschränkt, sondern Beiträge aus verschiedenen Religionen zusammengestellt, weil wir überzeugt sind, dass jede Kultur dazu beitragen kann, das Mosaik des Lebens mit einem größeren Respekt für die Natur wieder aufzubauen.

Wir möchten daran glauben, dass, wenn wir lernen, verstorbene Tiere zu lieben und zu respektieren, dies uns helfen kann, sie auch im Leben zu lieben und zu respektieren, womit viel unnötiges Leid und Grausamkeit vermieden werden könnte. Das Buch enthält außer den Texten bekannter Autoren auch Geschichten aus dem täglichen Leben. Erfahrungen, die Cristina Morelli in geduldiger Kleinarbeit aus Einsendungen an GAIA zusammenstellte. Es wurden bewegende Texte eingereicht, über lebende und tote Tiere, über ihre Sensibilität, ihre Intelligenz und ihre entwaffnende Zuneigung. Einige der schönsten Stellen der Literatur suchte Stefano Carnazzi heraus. Über die Liebe zu allen Geschöpfen und die einzigartige Lehre des Franziskus, des heiligen »Tierschützers« schlechthin, berichten die fesselnden Erzählungen von Pater Nazareno Fabbretti. Die Erfahrungen mit der Liebe Jesu zu den Tieren werden glänzend vom Theologen Mario Canciani und von seiner Freundin, dem Medium Dina Lucchini Dell'Orto, dargestellt, die mit ihrer Gruppe der »Mütter der Via Pacini« in Mailand vielen Eltern, die »ihre Kinder verloren hatten«, die Lebensfreude zurückgab. Ein Teil der Zeugenberichte stammt aus zwei wichtigen Büchern, die heute leider nicht mehr im Handel sind: »Gli animali hanno un'anima« (Die Tiere haben eine Seele) von Ernesto Bozzano und »Sind Tiere unsterblich?« von Bill Schul. Aber auch die Berichte der Autorin dieses Buchs, Monica d'Ambrosio, liegen mir besonders am Herzen, denn diese großherzige und sensible junge Frau hat diese Welt mit 33 Jahren bereits verlassen. Ihre »einzige Schuld war die Unschuld«, wie Stig Dagermann auf seinen imaginären Grabstein schrieb, bevor er sich mit 31 Jahren umbrachte. Monicas gesamtes kurzes Leben war ein Zeugnis ihrer Liebe zu Menschen und Tieren. Monica hat in ihrem Schreiben immer die Leidenschaften zum Fließen gebracht; sie tauchte ihre Feder in Herz und Blut, schrieb mit der Tinte ihrer eigenen Wunden. Die Geschichte über »Bu«, die sie als Kind selbst erlebte, stammt aus dem Buch »Il maiale è scappato, firmato la scimmia, storie di animali e di animalisti« (Stampa alternativa).

Die wertvollen Anmerkungen von Antonio Marasco erinnern uns daran, wieviel die Tiere im Leben für uns tun, indem sie uns vor drohendem Unheil retten und unser Leiden lindern. Wir finden in diesem Buch auch einen Beitrag über Tierfriedhöfe, von Edgar Meyer, dem Umwelthistoriker und Präsidenten von »GAIA, Tiere und Umwelt«. Was wir als »Katastrophenzahlen« bezeichnen, verleiht uns Klarheit über die Zahl der Opfer unter den Tieren, die die menschliche Gier verursacht. Tiere, die brutal umgebracht werden – auf der Jagd, bei der Vivisektion, in der Pelz- und Fleischindustrie, im Fischfang, unter den streunenden und den besonders im Sommer ausgesetzten Tieren. Diese Zahlen unterstreichen die Notwendigkeit, uns für ein würdiges und glückliches Leben der Tiere auf dieser Erde einsetzen zu müssen, auch wenn wir überzeugt sind, dass es für sie ein Leben nach dem Tode gibt.

Vielleicht sind die hier gesammelten Berichte und Texte auch nur ein Traum, aber ihr solltet nicht wirklich glauben, dass es sich nur um einen Traum handelt. Der Schlaf ist wie eine freundliche Hand, die das Käfigtürchen öffnet. Außerhalb des Käfigs unseres Körpers ist der Geist frei; er kann ohne Behinderung durch Zeit und Raum streifen. Wenn er es wünscht, kann er dorthin gehen, wo die reine Liebe herrscht; er kann seine Lieben spüren, »berühren« und sich mit ihnen unterhalten; er kann die Tiere wiedertreffen, die ihm auf der Reise vorausgegangen sind und ihren Körper verlassen haben, ohne zurückzukehren.

Dann werden wir wach, und wenn wir uns erinnern, sagen wir, »es war alles nur ein Traum«.

Schlafen ist nicht mit Faulenzen gleichzusetzen; es ist eine Übung in Kreativität und Spiritualität; das erkennen auch einige große Schriftsteller der heutigen Zeit an: »Im Halbschlaf und im Schlaf erlebt man Momente der größeren Kreativität; das Wichtigste ist, sie nutzen und festhalten zu können.« Der einzige Schlaf, den wir fürchten müssen, ist der des Intellektualismus und des Zweifels; des Zweifels, dass wir Unrecht haben könnten. Hier sollte wirklich ein Anreiz liegen, nach nicht vorgefertigten, undogmatischen Wahrheiten zu suchen.

II.
Die Tiere in der Literatur

– Don Mario Canciani –

Tiere und die Religionen

Für Sigmund Freud »schützte die Furcht das Leben der Tiere«, das als heilig angesehen wurde, wie auch das Leben eines jeden Mitglieds der Gemeinschaft. Es war, abgesehen von besonderen Feierlichkeiten und im Beisein des gesamten Stammes, verboten, sich von ihrem Fleisch zu ernähren. Das Rätsel ihres Opfertodes erklärt sich durch die Tatsache, dass sie das Bindeglied zwischen den Teilnehmern des Rituals und der Gottheit darstellten. Das in regelmäßigen Abständen stattfindende Töten und Verzehren des Totemtieres ist ein grundlegender Bestandteil der totemistischen Religion, die nach Freud die älteste ist.

In Nepal, im südwestlich von Kathmandu gelegenen Dakshinkali, habe ich beobachtet, wie Tieropfer ausgeführt wurden, um die blutrünstige Göttin Kali zu befriedigen. Es handelte sich dabei jedoch nur um männliche Tiere.

Nach Gianbattista Vico stellen die Sagen und Legenden, die sich auf ein »glückliches Zeitalter« der antiken Welt beziehen, den »Mythos« dar, in dem Menschen und Tiere friedlich zusammenleben. Sie stellten einen echten Ausdruck religiöser Gefühle dar. Oft handelte es sich dabei um geheime religiöse Riten, die eine schrittweise Einweihung erforderlich machten. Die wichtigsten Mysterien waren die der Göttin Cybele von Eleusis, der Isis und des Mithras.

Die Beziehung der Religionen zu den Tieren ist eine komplexe Angelegenheit.

Das Ägyptische Totenbuch, das uns über die Beichte des Verstorbenen vor seinen Richtern aus dem Jenseits berichtet, beschreibt die Fürsorge, die die Ägypter für die Tiere zeigten. Dort liest man unter anderem: »Ich habe keine Tiere misshandelt. Ich habe die unter den Büschen versteckten Kleintiere nicht gejagt. Ich habe den Vögeln der Götter keine Fallen gestellt...«

Die Hymne an die Sonne, vom Pharao Amenophis IV., hat mit Sicherheit den Psalm 104 der Bibel inspiriert:

Du lässt Quellen hervorsprudeln in den Tälern,
sie eilen zwischen den Bergen dahin;
allen wilden Tieren spenden sie Trank,
und die Wildesel stillen ihren Durst daraus.
An den Ufern wohnen die Vögel des Himmels,
aus den Zweigen erklingt ihr Gesang [...].

Gandhi sagte, der Respekt vor den Tieren sei das Geschenk des Hinduismus an die Menschheit. Tatsächlich haben die indischen Religionen sie seit jeher mehr als andere vor Grausamkeit beschützt. Es gab eine spezielle Kaste, die Vaishyas, die sich nach den Vorschriften des Manu um ihre Pflege kümmerte.

Das ungeschriebene Gesetz des Karma betrifft noch heute, neben den Menschen und den Göttern – auch die Tiere. In der Kette der Wiedergeburten wird jede Handlung belohnt oder bestraft. Ich möchte dazu über ein Erlebnis berichten, das ich in Srinagar, der Hauptstadt Kaschmirs, hatte. Ich beobachtete mit Horror einige Geschäftsleute, die eine kleine Katze zu Tode prügelten. Ein alter Mann warf das Kätzchen in den Fluss und sagte dann zu mir: »Es wird vielleicht als Mensch wiedergeboren.« Ich antwortete ihm: »Leider hat es kein Katzenleben gehabt...«

In der Bhagavad Gita wird von einem Helden erzählt, der nur unter der Bedingung das Paradies für sich akzeptiert, dass sein Hund ihm dorthin folgen kann. Buddha bittet um *Daya* (Mitgefühl) auch für die Tiere. Er verbietet, wie auch Zarathustra, die Tieropfer: »Statt die Tiere zu opfern, lasst sie frei. Lasst sie nach Gras, Wasser und dem Streicheln des Windes suchen. Die Tiere, die ihr tötet, haben euch Milch und Wolle geschenkt. Sie haben ihr Vertrauen in eure Hände gelegt, die ihnen jetzt die Kehlen durchschneiden.«

Einmal sah er ein Lamm, das von einem Stein verletzt worden war und nicht mehr Schritt mit der Herde halten konnte. Er nahm es in seine Arme und sagte: »Arme Mutter mit wolligem Fell, wohin du auch gehst, will ich dir dein Kleines bringen. Es ist besser, das Leiden eines Tieres zu verhindern, als sich hinzusetzen und über die Übel des Universums nachzudenken oder mit den Priestern zu beten.«

In Indien erbauten die Buddhisten zur Zeit des Kaisers Ashoka, der von 264 bis 227 v. Chr. lebte, die ersten Krankenhäuser für verletzte oder kranke Tiere. Diese Initiative wurde im 19. Jhdt. von Vivekananda wieder aufgenommen.

Im Iran bestätigt Zarathustra in einer seiner *Gathas*, dass diejenigen, die für Tiere sorgen, ohne sich von dem »gemetzelten und zerstückelten Fleisch« zu ernähren, den Heiligen Geist und die Wahrheit gewinnen. Er sagte auch: »Wer ein Tier tötet, tötet seine eigene Seele!«

In Griechenland war Orpheus, der Prophet Thrakiens, wie alle Großen im Geiste, von Tieren umringt, die durch seine Liebe, seine Stimme und den Klang seiner Flöte angezogen wurden. Das Gedankengut dieses Vegetariers und Hohenpriesters von Apollo, dem Sonnengott, ist im Herzen seiner Schüler ein Jahrtausend lang bewahrt worden, bis zu Pythagoras und Plutarch. Letzterer, ein griechischer Historiker, der in Rom Vorträge in lateinischer Sprache hielt, war in Ägypten auch in die Religion von Isis und Osiris eingeweiht worden. Er wiederholte die Worte des Orpheus über die Tiere: »Sie haben eine Seele wie ihr... Verzichtet also darauf, Speisen auf der Basis von Fleisch zu verzehren!«

Dann kam die Zeit der christlichen Katakomben. Die griechisch-römisch ausgebildeten Schüler von Jesus hatten sicherlich die Statuen des Orpheus im Sinne, die man heute in den Museen als Vorläufer bewundern kann, als sie im 4. Jhdt. den guten Hirten in Stein hauen ließen, der auf seinen Schultern das Lamm trägt, das zu schwach ist zum Laufen.

Plutarch bringt zarte Gefühle zum Ausdruck, wenn er sagt: »Es ist barbarisch, alte Pferde zu verkaufen, die nicht mehr arbeitsfähig sind. Es bedeutet, dass man ihre geleisteten Dienste nicht anerkennt. Ein wirklich guter Mann sollte alte Pferde und Hunde bei sich behalten, auch wenn sie zu nichts mehr nütze sind.«

Die gesamte griechische Literatur ist voll von noblen Gefühlen den Tieren gegenüber. Als Beispiel für alle gilt die Geschichte von Argus, dem Hund des Odysseus, der seinen Herrn erwartet, bevor er sich zum Sterben niederlegt, wie wir es in der Odyssee lesen können.

Unter den großen Religionen ist die jüdisch-christliche, wenn wir objektiv sein wollen, die am ehesten zwiespältige. Das Alte Testament, das wir gesondert behandeln werden, hat wegen einiger ungeschickter Interpretationen eine gewisse Gleichgültigkeit, aber auch eine Wertschätzung der Tiere hervorgerufen. Die Genesis spricht von 'Führung' und nicht von 'Herrschaft' des Menschen über sie; sie kündet vom Bündnis Gottes mit den Menschen, den Vögeln und den Tieren der Erde, die 'bei euch sind'.

Nimrod, der Sohn von Kush und Begründer von Ninive, ist der Urahn der Assyrer, die viele Völker hinschlachteten. Über ihn wird berichtet, er sei ein 'Jäger gewesen, der das Ewige missachtete'. Erst die Propheten Amos, Hosea, Jesaja und Jeremias verurteilen die Tieropfer, leider ohne jeden Erfolg. Jeremias wurde sogar von Gott beauftragt, sich vor die Tür des Tempels zu stellen, um diejenigen abzuhalten, die ihn betreten wollten, um ein Tier zu opfern.

Im Neuen Testament befreit die Ankunft des Gottessohnes

endlich die Welt von der Grausamkeit der rituellen Opfer. Das Abendmahl stellt einen Wendepunkt zwischen zwei Epochen dar, die Trennung zwischen den barbarischen Opfern der Antike, einem wahren Schlachthaus in der Bibel, und dem Opfer von Christus. Sein Blut ersetzt das Blut der Tiere. Nunmehr ist er das Lamm Gottes. »Es ist unmöglich«, schreibt der Autor des Briefes an die Hebräer, »dass das Blut der Stiere und Ziegenböcke von Sünden befreit.«

Aber wie Robert Smith gezeigt hat, bildet leider das Opfer auf dem Altar einen wesentlichen Bestandteil im Ritual der antiken Religionen. Der Altar ist zum Zwecke des Opfers entstanden. Daher erinnern uns alle Altäre unvermeidlich an das unendliche Leid der Tiere.

Die Erklärung der so genannten 'Hekatomben' oder Blutbäder, die in Griechenland und überall in der Antike durchgeführt wurden, leitet sich von der stellvertretenden Funktion ab, die den Tieren zugeschrieben wurde, weil sie an Stelle des Menschen starben.

Ein bedeutender Anteil des Opfertieres bei den Opferungen gehörte den Priestern. Daher wird verständlich, warum die monotheistische Religion des Echnaton scheiterte. Die Priester der anderen Tempel, die vom Pharao geschlossen wurden, leisteten Widerstand dagegen. Man versteht auch, warum die Priester des Tempels von Jerusalem außer den Rheumaschmerzen, die sie hatten, weil sie mit nackten Füßen auf den Marmorböden umhergehen mussten, auch Krankheiten hatten, die von Harnsäure verursacht wurden, weil ihr Stickstoffspiegel wegen des ständigen Fleischkonsums sehr hoch war.

Aber abgesehen von diesem 'Ersatzcharakter', hatten die Tiere in den antiken Religionen immer einen eigenen Stellenwert; man nahm sogar an, dass sie über eine unsterbliche Seele verfügten. Im Gegensatz zu den Stoikern, die Tiere für eine Emanation der Götter hielten, nahmen Pythagoras und Anaxagoras an, dass die Seelen der Tiere, die unsterblich waren wie die der Menschen, aus der Weltenseele entsprängen, der Kraft und Substanz, die zwischen dem Kosmos und Gott vermittelte. So war es auch für Platon und die Alexandriner.

Aristoteles unterscheidet zwischen drei Arten von Seelen: der vegetativen oder nährenden, der empfindsamen und der rationalen Seele. Die erste schreibt er den Pflanzen zu, die zweite den Tieren und die dritte den Menschen. Erst der englische Philosoph Bacon wird die Existenz der vegetativen Seele abstreiten. Descartes erklärt anschließend, dass Tiere *Autòmata* oder Maschinen sind, und raubt ihnen damit die fühlende Seele.

Die Katholiken machten sich Descartes Meinung zu eigen und schlugen in der Absicht, Glauben und Wissenschaft miteinander zu versöhnen, einen falschen Weg ein. Malebranche trat nach einer trächtigen Hündin, die ihn mit ihrem Gejaule bei seinem Gespräch über Philosophie mit einem Freund störte. Er rechtfertigte sich mit den Worten: »Keine Sorge! Sie schreit, aber sie fühlt nichts.«

Kant und Bentham bringen das Leid der Tiere wieder ins Gespräch. Die katholische Kirche verlässt das dunkle Mittelalter, das oft in den Tieren dämonische Manifestationen sah, erst mit Johannes Paul II., dem Papst, der über den 'göttlichen Hauch' nicht nur im Menschen, sondern auch bei den Tieren sprach, womit er diesen Geschöpfen den Wert und die Würde wiedergab, die sie verdient haben.

Die Tierliebe ist ein Zeichen der neuen Zeit; sie wurde zuerst von den verschiedenen Umweltbewegungen aufgegriffen, um dann von den Verhaltensforschern weitergeführt zu werden, die immer wieder aufs Neue wertvolle Erkenntnisse dazu liefern.

In seiner *Sollecitudo rei socialis* hat Johannes Paul II. die Soziologen aufgefordert, in ihren Studien eine neue Beziehung zwischen

Mensch und Tier zu entwickeln. Der Gläubige ist in einer erneuerten Verantwortung dazu aufgerufen, die Schöpfung ernstzunehmen. Er hat die Aufgabe, das zu verwalten, zu fördern und zu vollenden, was ihm Gott als 'Geschenk' zugedacht hat.

Der Frieden des Schöpfergottes ist auch der Frieden und Schutz der gesamten Schöpfung. Diese 'neu-alte' Theologie der Schöpfung muss wiederentdeckt und unverzüglich in die Glaubenspraxis umgesetzt werden. Das Universum, wie der Begriff bereits aussagt, muss sich wieder dem unendlichen Gott zuwenden, wenn es das Geheimnis seiner selbst und jedes einzelnen Geschöpfes verstehen will.

– Bill Schul –

Tiere hören, sehen und kommunizieren mit anderen Sinnen

Ein harmloses Experiment von vielen, die durchgeführt wurden, verdeutlicht, dass Tiere Ereignisse auch dann noch genau wahrnehmen, wenn ihre 'normalen' Sinne ausgeschaltet werden. Ein Boxer wurde in einem Raum an ein EKG angeschlossen, während seine Besitzerin sich in einem anderen Raum befand. Ohne sie vorzuwarnen, stürzte ein Fremder in den Raum, beleidigte sie und drohte ihr Schläge an. Die Frau berichtete, dass sie, wie man sich gut vorstellen kann, sich wirklich erschreckt habe. Ihr Hund, der sich in einem anderen, schalldichten Raum befand, muss bemerkt haben, dass seine Herrin in Gefahr war, denn genau im Moment ihrer Bedrohung begann sein Herzschlag sich heftig zu beschleunigen.

Während einer Reise nach Denver musste ich neulich mein Auto kontrollieren lassen. Dabei bemerkte der Mechaniker mehrere Bücher über Parapsychologie auf dem Rücksitz und fragte mich, ob ich an 'diese Art von Dingen' glauben würde, wobei er schnell hinzufügte, dass er selbst nicht besonders davon überzeugt sei. Mein Versuch, ihm von seriösen Nachforschungen auf diesem Gebiet zu berichten, wurde aber rasch von dem Mann unterbrochen, der mir alle Erlebnisse aufzählte, die er mit seinem großen Labrador hatte, der seine Gedanken lesen konnte, und von einem Pferd, das sich jedesmal versteckte, wenn eines der Familienmitglieder auf ihm reiten wollte.

Es gibt zahllose Beweise für die außersinnlichen Fähigkeiten der Tiere: Haustiere, die genau wissen, wann ihr Besitzer stirbt oder in Gefahr ist, auch wenn er sich an einem Hunderte von Kilometern entfernten Ort aufhält; ihre Fähigkeit, Gedanken zu lesen, Erdbeben, Unwetter und sogar Bombenangriffe vorauszusehen, lange bevor sie eintreffen; einen ganzen Kontinent auf der Suche nach ihren Besitzern zu durchqueren oder gar aus dem Jenseits zurückzukehren, um ihre Besitzer vor einer Gefahr zu warnen. Man denke an den seltsamen Fall von Missie, jenem Boston-Terrier, der zählen und mit den Menschen nach einer vereinbarten Zeichensprache kommunizieren konnte. Dies sind seltsame Berichte von Kräften, die wenige von uns, der 'höheren' Rasse, besitzen.

Vor vielen Jahren hielt sich unser Nachbar eine Zeitlang eine große Perserkatze, die seiner Mutter gehörte. Diese war nach England gefahren, um Freunde zu besuchen. Die Katze und die alte Dame hatten vier Jahre lang in einer Wohnung zusammengelebt und sich nie für mehr als einen Tag getrennt. Es war daher verständlich, dass diese Katze mehrere Tage über diese Trennung schockiert war. Bald jedoch gewöhnte sie sich an ihre neue Umgebung und schien sich ziemlich wohl zu fühlen. Einen Monat nach der Abreise ihrer Besitzerin setzte sich die Katze jedoch eines Tages in eine Ecke und begann kläglich zu mauzen; sie verweigerte alles

Fressen und jede Aufmerksamkeit. Am Nachmittag des zweiten Tages begann sie herzzerreißend zu miauen. Eine Stunde später erhielt mein Nachbar einen Anruf. Seine Mutter war auf dem Weg zum Krankenhaus an einer Herzattacke gestorben.

Wahrscheinlich geben sich die Tiere mehr Mühe, mit uns zu kommunizieren, als wir denken; aber die meisten ihrer Botschaften erreichen unsere Aufmerksamkeit nie. Davon ist jedenfalls die bekannte Tierpsychologin Beatrice Lydecker überzeugt. Sie hat im nationalen Fernsehen zur großen Zufriedenheit vieler Tierforscher ihre Fähigkeit bewiesen, mit Tieren zu kommunizieren. Ihre Forschungsergebnisse sind in einem Buch namens »What the Animals Tell Me« (Was die Tiere mir sagen) zusammengefasst. Sie bestätigen, dass Tiere nicht verbal, sondern durch außersinnliche Wahrnehmung kommunizieren. Beatrice Lydecker zitiert Testresultate, die zeigen, dass eine Person sich mit ihrem Lieblingstier durch eine nicht verbale Sprache verständigen kann, indem sie das, was sie sagen möchte, visualisiert. Man rät den Besitzern von Hunden und Katzen folgendes: »Um Ihren Liebling daran zu gewöhnen, z.B. das Wort »sitz« zu verstehen, sagen Sie es ihm, während Sie ihn sich gleichzeitig sitzend vorstellen. Das Tier wird bald auf diesen Befehl reagieren, wenn es das entsprechende Bild von Ihnen bekommt. Wenn ein Tier auf diese Weise erzogen wird, findet eine Kommunikation durch außersinnliche Wahrnehmung statt. Man verständigt sich in der Sprache der Tiere. Sobald Sie sich daran gewöhnt haben, wird es ganz normal sein, sich etwa mit Ihrer Katze durch die Bilder der Außersinnlichen Wahrnehmung zu unterhalten.«

Viele Menschen werden sich schwer tun, solche Dinge zu glauben, aber die Zoologen Maurice und Robert Burton merken in ihrer Enzyklopädie zum Verhalten der Tiere (»Inside the Animal World«) an, dass »es sehr schwierig wäre, einen Hundebesitzer davon zu überzeugen, dass sein Tier nicht auf telepathische Weise mit ihm kommuniziert«. Ihre Enzyklopädie berichtet von außerordentlichen Beispielen der Telepathie bei Tieren. Schließlich bestätigt der für seine Forschungen auf diesem Gebiet bekannte Tierpsychologe J.B. Rhine, dass genau kontrollierte Versuche zur Außersinnlichen Wahrnehmung der Tiere folgendes demonstriert haben: Die Fähigkeit der Tiere, telepathische Botschaften auszusenden und aufzunehmen, ist eine Eigenschaft, die der tierische Organismus ausgebildet hat und die dem sinnlichen Bewusstsein vorausgeht.

Die unvermittelte Richtungsänderung eines Vogelschwarms könnte durch Telepathie zu erklären sein; oder wir könnten dadurch besser verstehen, wieso Hunde und Katzen ihre Besitzer auf große Entfernung oder an Orten wiederfinden, an denen sie nie gewesen sind.

Vor einigen Jahren überprüften Forscher des Instituts für Parapsychologie in North Carolina die Geschichte einer Katze, die von New York bis nach Kalifornien gelaufen war, um ihr Herrchen wiederzufinden. Offenbar hatte der Besitzer, ein Tierarzt, sie Freunden anvertraut, als er umzog. Nach fünf Monaten stand eine Katze vor seiner Haustür. Er wunderte sich darüber, wie sehr sie seiner New Yorker Katze glich; noch mehr erstaunte ihn jedoch, dass die Katze direkt ins Haus marschierte und sich auf ihrem ehemaligen Lieblingsstuhl niederließ. Eine Untersuchung der Katze ließ jeden weiteren Zweifel verstummen, denn das Tier hatte einen breiteren Wirbel, genau wie seine Katze aus New York.

Das Weiterleben der Tiere nach dem Tode wurde von Menschen bestätigt, die sich in besonderen Bewusstseinszuständen befunden haben und darin diese Tatsache überprüfen konnten. Berichte über Erfahrungen außerhalb des Körpers wurden von den Medien vielfach verbreitet.

Oft stammten diese Berichte von Menschen, die klinisch Tod waren, ihren Körper verließen und anscheinend andere Erfahrungsebenen erreichten, bevor sie wieder in ihren Körper zurückkehrten und über die Geschehnisse in dieser Zeitspanne berichten konnten. Erfahrungen außerhalb des Körpers sind jedoch nicht auf das plötzliche Aussetzen der Körperfunktionen beschränkt. Wenn ich an der Universität über veränderte Bewusstseinszustände spreche, bitte ich manchmal diejenigen, ihre Hand zu heben, die bereits einmal irgendwie die Erfahrung gemacht haben, von ihrem Körper getrennt zu sein. Ich wunderte mich anfangs darüber, dass etwa ein Drittel der Studenten sich meldete. Manche Menschen haben diese Fähigkeit oder dieses Talent derartig entwickelt, dass sie ihr Bewusstsein willentlich vom Körper trennen können. Sie sind in der Lage, sich bei vollem Bewusstsein an andere Orte innerhalb unserer Wirklichkeitsebene zu begeben und anschließend mit Genauigkeit ihre Beobachtungen wiederzugeben. Oft bestätigen sie, dass sie verschiedene Daseinsebenen erreicht haben, von denen eine wahrscheinlich die Astralebene ist, auf der möglicherweise diejenigen leben, die gestorben sind.

Einer dieser Besucher der höheren Existenzebenen ist ein guter Freund von mir. Ich fragte ihn, was er von dem Weiterleben der Tiere nach ihrem physischen Tod hielte. Er sagte mir oft, er habe auf der astralen Ebene Kontakt mit Personen gehabt, die er im irdischen Leben gekannt hatte. Als ich ihn fragte, ob er auch Tiere getroffen hätte, die er kannte, sagte er: »Oh ja. Ich sehe oft Tiere, manchmal in Begleitung anderer Tiere, wie etwa Hunde, die mit anderen Hunden oder Menschen zusammen laufen oder spielen. Es ist nicht ungewöhnlich, dass ich jemand mit einem Hund spielen oder eine Katze streicheln sehe.«

»Aber können wir sicher sein, dass die Tiere, die du siehst, auf dieser Erde gelebt haben?«, fragte ich ihn.

»Naja, es gibt natürlich dabei viele Tiere, die ich noch nie gesehen habe«, antwortete er mir, »aber ich werde nie das eine Mal vergessen, wo ich Flip, meinen alten Airdale, klar gesehen habe, der vor ein paar Wochen gestorben war. Er hat sich wirklich riesig gefreut, mich wiederzusehen, wedelte mit dem Schwanz und stürzte sich auf mich. Ich habe ihn gestreichelt und lange mit ihm geredet; ich habe nie daran gezweifelt, dass es sich wirklich um ihn gehandelt hat.«

– Antonio Marasco –

Wenn Tiere unser Leben retten

'Tiere im weißen Kittel' sind vierbeinige Ärzte, die schlimme Krankheiten ihrer zweibeinigen Freunde voraussehen und so ihr Leben retten. *Kate* hat Pamela immer gewarnt, wenn sie als Diabetikerin eine Hypoglykämie-Krise bekam; *Cindy* hat Lorenzo das Leben gerettet, der kurz vor einer Herzattacke stand. Diese Geschichten haben sich wirklich ereignet; sie bezeugen die Fähigkeit der Hunde, Diagnosen zu stellen. Die magische Nase von *George*, einem Schnauzer, den der amerikanische Dermatologe Armand Cognetta abgerichtet hat, entdeckt Melanome und Lungenkrebs. »Ich bin überzeugt, dass Hunde in der Lage sind, viele Krankheiten der Menschen aufzustöbern«, sagt Dr. Cognetta. »Mein George hat kranke Melanom-Zellen mit Genauigkeit und Erfolg in 98% der Fälle entdeckt; er ist phänomenal.« Ein 'Kollege' des Schnauzers *George*, die Mischlingshündin *Baby*, hat ihrem Frauchen Bonita Whitfield das Leben gerettet, indem sie immer wieder an einem Muttermal knabberte und so ihre Besitzerin dazu brachte, sich untersuchen zu lassen: Es handelte sich um einen Hauttumor.

Der Geruchssinn der Hunde ist 1000 bis 10.000 Mal stärker als der menschliche. Dieser ausgeprägte Geruchssinn und die Fähigkeit, Gefahren für ihre Besitzer vorauszusehen, wurde in England gründlich erforscht. Dort werden Hunde dazu abgerichtet und eingesetzt, manchmal bis zu einer Stunde vorher ihre Besitzer zu warnen, wenn ihnen ein epileptischer Anfall bevorsteht. Ein Anfall kann in dieser lästigen Krankheit den Tod eines Menschen bedeuten, wenn er ihn an der falschen Stelle bekommt; wie etwa auf der Straße, auf einer Treppe oder am Steuer des Autos. Der Epilepsie-Spezialist Stephen Brown bestätigt: »Vor dem Ausbruch der Krise kann eine Veränderung in der chemischen Zusammensetzung von Schweiß auftreten, den unser Organismus absondert. Dieser Schweiß kann besondere chemische Partikel enthalten, die bei ihrem Verdampfen vom Geruchssinn des Hundes wahrgenommen werden.«

Von der Epilepsie zur Diabetes. Die Diabetikerin Kathleen wird von ihrer kleinen Hündin *Kissy* gewarnt, wenn sie vor einer Hypoglykämie-Krise steht. Sie schlägt mit der Pfote auf den Boden und leckt ihr das Bein. Professor Chris Burns Cox liefert eine Erklärung dazu: »Wenn der Blutzucker zu sehr absinkt, treten wichtige Veränderungen in unserem Organismus auf; die Pupillen werden weiter, die Atmung wird mühsam und die Stimme kann sich im Ton verändern. Wahrscheinlich erschreckt das alles den Hund, der dann seine Besitzerin alarmiert, indem er sein Unbehagen zeigt.«

Abgesehen von der Zuneigung, die zwischen dem Hund und seinem Besitzer entsteht, ist letzterer, wenn er erkrankt, immer noch der »Leithund des Rudels« in Lebensgefahr, den es zu retten gilt. Auch die größten Skeptiker dürften daher ohne Schwierigkeiten den Hunden den Rang eines 'vierbeinigen Arztes' zugestehen; viele ihrer diagnostischen und vorbeugenden Eingriffe sind wissenschaftlich erforscht worden.

– Stig Dagerman –

Vorsicht! Bissiger Hund!

»Natürlich ist es beklagenswert, wenn ein Sozialhilfe-Empfänger sich einen Hund hält«, wie ein Verantwortlicher der Sozialfürsorge in Varmland erklärte.

Das Gesetz hat seine Nachteile.
Die Armen haben das Recht, sich einen Hund zu halten.
Sie könnten sich stattdessen auch Mäuse halten:
Die reichen auch und sie sind steuerfrei.

Sie leben in engen Zimmern mit ihren teuren Mischlingen.
Warum spielen sie nicht mit Fliegen?
Sind das nicht auch Tiere, die ihnen Gesellschaft leisten?

Und die Gemeinde soll das alles bezahlen.
Damit muss mal Schluss sein,
sonst steht noch zu befürchten,
dass sie sich Walfische kaufen.

Da ist eine Entscheidung notwendig:
Die Hunde einschläfern! Ist das keine gute Idee?
Die nächste Maßnahme: Die Armen einschläfern.
Dann spart die Gemeinde wenigstens etwas.

Monika D'Ambrosio

Ein Welpe namens Bu

Er war klein, dick mit einem runden Bauch und sehr weich. Er hatte weiche lange Ohren und zwei Augen, die wie kleine schwarze tiefe Teiche wirkten. Er weinte nicht wie die anderen Welpen, sondern wand sich und presste seinen kleinen Körper gegen das Netz, um möglichst eng in Kontakt mit meiner Hand zu bleiben. Er war blond und zittrig, das Schönste, was ich je gesehen hatte.

Dann legten sie ihn mir auf den Arm, und er leckte mir mein ganzes Gesicht ab. Der Rest war ein Traum. Sie brachten uns zusammen, und wir waren zu klein und zu glücklich, um auf das zu achten, was wirklich passierte.

Ich kann mich nicht erinnern, was die Leute vom Tierheim zu meiner Mutter sagten oder sie zu mir. Ich dachte die ganze Zeit: »Das ist der schönste Augenblick meines ganzen Lebens.« *Bu* lag in meinem Arm; er war fast gewichtslos, weich, voller Vertrauen und warm.

Ja, ich erinnere mich an sein Vertrauen. Er hatte in diesem Moment und auch später eigentlich gar keinen Grund, mir zu vertrauen, aber er gab sich blind in meine Hände. Hunde, Katzen, und vor allem ihre Kleinen, haben diese Eigenschaft, die die Beziehung zu ihnen so besonders macht. Sie vertrauen uns; sie haben diese wunderbare Zutraulichkeit, die wir immer wieder verraten.

Jedes Mal, wenn wir harsch oder ungerecht mit unserem Hund umgehen, sollten wir daran denken, dass er unsere Stimmungswechsel nicht verstehen kann, dass er sein ganzes Vertrauen in uns gelegt hat. Wenn wir uns nur vorstellen könnten, wie wichtig das für ihn ist, würden wir ihn nicht so oft und grundlos enttäuschen. Für den Hund liegt die Gerechtigkeit in der Hand seines Herrn, so wie für uns in Gottes Hand. Wir sind das Unendliche für ihn, können alle Probleme lösen. Der Hund versteht, wenn wir gerecht und konsequent sind; er braucht diese Konsequenz für sein inneres Gleichgewicht. Seine Lebensqualität hängt ausschließlich von uns ab – daran müssen wir denken, wenn wir uns einen Hund, eine Katze oder irgendein anderes Haustier zulegen.

Bu war der erste Hund, den ich aus dem Tierheim bekam. Die Hunde, die ich vor ihm besaß, gehörten schon zur Familie oder waren mir geschenkt worden. Aber ich hatte mir schon immer gewünscht, einen Hund zu adoptieren; wenigstens einen zu retten und ihm ein schönes, glückliches und möglichst langes Leben zu verschaffen... Ich war elf Jahre alt, er zwei Monate. Auf der Fahrt nach Hause saß ich neben meiner Mutter im Auto und hatte ihn auf dem Arm. Ich brachte ihn in mein Zimmer und ließ ihm Zeit, sich einzugewöhnen. Höchst neugierig schnüffelte er überall herum und rannte bei jeder neuen Entdeckung zu mir zurück, um bei mir Schutz zu suchen. Ich beugte mich zu ihm herunter und redete beruhigend auf ihn ein; dann ging er wieder ganz beschwingt und keck auf die Suche nach neuen Abenteuern... Ich gab mir Mühe, ihn nie zuerst zu berühren, sondern zuzulassen, dass er spontan zu mir kam, denn ich wusste, dass man es mit kleinen Hunden so machen muss, wenn sie zum ersten Mal ins Haus kommen. Er schien sich jedoch wohl zu fühlen. Er war sichtlich außer sich vor Freude, rannte herum, sprang in die Luft und knurrte, um mich zum Spielen aufzufordern. Nur wenn jemand den Kopf ins Zimmer steckte, begann er zu zittern und flüchtete sich in meine Arme. Er spielte eine ganze Zeit lang, machte mehrere Pfützchen und schlief schließlich erschöpft von seinen Abenteuern auf meinem Arm ein.

So blieben wir sitzen. Ich bewegungslos, um ihn nicht zu wecken, und er, der tief eingeschlafen war, mit den kleinen Zuckungen der Welpen, wenn sie träumen. Mehr als zwei Stunden vergingen; in meinem Zimmer wurde es dunkel, aber ich wagte nicht, mich zu bewegen, um das Licht anzumachen. Dann wurde er wach und suchte nach Wasser. In diesem Moment endete unser kurzes, unbeschreibliches Glück – ich brachte ihm Wasser, das er kurz danach erbrach.

Mir war es nur dieses einzige Mal vergönnt, ihn spielen zu sehen; ihm nur an diesem Nachmittag mit mir, ein Welpe zu sein wie alle anderen. Dann begann unser Leidensweg.

Ich nahm sein erstes Erbrechen nicht sonderlich ernst. Ich war noch zu klein, um mich mit den Krankheiten der Tiere auszukennen. Am Abend bereitete ich ihm ein etwas zu ausgiebiges Fressen, aber er war so rund und hatte so viel gespielt, dass ich glaubte, es könne ihm nicht schaden. Aber nach fünf Minuten brach er alles wieder aus. Er begann zu husten. Es war der schrecklichste Husten, den ich je gehört hatte; je mehr er vom Husten und vom Zittern geschüttelt wurde, desto mehr schaute er mich an und bat um Verzeihung. Er entschuldigte sich, weil er den Boden beschmutzt hatte und weil ich ihn so besorgt ansah.

Der Husten war sehr schlimm; er schüttelte seinen kleinen Körper gnadenlos, bis er völlig erschöpft und kraftlos war. Meine Mutter und mein Vater schauten einander verwundert an, ohne etwas zu sagen.

Dann schien *Bu* sich zu erholen. Der Husten hörte auf; er versuchte aufzustehen, um weiterzuspielen. Ich brachte ihn wieder auf mein Zimmer, und er ließ mich keinen Augenblick allein. Es war deutlich zu spüren, dass er in kürzester Zeit eine unendliche Zuneigung zu mir gefasst hatte, wie noch nie einer meiner Hunde zuvor.

Seine Abhängigkeit von mir war rührend; wenn ich nur einen Augenblick wegging, fing er verzweifelt an zu weinen, und sobald ich zurückkehrte, versuchte er auf jede mögliche Weise an mir hochzuklettern und sich anzuschmiegen, um auf meinem Arm einzuschlafen. Ich kannte mich mit Hunden gut genug aus, um zu verstehen, dass dieser Welpe über eine außerordentliche Sensibilität und ungewöhnliche Intelligenz verfügte. Er verstand instinktiv jeden Gemütszustand bei denen, die er liebte, und versuchte, so gut er konnte, sie vorwegzunehmen. Obwohl er noch so klein war, nahm er jede Veränderung, jede Stimmungslage wahr und passte sich ihr an; es war praktisch unmöglich, etwas vor ihm zu verbergen. Er brauchte sehr viel Sicherheit, Wärme und Trost, und seine nussbraunen Augen folgten mir überall hin.

Es wurde Zeit zum Schlafen, und ich nahm ihn mit ins Bett. Die Aufregung des Tages war viel für uns beide gewesen; wir schliefen nebeneinander ein wie zwei Murmeltiere.

Seinen warmen kleinen Bauch und seinen leichten Atem neben mir zu spüren, erweckte in mir ein absolutes Bedürfnis, ihn zu beschützen. Ich würde ihn gegen den gesamten Rest der Welt verteidigen. Ich dachte immer noch, dass ich ihm ein schönes, ein herrliches Leben ermöglichen würde. Leider konnte ich ihn jedoch nicht vor sich selbst schützen. In jener Nacht rutschte *Bu* von meinem Bett herunter, um sich in einer Ecke des Zimmers zu erleichtern. Der Gestank war so stark und ekelhaft, dass ich schlagartig davon wach wurde. Ich machte das Licht an; in *Bus* Augen stand wieder dieser Ausdruck von Schuldbewusstsein. Ich näherte mich ihm, um sein Häufchen wegzumachen und sah dann, dass diese stinkende, flüssige Masse sich bewegte! Sie schien ein Eigenleben zu haben, so sehr bewegte sie sich.

Erschrocken lief ich zu meinen Eltern, um sie zu wecken, und sie kamen mit mir, sich die Bescherung anzusehen. Es war klar, dass *Bu* Würmer hatte und buchstäblich von ihnen aufgefressen wurde. Sein Bauch war nicht dick, wie ich am Anfang gedacht hatte; er war nur voll und aufgetrieben von den Parasiten. Das war der Grund, weshalb er alles, was er aß, wieder erbrach. Wenn ich jetzt darüber nachdenke, wird mir klar, dass er sich damals schon im Endstadium befand; die Würmer, die zunächst alles gefressen hatten, was er aß, duldeten jetzt kein Einfluss von außen mehr. Sie waren im Inneren seines Organismus unabhängig geworden. Es war nur noch eine abstrakte Überlegung, zu sagen, dass die Leute vom Tierheim ihn früher behandeln oder uns zumindestens hätten informieren müssen.

Am nächsten Morgen gingen wir zum Tierarzt. Wir hatten damals noch keinen Tierarzt unseres Vertrauens; und vor allem gab es noch keine Tierkliniken und jene neuen Techniken und Errungenschaften, die jetzt vorhanden sind. Außerdem wurde dem Leben eines Tieres weder von seiten der Tierärzte noch von den Besitzern ein besonderer Wert zugemessen. Der häufigste und bequemste Weg war immer noch das einfache Einschläfern.

In unserem Fall, besonders bei *Bu*, denke ich, dass wir nie besonders ernst genommen worden sind, dass man sich nie wirklich für ihn interessiert hat. Unter anderem hatte der arme *Bu* nicht einmal das kleine Zeugnis, was seiner Existenz einen Sinn verliehen hätte – einen Stammbaum. Ich erinnere mich, dass ich klein und vollständig den Tierärzten ausgeliefert war, aber mir dennoch vom ersten Augenblick an diese Gedanken kamen.

Ich hatte eine Menge Welpen von Würmern kuriert; die Welpen, die meine Schäferhündin *Cockey* in zahlreichen Würfen geboren hatte, sowie jene, die ich im Landhaus meines Großvaters hatte zur Welt kommen sehen. Und ich kann mich nicht erinnern, dabei jemals ernste Probleme gehabt zu haben. Es reichte, die Welpen rechtzeitig und regelmäßig zu entwurmen, bis sie eine Darmflora entwickelt hatten, die stark genug war, von selbst die Parasiten zu bekämpfen.

Bu hingegen hatte 'besondere' Würmer, wie man uns sagte. Sie waren weitaus gefährlicher als die gewöhnlichen Spulwürmer der Welpen, und er war zu klein, um ein 'Rosskur' auszuhalten, die wirksam genug war, um diese Würmer loszuwerden, die ihn auffraßen. Wir konnten ihn nur mit herkömmlichen Mitteln kurieren und hoffen. Hoffen, zusehen und abwarten.

Bu hatte nur am ersten Tag ausgesehen wie ein schöner runder Welpe. Schon am Tag danach hatte er all seine Fröhlichkeit, die so typisch für Welpen ist, verloren.

Im Zeitraum von wenigen Tagen begann er nach und nach vor meinen Augen dahinzuschwinden. Aber für mich, die Tag und Nacht mit ihm verbrachte, war *Bu* kein Paket. Er war ein richtiger Hund. Wahrscheinlich der heldenhafteste und mutigste Hund, den ich je gesehen hatte. Er hing an mir und am Leben, er wollte überleben. Er versuchte ständig, mir seine Zuneigung zu beweisen, so gut er nur konnte, in jedem Moment, auf alle möglichen Arten. Er ertrug alles, was mit ihm geschah, jede Behandlung, jede Zuspitzung seiner Krankheit, mit echtem Heldenmut. Sein Vertrauen zu mir war so groß, dass er nicht einmal gegen die Behandlungen protestierte, die doch schmerzhaft waren. Er akzeptierte alles geduldig und vergaß nie, mir am Ende jeder Behandlung die Hand zu lecken.

Inzwischen waren die Möglichkeiten, mir seine Liebe zu zeigen, immer mehr reduziert; er konnte sich nur noch mit Mühe erheben, um mir entgegenzukommen. Er versuchte aufzustehen, musste sich aber damit zufriedengeben, mit dem Schwanz zu wedeln und mir die Pfote zu geben. Ich ging inzwischen nicht einmal mehr zur Schule. Ich wachte Tag und Nacht bei ihm, wie sie es mir empfohlen hatten, aber es wurde mir zur Qual, mitansehen zu müssen, wie dieses kleine Wesen, das niemandem etwas zuleide getan hatte und nur zu überleben versuchte, so verzweifelt gegen seine Krankheit kämpfte und ihr dennoch immer mehr erlag, wie es alle Lebhaftigkeit und Kraft verlor und immer mehr abmagerte.

Ich musste nun jeden Nachmittag mein Päckchen von Haut und Knochen in die Praxis des Tierarztes bringen, wo es seine Transfusion bekam, denn inzwischen konnte *Bu* keine Nahrung mehr zu sich nehmen; sein Magen konnte nicht einmal mehr Wasser vertragen. Und jedes Mal, wenn ich ihn nach Hause brachte, war sein Bauch von der Transfusion geschwollen wie eine Kugel, die erbärmlich vom Rest seines zu Haut und Knochen abgemagerten Körpers abstach. Nach einer Woche war *Bu* nur noch ein Schatten seiner selbst. Es tat weh, ihn anzuschauen. Inzwischen waren von ihm nur noch seine langen Ohren und die Augen übrig, die immer größer wurden und übergroß aus seinem skelettartigen Köpfchen hervorschauten.

Auch heute noch, wenn ich nach so langer Zeit und nach all dem, was ich an schlimmen Dingen bei Tieren gesehen habe, darüber schreibe, erinnere ich mich genau daran und empfinde das alles als so schmerzhaft, weil der Tod, den dieser Welpe erlitt, ebenso ungerechtfertigt wie schrecklich war. Niemand hatte wirklich etwas unternommen, um ihn zu heilen. Abgesehen von mir, die ich seinen Todeskampf bis zum Ende miterlebt habe, weiß niemand, wie grausam er war und wie leicht man all dies hätte vermeiden können.

Niemand wollte mehr mein Zimmer betreten, um ihn nicht sehen zu müssen. Außerdem war der entstehende Gestank unweigerlich der Geruch des Todes. Neben seiner Decke, auf der er inzwischen den ganzen Tag lag, wenn er nicht zur Transfusion musste, stand ein orangefarbenes Plastikschüsselchen mit der grünlichen zähen Galle seiner immer stärkeren Brechanfälle, die seine Leber zerstört hatten. Es war kaum zu verstehen, wie dieses Knochenbündelchen die Kraft fand, zufrieden mit dem Schwanz zu wedeln, wenn ich es streichelte, aber es gelang ihm noch. Es wurde immer erbärmlicher, ihn aufzuheben und zur Transfusion zu bringen. Auch wenn er es geschehen ließ, war klar zu sehen, dass er es kaum noch aushielt. Die kleinste Bewegung war mühsam für ihn.

Eines Tages sagte ich zu meiner Mutter, dass ich ihn nicht mehr hinbringen wollte. Diese ganze Quälerei war inzwischen erkennbar zu nichts mehr nütze. *Bu* war am Ende seiner Kräfte; er atmete immer schwerer und wollte nur noch in Ruhe gelassen werden. Ich weinte und schrie, sie hätten ihn umsonst gefoltert, sie hätten ihn mit ihrer unnützen Behandlung umgebracht. Ich glaube, ich war damals selbst am Ende meiner Kräfte und hatte inzwischen zu niemandem mehr Vertrauen. Ich hatte instinktiv verstanden, dass das Ende gekommen war, und sagte zu meiner Mutter, das Einzige, was *Bu* noch brauchte, seien meine Zärtlichkeiten und mein Trost. Ich wollte mich mit ihm in meinem Zimmer einschließen; niemand sollte hereinkommen oder an die Tür klopfen.

Ich glaube, *Bu* hatte ebenso wie ich verstanden, dass er im Sterben lag, und seine großen dankbaren, wenn auch angstvollen und erschöpften Augen leuchteten vor Freude auf, als ich mich neben ihm ausstreckte. Er stieß einen kleinen Seufzer der Zufriedenheit aus und legte sich neben mir zurecht. Ich streichelte ihn weiterhin sanft und sprach zu ihm Worte, an die ich mich nicht mehr erinnere. Ich versuchte, nicht zu weinen, weil ich wusste, dass er es gemerkt hätte. Ich dachte auch über die Gründe nach, die mir damals so ungerecht erschienen, ich dachte an Gott, an viele Dinge... Plötzlich wurde *Bu* von einem seiner heftigen Hustenanfälle geschüttelt. Es war schlimmer als je zuvor. Er erbrach Speichel und Blut; aber ich konnte absolut nichts für ihn tun.

Ich versuchte, ihn zu halten, ihn zu beruhigen, während er mich wieder ansah, als ob er um Verzeihung bitten wollte, worauf er von neuem von einem noch heftigeren Krampf gebeutelt wurde. Meine Mutter und mein Vater kamen erschrocken ins Zimmer gelaufen. *Bu* hustete immer noch heftiger. Ich schickte sie schreiend weg. Ich hielt *Bu* in meinen Armen wie ein zerbrechliches, schmerzgepeinigtes Bündel Knochen. Der Husten verschwand so plötzlich, wie er gekommen war, und *Bu* schlief erschöpft ein. Ich hielt ihn im Arm und redete ihm gut zu. Schließlich bin ich, so glaube ich heute, auch eingeschlafen; denn als ich wach wurde, war es Abend, und *Bu* leckte mir die Hand. Er schaute mich ängstlich an, denn er hatte Angst, dass ich aufstehen und ihn alleinlassen könnte. Er hatte erraten, was ich tun wollte, denn tatsächlich hätte ich gern meine Beine gestreckt. Sie waren ganz gefühllos, und mein Rücken schmerzte, weil mich mich den ganzen Tag nicht bewegt hatte... In seiner wunderbaren Empfindsamkeit, die nicht einmal durch die Krankheit abgestumpft war, hatte er das gespürt und schaute mich jetzt ängstlich an. Es war, als ob er mir etwas sagen wollte, etwas, das er spürte und das ihm Angst machte. Dieser kleine Hund, der die ganzen Tage tapfer gegen die Krankheit gekämpft hatte, war dabei, seinen Kampf zu verlieren. Jetzt versuchte er, es mir zu sagen, hatte aber dazu weder Kraft noch Mittel mehr. Ich legte mich nahe zu ihm und sagte: »Ich gehe nicht weg, *Bu*, ich bleibe hier bei dir.« *Bu* schaute auf und leckte mir die Hand. Er leckte und leckte sie, bis kurz darauf der Tod ihn daran hinderte.

Ich bin sicher, dass er sich bei mir mit diesem äußersten Beweis von Liebe und Zuneigung bedanken wollte. Danke für alles und für nichts. Meine Eltern nahmen seinen kleinen Körper und brachten ihn weg. Ich kümmerte mich um nichts mehr.

Es war für alle eine Erleichterung, als *Bu* tot war; auch für mich, die ich ihn so sehr geliebt habe.

Ich denke heute noch, dass dieses Ende seines Leidens das einzig Gute in seinem kurzen Leben war.

Nach meiner langen Reise habe ich *Bu* wiedergetroffen. Es geht ihm jetzt gut, er ist ein starker, glücklicher Hund. Sein Fell ist immer noch weich, seine Nase immer noch feucht, und er wedelt mit dem Schwanz wie ein richtiger Hund. Er ist groß geworden. Er lief mir als einer der ersten entgegen, sprang an mir hoch und leckte mir das Gesicht, genau so, wie er es zu seinen Lebzeiten getan hatte. Dann kamen *Sasha*, der Husky *Arturo*, *Chetzu* und *Kajsentalija*.

Ich bin glücklich mit ihnen. Dies alles ist viel zu wirklich, um ein Traum zu sein.

– Margherita Hack –

Die Seele der Menschen, die Seele der Tiere

Was ist die Seele? Ich glaube nicht, dass irgendjemand das wirklich weiß; aber wenn wir etwas haben, das wir Seele nennen, so haben die Tiere es sicher auch.

Meiner Meinung nach ist unser Gehirn unsere Seele; seine chemischen Veränderungen beeinflussen unsere Gefühle, seine verschiedenen Bereiche leiten unsere mehr oder weniger rationalen Handlungen.

Unser Gehirn ist wie ein Computer; ein wenig komplexer als der der höher entwickelten Tiere. Wir könnten sagen, dass wir die neueste Generation von Computern auf der Skala der Evolution sind. Wir haben die Fähigkeit zu abstrahieren, was die Tiere, vielleicht mit Ausnahme einiger Affenarten, nicht können. Wie ähnlich sind wir Menschen und Tiere, vor allem Säugetiere und Vögel, uns jedoch in dem, was die Gefühle, die Fähigkeit, Zuneigung auszudrücken, die Eifersucht oder die Verteidigung des Territoriums betrifft.

Als ich jung war, glaubte ich noch daran, dass es etwas gäbe, das über den Tod hinausreichte. Ich erinnere mich, dass nach dem Tod von *Cicino*, einem Soriano-Kater, der mit mir zusammen auf meinen Knien vom dritten Schuljahr der Mittelschule bis zum zweiten Jahr der Universität 'studiert' hatte, ich fast jede Nacht von ihm träumte, mir vormachen wollte, er komme aus dem Jenseits, um mich zu besuchen, und hoffte, ihn nach meinem Tode wiederzusehen.

Heute glaube ich nicht mehr an ein Jenseits. Nach dem Tode der Menschen und Tiere werden die Moleküle, aus denen unser Körper und unsere Geist-Seele bestehen, nach und nach freigesetzt und in der Atmosphäre verstreut, von wo aus sie vielleicht eines Tages in die interstellaren Räume entkommen, oder vielleicht werden auch andere Wesen, Moleküle oder Atome daraus, die tatsächlich unsterblich sind.

Aber es wäre schön, in dem Paradies, an das ich als Kind geglaubt habe, all die Tiere wiederzufinden, die ich geliebt habe und die mich liebten.

Ich kann mich noch an jeden von ihnen erinnern, an Hunde, Katzen und einen grauen Papagei. Jeder von ihnen hatte seinen eigenen Charakter und eine sehr unterschiedliche Individualität.

Den Papagei bekam ich von einem nigerianischen Astrophysiker geschenkt. Ich hatte noch nie Vögel gehalten, weil ich der Meinung bin, sie sollten in Freiheit leben. Aber nun war der Papagei einmal da, seinem Leben im Dschungel entzogen, zutiefst verstört über die Flugreise, bei der er wer weiß wo versteckt worden war. Es brauchte mehrere Wochen, bis er begann, zu mir Vertrauen zu fassen, mir aus der Hand zu fressen und aus vollem Halse zu singen. Ich konnte es nicht übers Herz bringen, ihn im Käfig eingesperrt zu sehen; daher hatte ich ihm ein für einen Vogel geeigneteres Umfeld mit Baumzweigen und Blättern auf der Veranda konstruiert. Im Sommer stand die Veranda offen und er flog von oben nach unten, konnte jedoch nicht aufwärts fliegen, weil grausame Menschen ihm die Schwungfedern gestutzt hatten. Er war überaus interessiert an den Tauben, die in den Garten kamen, und eines Tages verschwand er, vermutlich auf der Suche nach der Freiheit. Ich habe ihn nicht mehr wiedergefunden; vermutlich hat er ein ungutes Ende gehabt.

Ich erinnere mich auch an die pechschwarze Katze *Checca*, die mit wenigen Monaten ausgesetzt wurde und mir auf der Straße entgegenlief, als wäre ich ihre Katzenmutter. Ich weiß noch, wie sie mit 18 Jahren unter einem leisen Mauzen starb. Mehr als eine Katze war sie eine Spielgefährtin, die unter den Möbeln des Hauses Versteck spielte, sich auf meinem Tisch ausstreckte, wenn ich dort arbeitete, und mir auf Schritt und Tritt hinterherlief.

Einen Monat nach dem Tode von *Checca* starb auch *Dick*, unser Schäferhund, mit fast 14 Jahren. Ich hatte ihn, als er vier Monate alt war, von Jugendlichen abgekauft, die ihn schlugen. Er hinkte und war auf einem Auge blind, hatte aber eine wunderschöne Schnauze, einen willensstarken Charakter und war zu bewegenden Äußerungen der Zuneigung fähig.

Ohne *Checca* und *Dick* war das Haus traurig und leer. Daher beschlossen wir, zum Tierheim der Gemeinde zu gehen. Wir wollten eigentlich einen neuen Schäferhund, fanden aber eine große braunschwarze Mischlingshündin, eine Kreuzung zwischen Rottweiler und Dobermann. »Nehmt sie, sonst will sie keiner, sie ist schon seit sechs Monaten hier«, sagten die Angestellten des Tierheims. So nahmen wir sie mit nach Hause, wo sie sich sofort auf dem bequemsten Sessel niederließ und in der gleichen Nacht beschloss, unser Bett auch zu ihrem Schlafplatz zu machen.

Obwohl wir sie untersuchen ließen, hatte niemand bemerkt, dass sie die schreckliche Krankheit der Fadenwürmer hatte, die von den Larven der Mücken in der Lunge verursacht wird. Nachdem sie nur acht Monaten bei uns war, starb *Lara* in einem See von Blut an Erstickung, während wir sie zum Tierarzt brachten.

Heute haben wir *Lilli*, einen weißen Spürhund mit braunen Flecken, der aus Istrien stammt und ausgesetzt worden war und den wir in Slowenien als wanderndes Skelett aufgabelten.

Sie ist seit sechs Jahren bei uns und zeichnet sich durch einen eisernen Willen aus. So entscheidet sie, wohin wir spazierengehen, und wenn der Weg ihr nicht gefällt, stemmt sie sich mit allen vier Beinen in den Boden und niemand bringt sie von der Stelle. Sie ist sehr zärtlich und überaus eifersüchtig auf andere Hunde, lebt aber in Frieden mit unseren zur Zeit sechs Katzen zusammen: *Genny*, schwarzweiß und angriffslustig gegenüber Außenstehenden, die schüchterne und ängstliche schwarze *Sissy*, die sehr anhängliche, aber auch unabhängige Sorianerkatze *Geppetta*, die gefräßige und rauflustige Sorianerkatze *Fabiola*, die liebevolle Karthäuserkatze *Topina*, die ich aus dem Garten des Observatoriums mit nach Hause brachte, wo sie aus Mangel an Liebe dahinsiechte, und schließlich die letzte Neuerwerbung, *Bianca*, eine große schwarzweiße Katze, die auf der Straße lebte und eines Tages beschloss, zunächst zu den anderen vier streunenden Katzen zu ziehen, die ich auf der Veranda einquartiert hatte, um sich dann auf Dauer im Haus niederzulassen.

Ja, ich glaube wirklich, dass, wenn es ein Paradies für uns gibt, die Tiere es noch mehr verdient haben, dort zu leben, denn obwohl sie Opfer zahlloser Untaten und Ungerechtigkeiten werden, sind sie doch unermüdlich und treu in ihrer Liebe.

– Stig Dagerman –

Der Mann, der sterben muss

Der Mann, der sterben muss, schaut mit weisen Augen auf jenen Himmel, der alles enthält, von den fliegenden Steinen bis zum fallenden Vogel. Er sieht Gott, der gebeugt ist unter seinem Sternenjoch. Ein Gott, der ihm nicht mehr vormachen kann, dass er sich aufrecht erhält. Zu lange hat seine Hand gebraucht, um die Stirn des Mannes zu erreichen. Als sie sich schließlich darauf niederließ, war sie kalt wie ein Fisch.

Der Mensch, der im Sterben liegt, fragt die Welt: »Was kriege ich, wenn ich mich ergebe?« Er kennt die Antwort schon; eine Rose, einen Wecker oder eine Cocktail Party. Wenn ihm das nicht genügt, muss er sich undankbar schimpfen lassen.

Man erzählt, dass die Tiere, wenn der Moment zum Sterben gekommen ist, so einsame Plätze aufsuchen, dass niemand sie dort finden kann. Nur der Jäger sieht sie sterben, und wer weiß, ob das, was er beobachtet, wirklich ihr Tod ist. Vielleicht handelt es sich nur um eine Täuschung, vielleicht wird ihm nichts weiter als das Schauspiel einer Verletzung oder eines glasigen Auges geboten. Es kann aber auch sein, dass der Tod etwas ganz anderes, viel einfacheres ist. Ist er für ein Tier etwas, dessen es sich schämt und das es verbergen will oder im Gegenteil ein Fest, bei dem es der einzige Gast ist? Wieviele kleine Tiere sterben unbemerkt im Schatten eines Elefanten – aber in wessen Schatten stirbt der Elefant?

Für einen Menschen, der sterben muss, ist der Tod keine Schande, sondern eine privilegierte Aufgabe, die nur ihm zugeteilt wurde. Nicht einmal in diesen letzten Augenblicken weigert er sich, seine Existenz zur Schau zu stellen. Er ist gleichzeitig Stier, Torero und Publikum; er hebt sein Schwert, pariert den Hieb und applaudiert dem Kampf, dessen Ausgang bereits vorherbestimmt war. Wenn dann der Abend naht, versinkt die Sonne für immer, und der Sand in der Arena fliegt wirbelnd in den Raum hinaus. Jetzt ist alles leer, nichts als leer, denn der Mensch, der da gerade stirbt, hält alles in seiner Hand; und wenn er vernichtet wird, wird alles andere mit ihm vernichtet.

Daher ist seine Macht unbegrenzt; das kann jeder beweisen, der eines Tages auf die Brüstung des Empire State Buildings klettert. Innerhalb von drei Minuten wird er von der Polizei angebetet, und innerhalb von fünf auch von den eilends herbeigerufenen Feuerwehrleuten. Noch bevor eine Stunde vergeht, wird er von der Presse verherrlicht; für die Radiosender sind etwa zwei Stunden erforderlich, und nach nicht einmal zwölf Stunden liegt ihm die ganze Welt zu Füßen. Innerhalb von vierundzwanzig Stunden wird dieser Mensch eine derartige Bedeutung annehmen, dass nichts unversucht bleibt, um ihn zu retten und zurückzubringen

– aber wohin? So kann ein kleiner Schritt vom Fußboden zum Fenster und auf den Sims vor dem Fenster ein gesellschaftlich völlig unbedeutendes Wesen in jemanden verwandeln, der Staatsoberhäuptern Anweisungen erteilt. Alle Hoffung des Universums hängt an seinem Hals wie ein Mühlstein; wenn der Betreffende schwach und leicht beeinflussbar ist, wird er einen Schritt zurück machen; aber nur, um festzustellen, dass ein Mann auf der »Todesseite« des Empire State Buildings die Welt kommandiert, während der gleiche Mann auf der »Lebensseite« des gleichen Gebäudes nicht einmal die Aufmerksamkeit einer Fliege auf sich ziehen könnte.

– Pater Nazareno Fabbretti –

Kein Hund würde einen Wolf anbellen

Der Freund Jacomello aus Gubbio hat sich daran erinnert, dass Franziskus ihm versprochen hatte, ihn zu besuchen. Aber Franziskus hat sich nicht mehr blicken lassen. Er will auf die andere Seite des Mittelmeeres reisen, um den Sarazenen das Evangelium zu predigen, und erinnert sich nicht mehr an das Versprechen, das er seinem Freund gegeben hat.

Aber in Gubbio gibt es nunmehr nur noch einen Wolf, den grimmigsten, den man sich vorstellen kann.

Er ist ein Mensch. Ein Mensch, dessen Namen und Aussehen niemand kennt; noch weiß man, wo und wie er lebt. Er ist ein großer Wolfsjäger, denken die Bewohner von Gubbio inzwischen, seitdem er so weit geht, bewaffnete Überfälle auf unbewaffnete Leute zu unternehmen; vor allem auf dem Lande, aber nicht selten auch bis vor den Toren der Stadt. Von den wirklichen Wölfen hört man nur noch ein fernes Heulen, in den hochgelegenen dichten Wäldern. Selbst sie haben Angst vor einem, der keine Angst vor ihnen hat; sie kommen selten näher, außer nach starken Schneefällen, wenn sie kein Futter mehr im Wald finden.

»Du musst sofort kommen, Franziskus«, sagt der Bote zu ihm, den Jacomello schickte. »Gubbio ist zu Tode erschreckt. Vorher hatten die Leute Angst vor Wölfen, aber alles, was sie verloren, waren Lämmer, Kälber oder Hühner. Jetzt hat er aus dem Hinterhalt auch schon Frauen und Kindern die Kehle durchgeschnitten, die sich ohne Schutz aufs Land hinaus gewagt hatten, oder Reisende, die in der Nacht in Gubbio ankamen. Er hat sie überrascht und umgebracht, nachdem er ihnen alles geraubt hatte.«

»Aber wer ist das denn? Hat ihn nie jemand gesehen?«

»Niemand. Ein Junge hat gesagt, der Kopf sei wie der eines Wolfes gewesen, aber er stand auf zwei Beinen und war sehr groß für einen Wolf. Er sah aus wie ein Mensch mit dem Kopf eines Wolfes. Der Junge hat sich retten können, aber sein Vater wurde ausgeraubt und getötet. Jetzt nennen alle diesen wilden Unbekannten den 'Wolf'.

»Ich habe mir schon gedacht, dass diese Nachricht kommen würde, und es tut mir leid, dass ich mich nicht schon früher entschieden habe, nach Gubbio zurückzukommen und Jacomello und euch alle zu besuchen. Ich glaube, ich habe jetzt endlich die Wahrheit verstanden. Ja, die Wölfe sind gefährlich, wenn sie hungrig sind und lange Zeit nichts zu fressen hatten. Aber das hier kann nur ein Mensch sein. Ich sehe die Wölfe sowie alle übrigen Tiere als meine Brüder an; diesen Menschen auch, aber er hat viel mehr Verantwortung als der Wolf. Mein Freund, ich will es dir bekennen: Ich wäre viel lieber nach Gubbio zurückgekehrt, um die Wölfe davon zu überzeugen, keine Massaker mehr zu verüben, als einen Menschen, der wie ein Wolf lebt und tötet. Aber ich zweifle nicht daran, dass ich zumindest mit ihm sprechen kann. Ich komme mit dir.«

Jacomello und eine große Gruppe von Leuten begrüßen Franziskus bei seiner Ankunft. Sie umringen ihn auf dem Platz und hoffen dabei, dass sie ihm ein Versprechen abringen können, sie von diesem Schrecken zu befreien.

»Nur der Herr kann uns befreien, meine Freunde«, sagt Franziskus, »ich versuche nur, in seinem Geiste zu handeln. Und das tue ich sehr gern, weil ich Gubbio liebe. In den Tagen, als ich die Wahl traf, Christus unter den Armen zu folgen, als ich nicht einmal ein Kleid besaß, um mich zu bedecken, war es Jacomello mit euch zusammen, die mich aufnahmen. Schon euer seliger Ubaldo zähmte viele mächtige und gewalttätige Männer, wie etwa den Kaiser Friedrich Barbarossa. Er vereinte viele Bürger, die ihr Schwert schon in der Hand hatten, um aufeinander loszugehen. Ich bin hier, um diesen unbekannten Mann kennenzulernen, der, wie ihr sagt, sowohl Menschen als auch unsere Brüder, die Wölfe, umbringt. Verbreitet die Kunde, dass ich hier bin und, wenn ich weiß, wo er ist, ihn mit Freuden besuchen werde; denn auch er ist mein Bruder, und ich muss ihm Liebe, nicht Hass geben, damit er wieder zur Vernunft kommt.«

Im ersten Moment sind die Leute verwirrt. Also glaubt auch Franziskus, der im Ruf eines Heiligen steht, an das Gerücht vom Wolfsmenschen?

Franziskus errät ihre Gedanken.

»Ja, ich glaube tatsächlich, dass er ein Mensch ist, ein verzweifelter, gewalttätiger Mörder. Aber ich denke auch, er weiß schon, dass ich hier bin, und wird selbst hierher kommen. Bringt ihn nicht um, greift ihn nicht an, wenn er kommt. Und wenn er nicht kommt, gehen wir zu ihm. Begleitet mich ein Stück des Weges, dann lasst mich allein weitergehen. Geht aber nicht in die Stadt zurück, um euch dort zu verbarrikadieren. Bleibt in Sichtweite; er soll glauben, dass ihr keine Angst vor ihm habt; und auch er soll keine Angst vor euch bekommen. Wenn Gott will, werden wir uns mit ihm einigen und ein Friedensabkommen schließen.«

Große Stille herrscht rundum. Man hört das Heulen der Wölfe nicht mehr in der Ferne. Franziskus geht, sobald ihm das Tor geöffnet wird, hinaus; gefolgt von den Konsuln, den Priestern und einer Gruppe von Leuten, die eher neugierig als mutig sind. Auf sein Zeichen bleiben sie am Waldrand stehen. Franziskus schlägt ein großes Kreuzzeichen und macht sich auf den Weg.

Da kommt der 'Wolf' sofort aus dem Wald. Er ist allein und nur mit einem Schwert bewaffnet, das er jedoch in der Scheide trägt, nicht in der Hand. Die Menge schreit auf vor Angst. Der 'Wolf' hat wirklich einen Wolfskopf, aber sein restlicher Körper ist der eines kräftigen Mannes, in ehemals kostbaren Kleidern, von denen jetzt nur noch Lumpen übrig sind. Alle verstehen endlich das Geheimnis: Der Mann hat ein Wolfsfell auf dem Kopf, einen richtigen ausgehöhlten Wolfskopf, den er als Maske benutzt. Mit dieser Maske hatte er lange Zeit ganz Gubbio terrorisiert.

Franziskus lächelt Jacomello zu.

»Es wäre leichter, wenn wir es mit einem wirklichen Wolf oder einem Rudel Wölfe zu tun hätten. Aber mit Hilfe des Herrn ist nichts unmöglich.«

Dann wendet er sich mit gelassener Stimme an den 'Wolf' und breitet von weitem die Arme für ihn aus.

»Komm her, Bruder Wolf. Niemand will dir jetzt etwas zuleide tun. Auch du sollst nicht versuchen, etwas Böses zu tun. Wir müssen miteinander reden, uns verstehen. Wenn der Dämon dein Herz verblendet hat, segne ich dich mit dem Zeichen des Kreuzes, damit das Licht der Liebe zu dir zurückkehrt. Ich habe diese erschrockenen Leute gebeten, dir nichts zuleide zu tun, noch bevor ich dich darum bat. Tue niemandem etwas Böses an. Wir sollten in Frieden von den Früchten unserer Arbeit und der Erde leben.«

Der 'Wolf' beginnt sich zu nähern, sobald er zum ersten Mal zwei ausgebreitete Arme sieht; dann bleibt er stehen und beugt seinen Kopf vor dem Kreuz, das Franziskus mit ruhiger Feierlichkeit vor ihm schlägt. Nach einem Moment der Verwirrung kommt er noch näher, löst das Schwert und lässt es auf den Boden fallen, dann geht er vor Franziskus auf die Knie. Hinter der wilden Maske ertönt eine kräftige, aber zögernde, fast erschreckte Stimme.

»Ich kann nicht glauben, Bruder, dass niemand von diesen Leuten sich nach all den Verbrechen, die ich begangen habe, an mir rächen will. Ich will einen Pakt, einen richtigen Pakt, den ich und auch sie mit gleicher Treue einhalten sollten.«

»In ihrem Namen«, sagt Franziskus und dreht sich dabei zu den Konsuln und Bürgern um, »gebe ich dir dieses Versprechen; aber du musst dich ebenfalls verpflichten. Nimm diese Tiermaske ab, beleidige nicht die Wölfe, zeige dein Gesicht eines sündigen Mannes, der nicht einmal Kinder verschont und überall Terror und Tod verbreitet hat. Jetzt ist der Moment gekommen, an dem du dich, wenn du in Frieden leben und in den Schoß der menschlichen Gemeinschaft zurückkehren willst, auf Lebenszeit der Freundschaft, der Verbrüderung und der Liebe anstatt dem Hass verpflichten musst.«

Der 'Wolf' steht langsam auf, nimmt die Maske ab und wirft sie auf das Schwert. Niemand spricht ein Wort. Die Konsuln, Mönche und Priester hatten erwartet, unter der Maske einen berüchtigten Räuber zu finden, auf dessen Kopf eine große Summe ausgesetzt war, oder einen der Aristokraten, die vor Jahren ins Exil gingen, verarmten und gezwungen waren, mit bewaffneten Raubüberfällen ihr Leben zu fristen. Aber nichts von alledem erweist sich als richtig. Dieses Gesicht ist allen unbekannt; niemand kann sich erinnern, diesen Mann je gesehen zu haben. Ein Mensch wie alle anderen, ein Verzweifelter, wie so viele.

Schnell ergreift Rührung die Leute. Aus den Toren schwärmt das Volk hervor, ängstlich, aber neugierig.

»Bruder 'Wolf', gib mir die Hand, zum Zeichen, dass du dem

Pakt zustimmst, den ich dir vorgeschlagen habe. Nimmst du ihn an?«

»Ich akzeptiere ihn«, antwortet der Mann mit gebrochener Stimme.

»Diesen Moment habe ich immer herbeigesehnt. Du wartetest auf mich und ich auf dich, Franziskus. Ich spüre, dass Christus mir verzeiht, denn ich bereue den ganzen Schmerz, den ich diesem Volk zugefügt habe.«

Franziskus wendet sich, Hand in Hand mit dem Mann, an das Volk.

»Ihr habt dieses Abkommen gesehen und gehört. Ich garantiere euch dafür. Dieser 'Bruder Wolf' wird mit uns in die Stadt kommen, er wird ein Bürger von Gubbio wie ihr, denn er ist gestorben und zum Leben zurückgekehrt; er war verloren und ist wiedergefunden worden, wie es der Herr in der Parabel vom verlorenen Sohn sagt. Er wird für euch arbeiten, und ihr werdet ihm eine Bleibe, Speise und ein ehrliches Leben geben. Und der Frieden wird in eurem Land, in eurer Stadt herrschen.«

»Und wie sollen wir es mit den anderen, den wirklichen Wölfen halten«, fragt ein Junge?

»Darum wird er sich kümmern; er kennt sie gut. Er hat viele von ihnen getötet, wie ihr wisst. Er hat euch damit einen Gefallen getan, ohne dass ihr es gemerkt habt; aber er hat den Wölfen des Rudels, das im Wald lebt, keinen guten Dienst erwiesen. Er wird sich auch mit ihnen aussöhnen und dafür sorgen müssen, dass ihr sie auch rettet, wenn ihnen der Hungertod droht. Ich bin sicher, dass sie sich mit ihm schließlich wunderbar verstehen werden.«

Alle kehren heiter in die Stadt zurück. Franziskus hält den Mann bei der Hand, den er nur durch sein Vertrauen in ihn bekehrte. »Habe keine Angst«, sagt er zu ihm, »es wird dir nichts mehr fehlen. Ich kenne diese Leute; sie sind großzügig und freundlich, wenn man sie nicht angreift. Du wirst ein friedliches Leben und ein gutes Alter haben.«

»Ja, sicher, Franziskus. Aber... ich denke da noch an etwas anderes.«

»Woran denn?«

»An die Hunde. Jedesmal, wenn ich mich den Leuten näherte, ob in der Nähe der Stadt oder weit entfernt, haben die Hunde es gemerkt und wütend gebellt, ohne Ende. Ob sie es auch verstanden haben? Jetzt werden mich doch nicht etwa die Hunde statt der Wölfe zerreißen?«

»Auch sie haben es verstanden, keine Angst.«

In den Gässchen schaut sich der Mann unentwegt um. Er sieht Hunde, die herbeilaufen und sich den Menschen anschließen, wobei sie alle freudig begrüßen.

Und keiner von ihnen bellt den 'Wolf' an.

– Pater Nazareno Fabbretti –

Weihnachten bei Franziskus – das Fest der Tiere

Die Leute würden am liebsten nicht mehr weggehen. Erst im Morgengrauen beginnen die ersten, ins Tal abzusteigen. Frauen mit ihren Kindern auf dem Arm, vom Schlaf übermannt; zwischen ihnen das Glockengebimmel der Schafe, die Stimmen der Menschen, das glückliche Gespräch unter ihnen. Viele von ihnen haben Franziskus zum ersten Mal kennengelernt. Sie berühren ihn instinktiv, wie man eine Reliquie, einen Heiligen berührt. Und diesmal wehrt er sich nicht, noch protestiert er. Seit langer Zeit hat er sich nicht mehr so wohl gefühlt unter den einfachen Leuten.

»Ich freue mich, dass ihr gekommen seid, um diesen Moment der Freude und des Glaubens gemeinsam zu erleben. Behaltet diese Freude nicht nur für euch. Schenkt sie auch den anderen. Sagt ihnen, dass es nicht viel braucht, um das Glück bei Christus wiederzufinden. Macht alle glücklich, die ihr heute trefft. Und denkt daran, nicht nur die Menschen, sondern auch die Tiere. Heute nacht ist auch ihr Fest. Sie waren mehr als wir alle in der Nähe des Herrn, abgesehen von Maria, seiner Mutter, und Joseph. Gebt euren Tieren daher ein doppeltes Maß an Futter; denkt auch an die Vögel, die niemandem gehören und daher von eurer Großzügigkeit abhängig sind. Bringt den Eseln und Ochsen Respekt entgegen und gebt ihnen, ohne zu sparen; sie sind heute die Freunde des Jesus-Kindes. Denkt daran, dass, auch wenn es manchmal auf einen Freitag fällt, ihr Weihnachten weder fasten noch enthaltsam sein sollt. Das Fleisch, alles lebende Fleisch, ist heute nacht verherrlicht worden.«

»Machen wir es nächstes Jahr wieder wie heute nacht, Franziskus?«, fragt ihn Johannes, der noch von Freude überwältigt ist.

»Ich hoffe es, Johannes, mein großzügiger Freund und Bruder. Wenn ich nicht kann, tue du es. Meine Brüder sollen überall, wo sie hinkommen, an Weihnachten die Krippe des Herrn auf die bestmögliche Weise ehren. Was wir heute Nacht erlebt haben, ist keine flüchtige Vision. Es war etwas Wirkliches, Lebendiges, und wir alle können es jedes Jahr wiederholen. Johannes, wenn ich mit dem Kaiser sprechen könnte, würde ich ihn bitten, ein Edikt zu erlassen, das alle Bürger einlädt, in der Christnacht Weizenkörner auf den Straßen auszustreuen, damit auch unsere Brüder, die Vögel, sich daran erfreuen können.«

Endlich geht Franziskus zu Bett. Aber Johannes nimmt ihn beim Wort, auch wenn er nicht der Kaiser ist. Er füllt einen Sack mit Körnern, geht spät nachts hinaus und streut den Weizen auf den Weg. Am nächsten Morgen werden die Vögel in der Sonne merken, dass es jemanden gibt, der sie liebt, und Weihnachten auch ihr Fest ist.

– Pater Nazareno Fabbretti –

Franziskus zieht sich nur mit den Vögeln auf die Felsen zurück

»Franziskus, geh jetzt nicht zu den Felsen zurück. Jetzt ist alles vollbracht. Bleib bei mir, in der Sonne, in der Hütte, unter den Bäumen. Freue dich, dass der Herr dir den höchsten Beweis seiner Liebe gegeben hat. Hörst du nicht den Festgesang all dieser Vögel? Glaubst du nicht, dass auch sie wissen, dass heute der Tag des Herrn ist?«

»Ja, ich bleibe bei dir. Auch mein Bruder Falke, der sofort Freundschaft mit mir geschlossen hat, der mein Brot mit mir aß, und im Flug welches fand, wenn ich keines mehr besaß, hat mich in den letzten Tagen in meiner Zuflucht nicht stören wollen. Vorher war er immer da; er kam da hin, wo du nicht hinkommen solltest. Er war da, stumm, flatternd und, wie es mir schien, sehr glücklich, bei mir sein zu können. Trotz des großen Hungers, den er immer hat, fraß er nie das Brot, das mir übrig geblieben war.«

»Nur du«, dachte Leone, hast diese Faszination, diese Gabe, dieses Geheimnis, dich auch den Tieren verständlich zu machen. Damals, als du in Santa Maria die Zikade zu einem siebentägigen Wettkampf herausgefordert hast, den du zum Schluss verloren hast; und du warst glücklich darüber, denn du sagtest, sie singe viel besser als du. Du hast uns so oft Spatzen ins Haus gebracht, mit der Mutter und der gesamten Familie, und sie wollten gar nicht mehr weggehen, und ich – aber das werde ich dir nie sagen – dachte, du seiest der neue Adam, der gekommen ist, um uns zu zeigen, wie süß die Welt im Garten Eden vor der ersten Sünde war. Man kann von einigen Menschen auch dann geliebt werden, wenn man kein Heiliger ist. Im Gegenteil, oft werden die Übeltäter eher geliebt; aber man wird von den Tieren und auf lange Sicht auch von allen anderen nicht geliebt, wenn man kein Heiliger, kein Freund Gottes ist.«

Leone sieht Franziskus mit Zärtlichkeit und Rührung an. Aber er will sich nichts anmerken lassen. Er sagt nichts. »Wie viele Dinge«, denkt er, »werde ich allen sagen müssen, vom Papst bis zu den Vögeln, wenn Bruder Tod dich erst für immer weit von uns entfernt haben wird. Ich bin der Hüter deiner Geheimnisse.«

– Don Mario Canciani –

Hat Jesus das Osterlamm getötet und gegessen?

Bei den Synoptikern ist keine Rede von der Tötung des Lammes, von bitteren Kräutern und Haroset-Sauce, sondern nur vom Matzebrot und vom Wein. Aus diesem Grund wird die Art der Speisen beim letzten Abendmahl von vielen Forschern in Frage gestellt. Auch wenn es so wäre, würde es sich um das »blühende Osterfest« der Essener handeln. Es ist bekannt, dass die Essener, wie in vielen Manuskripten bestätigt wird, eine Abneigung gegen grausame Opferungen hatten. In den Fragmenten der Ordinanzen etwa, die in der vierten Grotte gefunden wurden und die Zahlung von Steuern betrafen, gibt es die Befreiung von der Jahressteuer für die Vorräte der Opfer im Tempel, was, wie wir sehen werden, auch vom Matthäus-Evangelium in Frage gestellt wird.

Warum bezeichneten die Essener ihr Osterfest als »blühend«? Bei den Israeliten gab es nicht nur Tieropfer; es wurden gewöhnlich auch verschiedene Getreidearten geopfert. Das Buch der Leviten zählt die verschiedenen Arten auf. Diese Art von Opfer, unter dem Oberbegriff »Minhd« bekannt, wurde in der Zeit nach dem Exil praktiziert, weil das grausame Opfer im Tempel nicht ausgeführt werden konnte. Es war praktisch die gleiche Situation, in der sich die Essener befanden. In der Schriftrolle des Tempels ist eine Verurteilung eben jenes Kultopfers enthalten, das dort durchgeführt wurde, sowie ein Vorschlag zu seiner Neuorganisierung, wenn erst einmal ein idealer Tempel der Heiligen erbaut sein würde; nicht am Ende der Tage, sondern in der Fülle der Zeiten.

Der »Ritus des Minhd« schrieb feines Weizenmehl vor, das mit Öl gemischt werden sollte. Ein Teil dieses Brotes wurde verbrannt; der Rest wurde zum 'Opfer der Kommunion'. Bei den Essenern bereiteten die Priester das Brot zu; sie benutzten keine Hefe, sondern Salz. Nach den Zeugnisberichten stellten sie den Gästen nicht nur den Saal zur Verfügung, sondern auch alles, was an Zutaten erforderlich war. Es wäre nicht so abwegig, sich vorzustellen, dass das Brot beim letzten Abendmahl ein Essener-Brot war.

Der Teil des »Minhd«, der verbrannt wurde, hieß »Azkard«, vom hebräischen Verb *zakar*, sich erinnern. Dem Opfer wurde im Zuge der biblischen Erinnerung an die Wunder Gottes die Bedeutung des 'Erinnerungsstücks' beigemessen.

Bei den Essenern, wie auch bei den übrigen Israeliten, war es üblich, die ersten Früchte der Erde, Ähren und Weihrauch zu opfern. Letzterer diente zur Parfümierung der Räume, in einer Mischung mit Styraxbalsam, Onyx und Galbanum, die mit dem Weihrauch zu gleichen Teilen gemischt wurden. Man versäumte es auch nicht, dem Ritus ein Trankopfer von Wein hinzuzufügen.

Mit dem Opfer des Getreides war das 'Vorschlagsbrot' verbunden, das in hebräischer Sprache 'Lehem Happanfm' genannt wurde, was 'Brot vom Antlitz Gottes' oder 'Brot der Anwesenheit' bedeutet. Ist das nicht eine einzigartige Vorwegnahme der Anwesenheit von Christus in dem von ihm geweihten Brot?

Es gab also bei den Essenern eine Art, das Osterfest zu feiern, ohne dazu ein Lamm schlachten zu müssen. »Ich habe brennend danach verlangt, an diesem Osterfest mit euch zu essen«, hat Jesus gesagt. Wie wir bewiesen haben, konnte das Osterfest also in aller Feierlichkeit begangen werden, ohne ein Lamm zu schlachten.

Wer das Gegenteil behauptet, sollte sich einmal fragen, wie es nach dem endgültigen Bruch zwischen Jesus und der führenden Schicht Jerusalems möglich war, das Lamm im Tempel nach dem vorgeschriebenen Ritus vor und mit den Priestern zu opfern. Wir wissen, dass die Familienoberhäupter oder ihre beauftragten Stellvertreter das arme Tier schlachteten. Die Leviten und die Priester sorgten dafür, dass sein Blut in goldenen Gefäßen aufgefangen und zu Füßen des Altares ausgegossen wurde.

In den Evangelien ist eine lange Beschreibung der Ereignisse zu finden, die sicher mehr dazu hergibt. Das letzte Abendmahl war ein Osteressen, das nach dem traditionellen Ritus gefeiert wurde. Der Unterschied war dabei, dass kein Lamm im Tempel geopfert wurde und man dieses Mahl nicht zu Beginn des jüdischen Osterfestes verzehrte, sondern zu Beginn des 'Dienstagabends' eines anderen Osterns und in einem kleinen Kreis von Personen, den Essenern, die sich vom Besuch des Tempels fernhielten und keine Tiere opferten.

Die Tatsache, dass Jesus beim letzten Abendmahl kein Lamm aß, hat mich dazu gebracht, meine Nachforschungen spontan zu erweitern. Jesus von Nazareth steht zweifellos in der Tradition der Propheten Jeremias, Hoseas und Jesaja, die im Alten Testament das Gemetzel von Tieren in Frage stellen. »Stelle dich an die Tore des Tempels«, sagt der Herr zu Jeremias, »und lasse diejenigen, die Tiere zum Opfern bringen, nicht herein.«

Das Matthäus-Evangelium 21,13 entspricht nicht genau Jeremias 7,11, sondern drückt sich, was unsere Traditionen betrifft, sehr viel kategorischer aus. *Mearat parisim* bedeutet die 'Mörderhöhle' und nicht die 'Räuberhöhle'. Das ist eine klare Anspielung auf die blutbefleckten Priester des Tempels, die für die Tieropfer zuständig waren.

In der Bibliothek des Vatikans habe ich eine große Ausbeute an Informationen gefunden. Die gesamte altchristliche Literatur sowie die lateinischen und griechischen Kirchenväter haben die Annahme unterstützt, dass Christus, wie alle spirituellen Menschen seiner Zeit, kein Fleisch aß. Er aß Fisch; einmal bereitete er ihn sogar selbst zu, wie im Anhang des Johannes-Evangeliums berichtet wird. Die frühen Christen begründeten dieses Verhalten, das auch den Pythagoräern eigen war, damit, dass die Fische nicht die Arche Noah bestiegen, weil sie keine Rettung brauchten.

Ich habe in meiner Arbeit bereits die Autoren der Antike zu diesem Sachverhalt zitiert. Ich möchte nun besonders das »Libro Adversus Jovinianum« von Hieronymus erwähnen. Der Verfasser fragt sich, wieso zu Beginn in der Genesis ausdrücklich gesagt wird, dass die Speise des Menschen aus Gemüse, Obst und Getreide bestehen sollte, während nach der Sintflut die Erlaubnis erteilt wird, Fleisch zu essen? Seine Erklärung dazu ist folgende: Zur Verhärtung des Herzens wurde die Verstoßung, die Beschneidung und der Verzehr von Fleisch erlaubt. Aber »nachdem Christus zum Ende der Zeit kam, verwandelte er Alpha in Omega, das Ende in den Anfang. Es ist uns nicht mehr erlaubt, jemanden zu verstoßen, noch zu beschneiden, noch Fleisch zu essen.« »Postquam Christus venit ... nec comedimus Carnes.«

Als Jesus sich in der Wüste aufhielt, berichtet der Evangelist Markus, der nicht wie die anderen beiden Synoptiker das Midrasch der drei Versuchungen erwähnt, hat Jesus ein wiedergefundenes Eden vorweggenommen, indem er »bei den wilden Tieren blieb«. Als er die Händler aus dem Tempel vertreibt, öffnet er die Käfige der Tauben und befreit auch die anderen Tiere. Auf dem Vorplatz und in den Innenhöfen des Tempels war der Himmel noch nie so belebt wie vom Flügelschlag dieser befreiten Tauben. Wie könnte man sich da den guten Hirten mit einem Messer in der Hand vorstellen, bereit, das Schäfchen zu schlachten, das er nach mühsamer Suche wiedergefunden hat?

Auch für den Herrn ist das grausame Opfer nur ein Alibi und eine sinnlose Ersatzhandlung. Die Rettung kann nur im Erbarmen zu finden sein. Diese Rettung stellt den Frieden unter allen Reichen der Natur wieder her. Die Essener wurden 'die Erbarmungsvollen' genannt. Wer weiß, ob Jesus bei der Seligpreisung der Barmherzigen auch an sie gedacht hat?

– Michela Dazzi –

Angiolina und das Wunder der Rose

Es war einmal ein Ort, der so weit von dem Gebiet der Gefühle entfernt war, dass jedes Geschöpf im Besitz seiner geistigen Kräfte daraus flüchtete. Ein Monster mit einem Gewehr als Prothese wollte sogar den Geist einer weißen Taube oder eines Spatzen töten, der aussah wie ein Rotkehlchen und nicht einmal schmeckte.

Er aber fraß sie auf wie ein richtiger Mörder; sein ganzes Gesicht bedeckte sich mit Blut und war von dem Moment an furchtbar anzusehen. Aus diesem ganzen enormen Schmerz erhoben sich durchsichtige Flügel und flogen zum Himmel auf. Vielleicht waren es Engel oder auch einfach Tiere. So begann an jenem Ort die Schande, und er mit seinem Gewehr war daran schuld. Er wachte im Morgengrauen auf, ohne ein Wort zu sagen, das nicht vom Tode handelte; sein Hund, der ihn über alles liebte, wollte ihn begleiten, damit er sich in den Schluchten nicht verletzte.

So kam es, dass diesem Wolfsmenschen ein guter Hund folgte,

der es ihm gleichtat, Lämmer riss und was sonst noch an Tieren in seiner Nähe war; und sich mit gleicher Grausamkeit ebenfalls vom Tode ernährte. So entstand die Tradition vom Jäger mit seinem Hund und folglich auch vom Käfig. Als sie sie in den Bergen nach Beute spüren sahen, verstanden die Dörfler, dass ein Tier umso wertvoller war, je grausamer es sich den anderen Tieren gegenüber verhielt, und sie bildeten Rudel von Spürhunden. Sie jagten eins auf das andere, damit sie nicht nur Fasane, sondern auch Wildschweine oder einfache Hirschkälber aufstöberten. Wenn sie abends schmutzig und müde ins Dorf zurückkamen, sperrten ihre Herren sie in enge Käfige und nährten mehr als ihren Körper ihre Wut über die ungerecht verteilte Beute. Während der saure Geruch von gekochtem Wildschwein im ganzen Tal aufstieg, erinnerte sich der Mann, dessen Cholesterinspiegel inzwischen auf Höchstwerte mit einigen Ansätzen von Zucker gestiegen war, dass, wie er gehört hatte, man guten Vorteil davon hätte, Raubtiere mit Lämmern zu kreuzen. Also führte er ein zahmes Schäfchen zum Decken zu einem dieser armen Hunde, die von der Gefangenschaft im Käfig aufgereizt waren. Er glaubte, er würde viele kleine Ungeheuer mit stachligem Herzen zur Welt kommen sehen; stattdessen bekam er nur einen Wurf Bracken, darunter jedoch, wie durch ein Wunder, eine sehr seltsame Kreatur, die sich aufrecht hielt. Sie verweigerte sogar die Milch ihrer Mutter, um sie ihren Geschwistern zu überlassen, und ernährte sich nur von dem Gras, was in der Nähe des Käfigs wuchs. Deshalb roch sie gut, als sie heranwuchs; sie war leicht wie eine Möwe, die vom Meer träumt. An den Tagen, wo geschossen wurde, berührte das Blut, das über alles floss, sie nicht, denn sie war woandershin geflohen, um den Frieden zu suchen, der ihr so teuer war.

Erst abends kehrte sie in den Käfig zurück; verwundert, soviel Aggressivität zwischen dem Staub und den Verletzungen zu riechen. Sie war durch ihre feine Art im Rudel ihrer ausgehungerten

Geschwister leicht zu erkennen, die sich nach der stundenlangen Jagd auf Wildschweine damit zufrieden gaben, sich auf eine dünne Brühe aus Innereien zu stürzen, um nicht an Hunger und Erschöpfung zu sterben. Denn die Qual des Käfigs spürten sie alle, auch wenn sie statt zu verspielten Welpen zu Jagdhunden geworden waren. Der Jäger, sein Blut geronnen wie das eines Kadavers, zu dem er in Wirklichkeit geworden war, räkelte sich behaglich; er genoss seine Rülpser, wenn er allein in seinem leeren Bett in der Sturmnacht lag, statt auf das verzweifelte Geheul zu hören; wobei er besser daran getan hätte, seine Hunde, die ihm sogar bei der Jagd treu waren, wirklich zu seinen Gefährten zu machen. Verzweifelt eingekerkert, wuchsen sie heran wie alle Welpen, aber sie waren jeden Gefühls beraubt, so dass sie sich im Moment der Jagd zu Gräueltaten hinreißen ließen, vielleicht aus Wut, aber sicher auch wegen der abscheulichen Brühe aus Blut und Eingeweiden, die gerade ausreichte, ihren schlimmsten Hunger zu stillen und sie scharf auf neue Kämpfe machte, um einen Bissen aus ihrem lebenden Opfer herauszureißen und zu verschlingen. Es geschah sogar manchmal, dass sie, wenn sie sich gerade dem Vergnügen hingeben wollten, einem armen Kaninchen Fleischstreifen auszureißen, von ihrem eigenen tückischen Herrn mit einer Schrotladung beschossen wurden. Zur gleichen Zeit riss sie, die freundliche kleine Hündin, Grashalme aus und Blätter der Weinrebe, die auf den Drahtkäfig der Entfesselten hinunterhing, die unten im Wind des Tals kläfften. Mit der Zeit ähnelte sie daher immer weniger einem wilden Tier als einem Lämmchen, auch weil ihr Fell weiß war.

Der Zahl der Jäger hatte sich ebenso vervielfacht wie die der Wildschweine; sie überschwemmten das Tal und verwandelten das Dorf in ein wahres Irrenhaus mit künstlichen Lockvögeln, verkappten Greifen, verletzten, zähneknirschenden Hunden, Gewehren und Patronengürteln, Fallen, Bögen, Foltergeräten sowie zahlreichen merkwürdigen Instrumenten, darunter auch Hörner. Viele Frauen flohen weit weg, um so weit wie möglich Männer zu wählen, die nicht wie Raubtiere zu morden fähig waren. Die Männer, die sich verraten fühlten, setzten sich die Hörner des getöteten Hirschs auf, wie wilde Barbaren. Die Frauen, die zurückblieben, versuchten, das Schlimmste zu verhindern, indem sie hungrig auf Fleisch wurden und sich als Köchinnen betätigten, mit ihren beringten Fingern, die wie Würstchen an einem mit Federn und Fellen bedeckten Körper wirkten.

Andere jedoch begannen sich untereinander zu lieben und hörten auf, Kinder zu bekommen; sie suchten nach einem Gedanken, einer Vorstellung davon, Mutter zu sein, wie sie es spürten. Eine von ihnen sagte als erste: »Angiolina, mein Kind...« Danach waren viele gut zu dieser Kreatur, die in ihrem Aussehen und ihrer Lebensweise friedfertig wie ein Engel war und nicht wie ein Jagdhund. Das Individuum mit der Gewehrprothese, der Jäger schlechthin, war ziemlich verdrossen darüber. Und, um die Wahrheit zu sagen, man sprach bereits im Tal über diese Kreatur mit dem weißen Fell, die, obwohl sie von Geburt und Profession verpflichtet war, wild zu sein, sich von Beeren und dem Lob der Frauen ernährte. Der Jäger glaubte, es sei sein Recht, den Welpen Angiolina mit Peitschenhieben aufzuziehen, damit sie so grausam werde, wie es im Vertrag vereinbart war.

Aber das wollte sie nicht. Sie rebellierte nicht einmal gegen diese Behandlung, ließ sich keinen Klagelaut entfahren, sondern empfand nur Staunen. Nur noch Haut und Knochen, ging sie im Morgengrauen mit vielen anderen, Bestien und Menschen, die auf die Jagd wollten, aber auf den ersten Schuss antwortete sie mit einem Weinen.

Angiolina hatte große Augen mit langen blonden Wimpern; sie sah eine verletzte Wildsau, die ihre Kleinen in den dichten Wald trieb. Angiolina folgte ihnen in den Wald hinein, bis zu einer großen Höhle, wo jedes andere Licht aufhörte und kristallblaues Wasser herabtropfte. Hier umringten sie alle Kleinen zitternd; sie suchten in ihr jene Mutter, die nicht mehr zurückkommen würde. Angiolina erinnerte sich gut an den weichen Bauch ihrer frühen Kindheit; sie zwang sich zu einer eingebildeten Schwangerschaft, um ihnen Milch zu spenden. Indem sie so ihre Freundlichkeit verbreitete, konnte sie die armen Kleinen trösten, die noch nicht einmal ein raues Fell hatten. Ihre Hundebrüder, die ihr gefolgt waren, wunderten sich, als sie sie von den Frischlingen umringt in der Höhle aufspürten. Sie bellten in den Wind, um dem Jäger mitzuteilen, welch saftige Beute sie gerochen hatten, die er am Spieß braten oder auf dem Markt verkaufen konnte. Sie quetschten einander in die Öffnung und bildeten eine solche Masse, dass sie das üble Geschäft verhinderten, selbst zu Mördern zu werden. Da erschien der Jäger selbst in seinem schlimmsten Zustand, rotblau im Gesicht vor Wut und triefend von dem Blut der Vögelchen, die an Schlingen von seinem Gürtel hingen, mit einem toten Hasen in der Aushöhlung seiner Jacke und dem Gewehr, das er auf den Höhleneingang richtete. Finster brüllte er in einer Wolke stinkenden Atems und verlangte von ihr, die Tierchen als seine rechtmäßige Beute aufzuscheuchen; aber die kleine Angiolina mit ihrer Art eines Hündchens, das schon Mutter geworden war, versammelte sie, damit sie sich zur Flucht bereiteten. Da sie instinktmäßig wusste, wie sie sich im Notfall zu verhalten hatte, erschien sie zähnefletschend am Ausgang der Grotte wie eine blutrünstige Komplizin; dann sprang sie ihn so heftig an, dass aus seinem Gewehr ein einziger Schuss zum Himmel abging.

Augenblicklich trat Stille ein, aber sie dauerte nur einen Moment. Die rosigen Kleinen waren ihr gefolgt; sie hatte gerade noch Zeit, sie wegzuscheuchen, während sich der Jäger fluchend mit seinen treuen Hunden im Schlamm wälzte, die im Glauben, ihm zu helfen, aus ihm und den ärmlichen toten Spatzen, die an der Kehle an seinem Gürtel aufgehängt waren, eine formlose Masse machten. Inzwischen ging die Sonne unter, in einem eisigen Sonnenuntergang, während er schrie: »Du Verfluchte!« Aber Angiolina hatte andere Sorgen. Bevor der Himmel ganz dunkel wurde, musste sie für ihre kleinen Schützlinge eine richtige Wildsau finden. Und so geschah es, denn wie immer im Wald, waren auch diesmal die Elfen und Feen zur Stelle, um den Reinen im Herzen zu helfen. Angiolina mit ihrem auf Wunder eingestellten Geruchssinn wusste genau, wohin sie gehen musste, um für diese kleinen Geschöpfe etwas zu fressen zu finden. Es schien ihr sogar, als ob sie ein Blitzen in der Luft gesehen hätte; in der Richtung eines kleinen Bächleins, das fröhlich plätschernd dahinfloss.

Waren es vielleicht die Elfen mit ihren goldenen Locken, die sieben Zwerge mit ihren Armen voller Brillanten, die Sterne auf den Zauberstäben der Feen, oder auch eine Träne, die aus dem Auge einer borstigen Wildsau fiel, deren Kinder vor ihren Augen umgebracht worden waren, oder aus dem Auge einer der Frauen, die vor ihren nur zum Schießen fähigen Ehemännern geflohen waren? Müde von der endlosen Flucht dieses Jagdsonntags, kam ein Rudel mit einer Wildsau daher, die, ihrer Kinder beraubt und verzweifelt, mit ihrer schweren Last an üppiger guter Milch dahinschwankte. Sie trafen sich; es war ein Freudenfest für alle, sich mit so guten Gefühlen wiederzutreffen. Sie verloren keine unnützen Worte. Angiolina nahm ihren Weg wieder auf, nachdem sie die Kleinen ihrem verdienten Mahl überlassen hatte. Mehr aus Pflichtbewusstsein als aus eigenem Antrieb, ging sie wieder zu jenem Jäger zurück, der ihr Herr war. Aber das hätte sie besser nicht getan, denn er erwartete sie bewaffnet bis zu den Vampirzähnen.

Sie war ein wenig betrübt darüber, sich von ihren Gefährten trennen zu müssen, und auch müde von dem langen Marsch; aber als sie den Käfig mit ihren schlafenden Geschwistern sah, fasste sie wieder Mut, denn auch das Schicksal dieser armen Gefangenen lag ihr am Herzen.

Ihre Mutter, das Schaf, hatte so sehr darunter gelitten, als sie erkennen musste, dass ihre Kinder sich der Jagd hingaben, dass sie sich wegen der Schüsse mit der Zeit weigerte, sich zu paaren, um nicht noch einmal Welpen im Leibe zu tragen, deren Schicksal das Leid sein würde. Wie gewisse Frauen der Menschen war sie nicht imstande, aus der Liebe einen Akt der Gewalt zu machen; aber während die Menschenfrauen fliehen konnten, musste sie ihn über sich ergehen lassen.

Eines Tages, als die Langeweile übergroß wurde, schien es, dass die Mutter von Angiolina sich gut aufspießen und braten ließ; und genau das machten diese Menschen, die alles verschlangen, sogar zahme Tiere, wenn sie nur Blut in sich hatten. So mussten die hungrigen Gefangenen in ihren Käfigen, jedes künftigen Trostes beraubt, schließlich die Knochen ihrer eigenen Mutter abnagen; wobei sie sich fragten, wieso nur ihre Schwester sich so hartnäckig weigerte, dies zu tun.

Die armen abgerichteten Raubtiere, unwissende Waisenkinder, die im Schlaf träumten, über Wiesen zu laufen, während sie ihre Pfoten in jener fauligen Kloake bewegten, die ihr Käfig war, fanden bei ihrem Aufwachen immer die gleichen leeren Fressnäpfe. Aber dieser Morgen war anders; Angiolina war frei und ziemlich verschieden, wie es schien, von allen anderen, die Hunde und somit Gefangene waren. Als sie sie so entspannt und schön sahen, erkannten sie sie als Schwester, wenn sie sich auch ziemlich über ihren windgleichen Atem wunderten, der so sehr der mütterlichen Plazenta des Lebens ähnelte. Und die durchsichtigen Augen der Bracken fürchteten, getadelt zu werden; aber es war im Gegenteil Angiolina, die jeden von ihnen bei seinem Namen rief und ihn daran erinnerte, wie schön es war, ihn zum Bruder zu haben.

Von jedem von ihnen kannte sie den glatten Bauch, die samtige Schnauze, den bestimmten Fleck oder ein zufällig blaues Auge, jenes Büschel über dem Ohr, den Stern auf dem Nacken, den kurzen Schwanz wie auch den starken Körperbau, die zu leichten oder krummen Beine. Alles wusste Angiolina über ihre Brüder; sie nannte sie 'die Gesegneten' und ging weg. Sie ging von ihnen weg, und sie fühlten es auf natürliche Weise, ohne ein Problem daraus zu machen, denn Hunde haben eine globale Sicht des Universums, wie man weiß, und nicht nur der beschränkten Gegenwart. Da Angiolina wusste, dass sie dabei war, ihre Form zu verändern, war sie neugierig, ob die Gewohnheit, haarig zu sein, ihr wenigstens am ganzen Körper bleiben würde oder nur auf dem Kopf, wie bei den Zweibeinern, oder ob es ihr vielleicht auch geschehen könnte, mit Flügeln wiedergeboren zu werden. Sie wartete ruhig und schaute den Himmel an, der langsam heller wurde, als sie etwas wie das Zeichen eines plötzlichen Hagelschauers wahrnahm, und es tat ihr nur leid um die Veilchen, die gerade um sie herum aufblühten. Es war jedoch kein Hagel in jenem Frühling, sondern eine Rose. Angiolina war erschossen worden, aber eine Rose von Schrotkugeln konnte nichts gegen ihren Körper ausrichten, der so leicht war, dass ihre Seele wie eine weiße Möwe auf das Meer zuflog. Der Mann mit der Hülsenprothese wollte sie im Triumph umhertragen und versuchte, diesen weichen Wattebausch aufzuheben, der Angiolina war, aber er hielt nur Wolken in den Händen. Er suchte nach etwas, das einem Kadaver gleichen konnte, fand jedoch nichts dergleichen, bis ein Bauer, der gerade dort vorbeikam, ein Kreuzzeichen schlug und ihn fragte, was er um Himmels willen vor einem Käfig voller ausgehungerter Bracken zu suchen hätte, statt in einem Grab auf dem Friedhof. Da begriff der Jäger, dass es seine letzte Aufgabe war, den Käfig zu öffnen und seine Jagdhunde zu befreien, damit sie nicht vor Hunger und Durst sterben mussten. Er begab sich nach Hause, um in seinem Bett zu sterben, aber Angiolinas Geschwister waren so glücklich, freiwillig bei ihm zu sein und nicht gezwungenermaßen, dass sie ihm liebevoll überallhin folgten und ihm so halfen, weiterzuleben. Ihm fehlte nur Angiolina; darüber war er traurig. Es verursachte ihm einen enormen Schmerz, der sein Herz in der Brust und jede kleinste Faser in seinem Körper erbeben ließ, wenn er nur an die schönen Augen mit den langen Wimpern des Geschöpfes mit dem weichen weißen Fell dachte.

Von diesem ganzen enormen Schmerz blieb ihm nur ein Gewehr übrig; dessen Bedeutung wollte er auf die schlimmste Art ausprobieren. Er war des Friedens unfähig, und noch einmal lenkte Angiolina den Schuss zum Himmel hinauf. Denjenigen, die ihn fragten, wieso jene Rosenblätter vom Himmel fielen, konnte er nur seine märchenhafte, aber ganz wahre Geschichte erzählen.

Die anderen lächelten darüber; die jungen Leute, die Angiolinas Geschichte kannten, wuchsen anders heran in ihrer Liebe zu den Tieren, so dass auch die Eltern dies anerkennen mussten und alle Folterinstrumente zerstörten.

Es wurde ein sehr schönes Tal mit Kastanienbäumen, Ginsterbüschen und Enzian, wo der Duft des Lavendels sich mit dem Geruch der im grünen Moos aufbrechenden Pilze abwechselte, bewohnt von einem Volk, das sich von Tomaten und Basilikum ernährte, die mit dem Saft der Oliven gewürzt waren, begleitet vom Nektar aus den Weinbergen.

Sie waren so sanft geworden, dass sie sogar die Existenz des Geldes ignorierten und stattdessen die Früchte der Gärten gegen Küsse und Liebesbeweise, wie Streicheln, eintauschten, wobei sie für ihren Körper und ihren Geist genauso viel Nutzen daraus zogen.

Mädchen und junge Burschen gaben sich der Liebe hin, aber auch die Alten, sodass alle neun Monate jeder ein neugeborenes Kind im Arm hielt.

Man sagt, dass einige Frauen oder Mütter von Tieren und auch die Männer, die guten Willens sind, manchmal mitten in der Nacht Angiolina an ihrem Bett stehen sehen und das als ein so gutes Vorzeichen nehmen, dass sie Musik aller Art daraus machen.

von Chiara di Camillo (17 Jahre, Genua)

Pablo ist tot, es lebe Pablo!

Erinnerst du dich noch daran, als wir uns zum ersten Mal trafen? Ich glaube schon. Ich habe dich vom ersten Moment an geliebt, und du hast mich sofort freudig begrüßt!

Wir haben soviel zusammen gemacht – du schliefst bei mir im Bett, unter den Decken; manchmal saßest du auf meinen Knien; ich erinnere mich, dass du für dein Leben gern Spaghetti in Buttersauce gegessen hast; ich aß auf der einen Seite und du auf der anderen. Wenn es kalt war und wir nach draußen gingen, trugst du dein Mäntelchen mit dem Käppi; wenn wir ins Stadion gingen, steckte ich dich in meinen Mantel und du hast dir das Spiel mit angesehen. Du fuhrst so gerne mit dem Auto. Wie ein kleiner Mann setztest du dich auf meinen Schoß, und wir schauten zusammen aus dem Fenster. Es machte dir auch Spaß, dich im Gras zu wälzen und zu rennen.

Du warst klein, aber du hattest ein großes Herz voller Freude und Zuneigung für alle.

Wir waren unzertrennlich; ich wünschte, es wäre immer so weitergegangen, aber das Schicksal wollte es anders; du wurdest mir wegen einer Nierendeformation entrissen, als du gerade ein Jahr und drei Monate alt warst. Mein Lieber, ich werde dich körperlich nicht mehr bei mir haben, ich werde dich nicht mehr sehen können, wie du pfeilschnell durch die Wohnung flitzt, aber ich habe dich in meiner Nähe; ich spüre, dass du da bist, ich träume sehr oft von dir und habe bei einem Medium nach dir gefragt, es gebeten, sich mit dir in Verbindung zu setzen. Es sagte mir, du seiest im Paradies, mit vielen anderen kleinen Hunden. Ich fragte, wie es dir geht, ob du eifersüchtig bist, weil ich jetzt einen anderen kleinen Pinscher wie dich habe; es sagte, du seiest glücklich und zufrieden darüber, dass ich nicht allein bin; du hättest mich immer gern gemocht, und so sei es auch jetzt noch, wie auch ich dich immer gern haben werde.

(dein Frauchen)

– Daniela Bellon –

Der Kater Spiros

»Engel schlafen ein, sobald sie sich hinlegen«, dieser Satz von Pennac kam mir in den Sinn, während wir an jenen Ort zurückkehrten.

»Was machen wir hier? Was tue ich hier?« Wie oft habe ich mich das gefragt!

Der von Neon erleuchtete weiße Raum kreiste schneller und schneller um mich, um uns. Das Ende war gekommen. Ich wusste es; wir hatten alles versucht. Ohne Erfolg.

Eine Mischung von Geräuschen, Flüstern, Fragen, Gebeten und wieder von Unsicherheit; dann sagte ich endgültig Ja. Ich entfernte mich für immer von ihm.

Und immer noch gedämpfte Stimmen, Bruchstücke von Erinnerungen, ungläubigem Staunen, Schmerz.

Dann die Stille.

Sein Atem bleibt aus, sein Herz bleibt stehen – und für einen Augenblick vielleicht auch meins. Wie hält man soviel Schmerz nur aus? Das Leben ist aus seinem kleinen Körper entwichen, der inzwischen für ihn nur noch ein Gefängnis war, ein Käfig, der ihn noch in dieser Welt hielt, die ihn nun nicht mehr interessierte.

So ist Spiros gestorben. Wie konnte das nur geschehen? Ich hatte ihn so gut beschützt, seit dem Augenblick, an dem ich ihn auf der Straße gefunden hatte, und er klein, wehrlos, verängstigt und hungrig war. Er, der vor nichts mehr Angst hatte, seit er mich fand, war überzeugt, eher ein Mensch zu sein als ein Kater. Ich habe diese sieben kurzen Jahre damit verbracht, ihn vor allem und jedem zu schützen. Warum hatte ich ihn nicht davor schützen können?

Und während er wegging, sich erhob, um an seinen Platz jenseits des Regenbogens zu gelangen, während er aufhörte, hier an meiner Seite zu leben, blieb ich allein und ohne Trost zurück; voller Schmerz, Zorn und Leere.

Kein Tag vergeht, ohne dass ich an ihn denke; daran merke ich, dass Spiros noch hier ist. Er ist es, solange ich mich an ihn erinnere; so lange wird er eine ätherische Erscheinung sein, die – nunmehr befreit – durch mein Haus schwebt.

Spiros ist ohne Lärm gegangen, wie es die Besten tun; aber seine Stimme ist noch hier, ihr Echo noch in meinem Kopf.

Ja, denn Spiros besaß eine Stimme, die ihm erlaubte, mit mir zu kommunizieren. Er teilte mir sein Urteil mit und kommentierte die Ereignisse.

Seine Stimme ist noch hier, in dieser Welt; ich kann sie hören, und ich lausche ihr. Das gibt mir die Sicherheit, dass nur der Körper von Spiros gegangen ist, aber Spiros im Geiste noch bei mir ist, wo ihn mir niemand mehr wegnehmen kann.

Und während ich mich bewege, gehe, lache, weine, mich aufrege, arbeite oder schlafe, weiß ich, dass Spiros hier ist. Seine Stimme begleitet mich in jedem Augenblick. Sie wird wieder heftig oder neurotisch. Sie trägt mich weit weg in eine andere Welt, die keine Welt ist, in eine Dimension ohne Dimension, in der auch die unüberwindlichen Entfernungen überwunden werden.

Er ist dort, wo es den anderen nicht erlaubt ist einzutreten, und wo wir uns treffen, wo wir einander ohne Widerstand zuhören; nunmehr allein, aber frei, um unendlich lang miteinander zu sprechen, denn nur so hört seine Stimme nicht auf, sondern schreit seine Anwesenheit, seine Freiheit hinaus. Ich weiß, dass er mir für meine letzte Liebesgeste dankbar ist: Ich habe ihm ermöglicht wegzufliegen, aber die Erinnerung an ihn in mein Herz geschlossen.

Solange seine Stimme nicht erlischt, ist Spiros lebendig.

Ich bin hier, und ich vergesse dich nicht.

– Ilaria Guasco –

Tobias und der große schwarze Hund

Es war absolut sicher, dass er ein großer Hund werden würde. Das stand in seinem persönlichen Schicksal geschrieben, als er noch ein heller 'Beinahe-Schäferhund'-Welpe war.

Er war sich seiner Mission sehr wohl bewusst oder mindestens der Tatsache, dass er eine hatte; denn es ist schwierig, mit auch nur annähernder Sicherheit ein Schicksal von einer Mission zu unterscheiden, als wolliger, heller 'Beinahe-Schäferhund'- Welpe.

Die von der Geburt und vom Säugen abgemagerte Mutter musste man einsperren, weil sie sich nicht von diesem letzten Welpen trennen wollte. Die Frau hatte ihn dann genommen und zwischen ihre beiden kleinen Kinder auf den Rücksitz ihres Autos gesetzt.

Der nahe Abend löschte die Erinnerung an das Haus, in dem er geboren worden war; seine niedrige, lange Form vermischte sich mit den dunklen Umrissen der Wälder rings umher.

Der Weg war nicht sehr lang; nicht lang genug, um ihn verstehen zu lassen, was ihm geschah. So hatte er also seinen Namen, seine Mutter und sein Haus, alles auf einmal, an einem Nachmittag im Oktober gewechselt.

Er litt jedoch nicht sonderlich unter dieser Trennung. Die Frau teilte mit Freuden die ersten Nächte lang das Sofa mit ihm, damit er sich eingewöhnen konnte. Die Wärme ihres Körpers und ihr Herzschlag hielten Tobias Erinnerungen an seine Hundemutter in Grenzen, bis er sie wahrscheinlich ganz vergaß.

Er kuschelte sich zwischen die Frau und die weiche Rückwand und schlief den Schlaf des Gerechten. Es gab bei der Frau eine ideale Kuhle, fast wie eine äußere Gebärmutter, in die er sich schmiegen konnte. Tobias wusste, wie alle Hunde seit Jahrtausenden, was die Menschen brauchen.

Wenn er so die warme, schmerzende Weite spürte, die bereit war, ihn aufzunehmen, wuchs sein Optimismus. Er merkte, dass er erwünscht war und die Frau sehr gelitten hatte, bevor sie ihn zu sich nahm.

In diesem Leiden hatte er vage gespürt, um was es bei seiner Mission ging, und machte sich nun mit Begeisterung daran, sie zu erfüllen.

Er wusste von Anfang an, dass die Frau keine Schafe besaß und er kein Hund für die Herde war. Er wusste auch, dass es gern gesehen wurde, wenn er das Haus bewachte, aber dass er nicht deswegen da war.

Er wusste, dass er kein Geschenk für die Kinder war – nicht einmal ein Jagdhund, wie es im übrigen auch keiner seiner Vorfahren gewesen war.

Als der Monat sich dem Ende zuneigte, spürte er die Grenzen seiner Aufgabe deutlicher. Die Buche am Ende des Gartens, hinter dem Brunnen, trug noch vereinzelt ihre karminroten Eckern.

Der Feigenbaum verlor seine letzten Blätter, als er gerade begann, seine Ohren aufzurichten. Genauer gesagt, stand das linke stärker hoch als das rechte, dessen Spitze beim Laufen noch hin und her schlenkerte.

Die Frau sah weiter voraus.

Sie schien einen Durchschlupf zwischen den nunmehr kahlen Ästen der Kastanie zu suchen; es schien, als ob sie traurig in einem Durcheinander von noch lebendigen Gefühlen wühlte. Sie gingen also durch das verrostete Törchen, den kurzen, mit Brennnesseln verwachsenen Abhang hinunter, der zum Wald bei der großen Eiche führte.

Dann blieb die Frau stehen.

Tobias nahm gierig die Gerüche auf, dort, wo die Erde noch nicht von der Vegetation verdeckt war, wo eine Wunde Druck ausübte und das Gras nur mit Mühe wuchs. Er erhielt außerordentliche Informationen.

Hier unter der Erde war ein großer schwarzer Hund begraben, dachte Tobias, während er die Gerüche von der Nase ins Maul ziehen ließ. Er konnte nicht mehr als drei Monate tot sein.

Der Aufprall einer stachligen Hülle voller Kastanien lenkte ihn einen Moment von seinen Nachforschungen ab. Die Frau entfernte einige trockene Zweige, damit die wilden Kräuter besser nachwachsen konnten. Sie hatte den scharfen Duft der Traurigkeit an sich und war weit weg.

Tobias roch mit seiner scharfen Nase den Geruch des Todes, gemischt mit dem Gestank von Medikamenten. Die Frau hatte diesen Hund gut gepflegt.

Plötzlich erinnerte er sich, dass er den gleichen Geruch bereits am Treppenansatz im Haus wahrgenommen hatte. Der große schwarze Hund hatte also in dem gleichen Haus gelebt wie er jetzt. Er musste auch – wahrscheinlich gelähmt – eine Zeitlang zu Füßen der Treppe gelegen haben.

Jetzt kam die Frau zu ihm; in der letzten Milde des Herbstes enthüllte sie ihren Schmerz.

Sie blätterte durch den von Gefühlen befreiten Geschichtsatlas; beim Eintrag 'Hund' begann sie zu weinen. Tobias teilte instinktiv ihren Schmerz. Auf den Grabstein aus Erde vor ihnen fielen die Tränen der Frau und des Hundes.

Da hatte der wollige, helle 'Beinahe-Schäferhund'-Welpe die klare Einsicht, dass der Herbst der Gefühle versank, bis er sich mit dem Herbst der goldenen Bäume und der Schatten vermischte, die das eilends die Tage entfärbende Licht warf.

Der Schatten des Schmerzes war länger als alle anderen.

Die trockenen Blätter auf dem Boden wurden vom Weinen zu Ziegeln, und auf dem Herzen lag schwer der Grabhügel. Aus dem Wald kam undeutlich ein verlorenes Gebell.

Tobias sah die Frau an; es schien ihm, als ob er in ihren Augen ein rasches, enttäuschtes Aufblitzen gesehen hätte; wie von jemandem, der einen Moment lang in der Ferne eine Stimme zu erkennen meint, die er geliebt hat, und dann merkt, dass er sich irrt. Auch Tobias weinte; er beweinte sich selbst, das junge Hundekind, angesichts seines zukünftigen Lebens. Das war sein Weg, er wusste es, der auf die Erde gezeichnet war und an einem Graben voller Gerüche seinen Anfang nahm.

Der Weg, den viele meiden, indem sie ihren Blick von der Obszönität abwenden, die jeder Tod, auch der kleinste, zeichnet; auch der eines jeden Tages, der sich am Abend auflöst.

Es war ihre Geschichte gewesen, die der Frau und des großen schwarzen Hundes. Aber jetzt öffnete sich eine weitere Tür in der gleichen Richtung, die ihm und der Frau gehörte, und der große schwarze Hund würde sie begleiten.

Auch Tobias würde die Aufgabe zufallen, ein Blindenhund für die Frau zu sein, die auf die Suche nach sich selbst ging. Nicht, um sie irgendwohin zu führen, sondern einfach, um an ihrer Seite zu bleiben; denn die menschliche Seele braucht die wissende Wärme der Hundeseele.

Da begriff der helle 'Beinahe-Schäferhund'-Welpe, dass sie seine Herde war und er ihr Hirtenhund.

Er würde ihr Jagdhund sein, der die Beute des Herzens verfolgen und aufstöbern sollte.

Auch ihr Schäferhund, um sie zu schützen, während sie ihn schützend und wärmend in ihrem Schoß hielt. All das würde er, Tobias, sein, der nach dem großen schwarzen Hund gekommen war, der jetzt da unten schlief, aber ihr immer noch fehlte und immer fehlen würde. Ihm kam es vor, als ob er ihn kennen würde.

Als die Frau das Törchen öffnete, lief Tobias vor ihr her; mutig und stolz, weil er ihre Sterne gesehen hatte. Er würde wie bei einer Amtsernennung sein Schicksal, seine Mission auf sich nehmen; denn auch die Seele der Hunde verlangt nach der Wärme der menschlichen Seele.

Die Frau folgte ihm langsam, denn die Menschen sind langsamer als Hunde.

Der Abend, der sich mit seinen Schatten herabneigte, zeichnete fehlerfrei auf die Spitzen der Voralpen das dunkle Profil des großen schwarzen Hundes, am Horizont ausgestreckt, seine beweglichen Ohren gespitzt auf die Geräusche lauschend, die in der Dunkelheit wohnen, die Nase bereit, die nächtliche Witterung aufzunehmen.

Wieder war ein fernes, in der Erinnerung verlorenes Gebell zu hören.

Auch du, Gott, wohnst noch dort, über den Geräuschen der Tage, zusammen mit dem großen schwarzen Hund.

– Electra Moresi Benvenuti –

Auf der Reise in die Ewigkeit

Er konnte sich kaum noch daran erinnern, was passiert war, bevor der Schmerz aufhörte, so plötzlich, wie er gekommen war. Er fühlte sich von einer so starken Energie durchflutet, dass er Lust bekam, auf das Licht zu zu laufen, das aus dem Nichts zu kommen schien und ihn unwiderstehlich anzog.

Der Duft von frischgemähtem Gras stach ihm in die Nase, gemischt mit anderen Gerüchen, einige davon waren ihm gut bekannt, andere nicht, wie Flügelschläge, die ihn auf seinem entfesselten Lauf streiften. Er wusste nicht genau, was, aber es war etwas Unendliches, das ihn immer weiter vorwärts trieb.

Er war in seinem langen Leben so viel gereist, bevor er sich in einem der vier auf dem Berg zusammengeduckten Häusern niederließ, von Leuten bewohnt, die ihn nur deshalb nicht abgewiesen hatten, weil er ein Fremder war. Aber jetzt musste er seine Reise fortsetzen, er konnte nicht mehr bleiben, zu lange hatte er sich schon ausgeruht.

Er lief immer schneller, so schnell, dass sein Herz ihm in der Brust zu zerspringen drohte, aber es war ein herrliches Gefühl, das ihn mit Leben erfüllte und endgültig die Erinnerung an den erlittenen Schmerz vertrieb.

Einen Augenblick lang schloss er die Augen, um nicht von dem geblendet zu werden, was sich plötzlich vor seinen Augen auftat. Dann erweckte ein scharfer Geruch ihm von Neuem eine lang vergangene, aber nie vergessene Erinnerung.

»Er ist es!«, dachte er. »Endlich habe ich ihn wiedergefunden!«

Der Geruch jener Hand, den er, obwohl er in der trockenen, harten Erde grub, nicht mehr hatte wahrnehmen können und der ihn weit weg hatte flüchten lassen, war wieder da, deutlich und beruhigend.

Er hielt zitternd vor Aufregung an, abwartend, nur ein schüchternes Wedeln mit dem Schwanz, aus Angst, sich zu irren.

Wenn du aufmerksam auf die Wolken am fernen Horizont schaust, siehst du sie auch: Ein Mensch mit seinem Hund, wiedervereint auf der Reise in die Ewigkeit.

III.
Erlebnisberichte über die Unsterblichkeit der Tiere

– Rosemary Altea –

Karma

»Leben die Tiere nach dem Tode weiter?«
Das ist eine Frage, die mir oft gestellt wird. Obwohl ich bereits kurz in »The Eagle and the Rose« darauf eingegangen bin, als ich die Geschichte eines Mannes erzählte, der mit zwei Gänsen unter dem Arm aus dem Jenseits kam, wäre es meiner Meinung nach schön, mit euch weitere Geschichten von Tieren zu teilen.

Die Antwort auf diese Frage lautet: »Ja, die Tiere, die wir geliebt und zu denen wir eine besondere Beziehung gehabt haben, leben nach dem Tode weiter. Ich sehe oft Tiere, sei es in Einzelberatungen oder auf meinen Vorträgen. Sie werden durch einen engen Verwandten oder Freund in die Sitzung eingebracht. Einmal befand ich mich in einem Buchladen in Danbury, in Connecticut, um meine Bücher zu signieren, als ich einer Frau bestätigen konnte, dass ihr geliebtes, bei einem tragischen Unfall zu Anfang des Jahres verstorbenes Pferd sich an einem sicheren Platz befand und es ihm gut ging.

Natürlich haben viele der Menschen, die meine Hilfe suchen, ihre Haustiere verloren. An eine Frau kann ich mich noch gut erinnern. Als sie anrief, um einen Termin auszumachen, fragte sie, ob es möglich sei, einen Kontakt mit ihrem Hündchen herzustellen. Susie war vor wenigen Wochen gestorben. Das war der einzige Grund, aus dem sie zu mir kam, denn, wie sie sagte, bedeuteten ihre Hunde für sie alles, sie waren ihre Familie. Als sie zur Beratung kam, sah ich nicht nur, dass *Susie*, ein kleiner Hund, von ihrer Großmutter auf dem Arm getragen wurde, sondern mir wurde auch ein Garten gezeigt, in dem Bäume, Pflanzen und wunderbare Blumen wuchsen. In diesem Garten sah ich viele Tiere; Hunde, Katzen und Kaninchen, die glücklich miteinander spielten. Ich konnte daher meiner Klientin mitteilen, dass *Susie* oft in diesem Garten umherlief, mit den anderen Tieren spielte und glücklich war.

Eine meiner Freundinnen und Schülerinnen, Joan Carter, war verzweifelt, weil sie ihren kleine Yorkshire-Terrier verloren hatte. Zwei oder drei Wochen später befanden wir uns eines Tages in der Aula und wollten gerade mit der Lektion beginnen, als ich von meiner Mappe aufschaute, die auf meinen Knien lag, und ihren kleinen Hund sah, wie er gesund und glücklich auf der Schulter meiner Freundin saß, genau wie er es vor seinem Tod so gern getan hatte. Joan war gerührt, als ich ihr das sagte. Es half ihr, in ihrem Schmerz, zu wissen, dass er in Sicherheit war.

Aber das beste Beispiel, über das ich berichten kann, stammt aus meiner eigenen Erfahrung mit meinen geliebten Hündchen, die ich verlor und wiederfand. Aber ich will sie von Anfang an erzählen.

Karma starb am 1. Juni 1994. Während wir ihn im Garten unter einem Rhododendron mit großen weißen Blüten begruben, kam mir wieder die Erinnerung an unser erstes Zusammentreffen vor dreizehn Jahren in den Sinn. Meine Tochter Samantha, die damals zwölfeinhalb Jahre alt war, hatte mich angefleht, ihr einen Hund zu schenken, einen King Charles Cavalier, also einen weißrotbraunen Spaniel. Sie hatte sehr genaue Vorstellungen von seiner Rasse und den Farben, die er haben sollte, aber obwohl ich eine gründliche Suche im ganzen Land veranstaltete, gelang es mir nicht, eine Hundezucht zu finden, die den Hund hatte, den wir wollten. Außerdem zeigte mir »Grauer Adler« jedesmal, wenn ich ihn um Hilfe bat, das Photo eines Welpen mit langen hellbeige-farbenen Ohren.

Ich bin sicher, ihr wisst schon, was ich euch erzählen will. Als wir schon alle Hoffnungen verloren hatten, den Welpen zu finden, rief ich bei der letzten Adresse meiner Liste an. Sie sagten, sie könnten mir nicht helfen, aber sie hätten von einer Frau gehört, die ab und zu Welpen dieser Rasse abzugeben hatte. Es handelte sich nicht um eine regelrechte Hundezucht, sondern sie zog sie in ihrem Hause auf. Sie gaben mir die Adresse einer Frau Rix, hatte jedoch nicht ihre Telephonnummer. Aber als ich den Namen Rix hörte, brachte ich ihn sofort mit einer Klientin von mir in Verbindung. Konnte es sich wirklich um die gleiche Person handeln? Es war ein letzter Versuch, aber es lohnte sich auf jeden Fall, ihn zu machen.

Ich blätterte durch meine Klientenliste, fand die Nummer und wählte sie. Ich sprach mit einer jungen Frau, die, wie sie sagte, die Tochter von Frau Rix war und fragte sie zögernd, ob sie die Familie Rix seien, die King Charles Spaniels züchteten. »Ja«, sagte sie. »Wir haben gerade einen Wurf, drei Weibchen und einen Rüden.« Ich sagte, ich würde noch einmal anrufen und bat sie, ihrer Mutter mitzuteilen, dass ich an dem Rüden interessiert sei; dann stellte ich ihr die Frage, deren Antwort ich bereits wusste: Welche Farbe haben sie?«

»Blenheim«, antwortete das Mädchen. »Weiß und beige.«

Marie Rix brachte uns den Welpen noch am gleichen Tag; er war erst zwei Wochen alt und so klein, dass er in meine Hand passte. Er war lebhaft und aufgeregt, aber als ich ihn mir instinktiv an den Hals legte, rollte er sich zusammen und schlief fast ein.

Marie lächelte. »Wir glauben, dass wir es sind, die die Hunde auswählen«, sagte sie, aber in Wirklichkeit sind sie es, die uns wählen. Ich denke, Rosemary, dass er dich gerade erwählt hat.«

Samantha war überglücklich; sie konnte kaum den Tag erwarten, an dem wir ihn endgültig mit nach Hause nehmen durften. Vier Wochen später rief Marie Rix an, um zu sagen, dass wir ihn nun abholen konnten; das war zwei Wochen früher als ursprünglich geplant. »Er macht seine Schwestern verrückt, rennt pausenlos ihrem Schwanz hinterdrein und wird langsam unerträglich«, sagte sie lachend. »Um ehrlich zu sein, fürchte ich, ihr werdet ihn ziemlich schwer erziehbar finden.«

Aber ich machte mir keine Sorgen. Schließlich hatte mich »Grauer Adler« zu diesem Welpen geführt, darüber war ich mir sicher. Unerträglich oder nicht, er war mir vom Schicksal bestimmt.

Ich nannte ihn *Karma*, nach dem indischen Begriff, der die von einer Person erzeugte Energie oder auch das Gesetz des Lebens beschreibt – Kraft, Energie, Schwingung, Atem, wie auch immer man es nennen will; ich hatte jedenfalls den Eindruck, dass diese Kraft oder Energie Teil dieses Welpen war, den das Schicksal mir bestimmt hatte.

Als er noch nicht ganz ein Jahr alt war, beschloss ich, dass er eines Spielgefährten bedurfte. Daher sah ich mich um und fand – diesmal mit weitaus weniger Schwierigkeiten – *Jasper*, einen weiteren Spaniel. Die beiden schlossen sofort Freundschaft; in den folgenden drei Jahren sah ich sie zusammen spielen und aufwachsen. Obwohl sie von der gleichen Rasse waren, fand ich die Unterschiede in ihrem Charakter erstaunlich. *Jasper* war lebhaft, ein Hüpfer, immer bereit, mir auf den Schoß zu springen, sobald ich mich hinsetzte. *Karma* hingegen war nach seinen lebhaften Welpenzeiten zu einem eher melancholischen, sanften und ruhigen Hund herangewachsen.

Als *Jasper* zweieinhalb Jahre alt war und *Karma* ein Jahr mehr, erfuhr ich, dass einer meiner beiden kleinen Freunde sterben würde. Eines Tages erzählte ich gerade einer Freundin von ihnen, als ich plötzlich eine Vision oder ein Bild hatte. Ich sah den Geist von

Jasper, wie er zum Himmel aufstieg. Ich war verstört. Ich bat »Grauer Adler« um weitere Informationen, weil ich dachte, *Jaspers* Tod verhindern zu können, wenn ich die genaueren Umstände kannte. Aber ich erhielt keine weiteren Einzelheiten. Da verstand ich, dass das, was ich gesehen hatte, unvermeidbar sein würde.

Dennoch gab ich die Hoffnung nicht auf. Drei Monate später fing *Jasper* im Obstgarten eine große Maus und tötete sie. Danach bekam er einen schweren Blutsturz, der ihn fast umbrachte. (Später brachten wir heraus, dass die Maus Gift gefressen hatte). Ich war sicher, dass es sich um das Ereignis handelte, das ich vorausgesehen hatte.

Zwei Monate später rissen heftige Gewitter und starke Stürme einige Latten der Umzäunung heraus, so dass knapp über dem Boden ein Durchschlupf entstand. Er war so klein, dass ich ihn übersah, aber groß genug, um einen neugierigen kleinen Hund wie *Jasper* durchzulassen. Er rannte auf die Straße hinaus, direkt vor einen Lastwagen.

Der Fahrer bremste zu spät, um den Zusammenstoß zu vermeiden. *Jasper* lebte auf meinen Armen noch lange genug, um meine Stimme zu hören, die ihm sagte, wie sehr ich ihn liebte. Er schaute mich ein letztes Mal an, dann sah ich, wie seine Augen sich verschleierten. Er tat einen tiefen Atemzug, seufzte und starb. Es brach mir das Herz. Ich weinte tage-, wochen-, ja sogar monatelang. Jedesmal, wenn wir nach Hause kamen, rannte *Karma* herum, treppauf und treppab, um nach seinem Freund zu suchen.

Auch ich hatte auf meine Weise nach ihm gesucht, in der Hoffnung, den Geist *Jaspers* im Jenseits wiederzufinden. Viele Monate vergingen, bevor mir das gelang. Als es dann geschah, trat es auf eine unerwartete Weise ein. Es war an einem Morgen. *Karma* saß bei mir auf dem Bett. Ich wollte gerade aufstehen, als ich etwas Warmes, Feuchtes im Nacken spürte. Erstaunt drehte ich mich um, um zu schauen, was es war, und sah ganz deutlich *Jasper*, wie er seine Nase in meine Haare steckte, schnüffelnd und schubsend, wie er das immer getan hatte. Ich spürte seinen Atem, seinen Geruch und sah, dass auch *Karma* auf ihn reagierte. Er wedelte heftig mit dem Schwanz und jaulte vor Aufregung. Mindestens zehn Minuten lang waren wir drei wieder zusammen, meine 'Jungs' und ich. Dann ging *Jasper* wieder, so schnell, wie er gekommen war.

Seit jenem Mal sah ich ihn noch oft und wusste daher, dass es ihm gut ging und er glücklich war. Ich nahm nie mehr einen neuen Hund auf, auch wenn ich manchmal daran dachte. Ich hatte den Eindruck, dass *Karma* mit seiner Situation zufrieden war. In den folgenden zehn Jahren war er mein einziger treuer Begleiter.

Als er älter wurde, begann *Karma* an einem Herzfehler zu leiden. Seine Gelenke wurden steif, er bewegte sich nur noch mühsam und unter großen Schmerzen. Aber auch wenn er litt, war er doch immer ein liebenswürdiges Wesen, ein freundlicher kleiner Hund.

Im Lauf der Jahre habe ich ihm oft die Hände aufgelegt, um ihn zu behandeln. Er war ein sensitives kleines Tier. Manchmal setzte er sich ohne einen ersichtlichen Grund hin und starrte an die Decke oder in die Ecken des Zimmers, wobei er ruckartig den Kopf bewegte, als ob er jemanden verfolgen würde. Die Leute, die uns nicht kannten, fanden sein Art störend, aber ich lächelte und beruhigte sie, indem ich sagte, es handele sich nur um jemanden, der gekommen sei, um *Karma* zu besuchen.

In den letzten Monaten seines Lebens verschlimmerte sich sein Zustand. Seine Lungen hatten sich mit Wasser gefüllt – und sein Herz war schwach. Jeden Tag, oft mehrmals, legte ich ihm die Hände auf, was ihn immer tröstete und beruhigte. Wie immer fühlte ich, dass die Mitte meiner Handflächen heiß wurde und zu klopfen begann; ein Zeichen, dass die Energie von mir zum Hund überging.

Karma war kein besonders hübscher Hund. Er schielte, und mit zunehmendem Alter begann er auch furchtbar zu stinken und büschelweise seine Haare zu verlieren. Aber er war ein kleiner, freundlicher und liebevoller Hund, und Samantha und ich liebten ihn sehr. Als er erkrankte, fand ich Trost in der Tatsache, dass es mir gelang, seine Schmerzen zu lindern, wenn ich ihm die Hände auflegte, um ihm so die göttliche Energie zukommen zu lassen, um die ich bat.

Ich weiß, dass diejenigen von euch, die ihre Tiere lieben und ähnliche Situationen erlebt haben, gerne die Fähigkeit zu heilen besitzen würden. Genauso geht es denen, die einen kranken, leidenden Menschen bei sich haben. Ich bin auch sicher, dass wir alle bis zu einem gewissen Punkt die Gabe zu heilen besitzen und mit dieser Gabe geboren worden sind. Wenn zum Beispiel ein Kind hinfällt und sich am Knie verletzt, setzen wir es instinktiv auf, legen die Hand auf die verletzte Stelle und sagen: »Du wirst sehen, so heilt es besser.« Wenn wir Kopfschmerzen haben, legen wir automatisch die Hände an die Stirn und massieren unsere Schläfen. Wir besitzen eine angeborene Fähigkeit, durch Berührung und Übermittlung von Energie zu heilen.

Schließlich kam der Tag, den wir alle, wenn wir unsere Tiere lieben, fürchten. Es war Zeit geworden, die endgültige Entscheidung zu treffen. Ich hatte darum gebetet, sie niemals treffen zu müssen. Ich wunderte mich nicht darüber, dass *Karma* sterben würde, denn »Grauer Adler« hatte mich im Voraus darauf hingewiesen, wie er es mit *Jasper* getan hatte, und mir sogar den Monat mitgeteilt, in dem es geschehen würde. Ich hatte wieder eine Vision: Ich sah meinen kleinen Hund auf dem Rasen ausgestreckt, als ob er schlafen würde, unter einer strahlenden Juni-Sonne.

Diese Vision hatte ich ein Jahr vorher gehabt. Jetzt war es wieder Anfang Juni, und *Karmas* Zustand hatte sich so verschlechtert, dass ich verstand – es würde keinen Aufschub mehr geben. Er konnte sich nicht mehr hinlegen, sondern gerade noch sitzen, wenn er sich gegen die Wand lehnte. Wenn ich ihn ansah, las ich in seinen sanften Augen die flehende Bitte: »Tue etwas, hilf mir!«

Als ich die Nummer wählte, fühlte ich, wie mein Herz schwer wurde. »Wie werde ich das nur schaffen?«, fragte ich mich. Diejenigen von euch, die eine solche Situation schon einmal erlebt haben, wissen es – die Kraft dazu liegt in der Liebe.

Ich nahm ihn mit in den Garten und legte ihn mir auf die Knie. Ich saß auf dem Rasen und umarmte ihn. Als die Tierärztin die Nadel anlegte, kam mir für einen Moment der Impuls: »Nein, nicht!« zu schreien. Ich biss mir auf die Lippen, und während die Tränen mir über die Wangen flossen, drückte ich ihn noch enger an mich, während ich ihm süße Worte der Liebe zuflüsterte. Ich sah zu, wie er in meinen Armen starb.

Ich merkte nicht, wie die Tierärztin wegging. Eine Freundin war gekommen, die sie zur Tür geleitet hatte. Ich blieb eine ganze Zeit lang in dieser stillen Einsamkeit. Ich wollte dieses kleine Tier nicht loslassen, das dreizehn Jahre lang mein Freund gewesen war.

Schließlich legte ich ihn auf den Boden. Ich wusste, dass ich ihn an seinen Lieblingsplatz bringen musste, in den Wald, durch den er so gern gelaufen war, um ihn unter dem großen Rhododendron mit den weißen Blüten zu begraben. Als ich zurückkehrte, um ihn ins Auto einzuladen, hielt ich einen Moment an und betrachtete ihn, wie er da auf dem Boden lag. Er schien friedlich im Gras zu schlafen. Da erinnerte ich mich genau an die Vision, die »Grauer Adler« mir im Jahr zuvor geschickt hatte. Die Tatsache, dass nun seine Stunde gekommen war, tröstete mich.

Das Haus war unendlich leer. Samantha war vor zwei Jahren in eine eigene Wohnung gezogen, und jetzt war auch noch mein Hund gestorben. Jeden Abend ging ich mit wundem Herzen zu Bett, denn obwohl er in den letzten Jahren stank und unansehnlich geworden war, hatte *Karma* doch immer neben meinem Bett geschlafen, und das Letzte, was ich vor dem Einschlafen tat, war, ihn zu streicheln.

Drei Tage später wurde ich mitten in der Nacht wach, drehte mich um und streckte wie immer meine Hand am Bettrand entlang nach *Karma* aus, um ihm einen beruhigenden Klaps zu versetzen. Während ich ihn streichelte, murmelte ich wie immer: »Es ist alles gut, mein Kleiner, ich bin hier« und »Versuch jetzt zu schlafen, ich werde mich um dich kümmern« und »Ja, ja, du bist mein feiner Junge«.

Erst nach einigen Minuten erinnerte ich mich daran, dass *Karma* tot war, und war plötzlich hellwach. Ich setzte mich blitzartig im Bett auf. Meine Hand, die gerade noch *Karma* gestreichelt hatte, blieb in der Luft hängen. Und da sah ich ihn; er saß aufrecht neben dem Bett, halb an den Rand gelehnt wie immer. Ich streckte die Hand aus und fühlte ihn darunter, kompakt und fest, auf dem Kopf ein seidenweiches Fell, das ich unter meinen Fingern spürte. Er drehte halb den Kopf und schaute mich mit ruhigem Gesichtsausdruck an. Sein Atem war stark und regelmäßig; er hauchte mich warm an.

Noch einmal streichelte ich ihn und sagte ihm, wie sehr ich ihn liebte. Und dann legte ich mich wieder hin und schlief mit einem Lächeln im Gesicht ein, weil ich wusste, dass *Karma* heil am Ziel angekommen und glücklich war.

– Dina Lucchini dell'Orto –
(erhaltene Botschaft am 9. Oktber 1999 in Mailand)

Brasc – der Hund im Paradies

Ich hatte gerade einen Artikel zu Ende gelesen, in dem der Papst erklärte, dass es ein Paradies für die Tiere gebe, war aber ziemlich skeptisch. Ich hatte das Pendel in der Hand, da traf unerwartet Giorgio, mein Geistführer, ein.

»Dringend...ich, Giorgio, finde bei dir zehn junge Leute vor, die bereit sind, dir eine Antwort zu geben! Tante, ich bin Paolo, einer dieser jungen Leute, der bei Giorgio freudig wieder auferstanden ist. Giorgio will der Freundin Dina einen Eindruck vermitteln. Mein Hund, fröhlich und treu, zeigt mir, um meinen Tag zu erhellen, seine bekannte sanfte, liebevolle Zuneigung. Er genießt mein Streicheln und macht mir Freude! Mein Brasc, ein wichtiger Bestandteil der Familie und meiner rosigen Tage, sieht von seinem Platz aus heiter auf unseren Emanuele!

Tante, habe keine Zweifel, du irritierst mich! Du strahlst heute ein rosiges Licht aus, weigerst dich aber, mir zu glauben. Ich bleibe ganz in der Nähe von Emanuele und möchte eure unbegründeten, ängstlichen und verletzten Zweifel, die aufgekommen sind, zerstreuen.

Eure egoistischen Freunde, jeder ein Führer, rechtfertigen ihre Phantasien. Sie verteidigen sich gegen erscheinende Engel und werfen all ihre Kraft auf alte Ziele und unnützen Fanatismus, den wir ablehnen.

Hunde, Katzen und alle eure Tiere bringen ihre freudige, hingebungsvolle Liebe zu ihren Besitzern zum Ausdruck. Sie bringen nur Freude!«

– Edda Cattani –

Die Tiere haben eine Seele

Es war am 29. September 1989. Ich kann mich noch ganz genau daran erinnern, weil ich sehr erschöpft von der Arbeit nach Hause kam. Außer der Müdigkeit von den vielen Aufgaben, die es zu erledigen galt, war ein Kollege von mir mit einem Syndrom ins Krankenhaus eingeliefert worden, das wenig Hoffnung übrig ließ, was mich traurig und verwirrt machte.

Andrea und Vanessa waren in ihrem Zimmer mit einem Knäuel aus rotem Fell beschäftigt, das sie kaum festhalten konnten. Meine Kinder lachten und versuchten, es unter den Bettdecken zu verstecken. »Eine Katze im Haus? Hatten wir nicht genug Ärger mit der vorherigen? Kommt gar nicht in Frage! Bringt sie sofort wieder weg!«

Ich erinnerte mich, dass ich erst vor kurzem neue Vorhänge und Tapeten angeschafft hatte, nachdem die letzte Katze wer weiß wohin verschwunden war. Sie war nach einer Nacht im Garten nicht mehr zurückgekommen.

Alles in allem hatte ich mich an ihre Anwesenheit gewöhnt, wie an den kleinen Hamster Tino, die Vögelchen, die Schildkröten oder den Goldfisch. Aber weil sie einer nach dem anderen alle wieder verschwunden waren und ich, die für sie sorgen musste, sie anschließend vermisste, hatte ich mir geschworen: »Nie wieder kommen mir Tiere ins Haus!«

Aber es war nichts zu machen. Andrea sagte, dieses 'Bällchen' hätte sich an seine Hose gekrallt, als er über die Straße ging, auf der es ausgesetzt worden war; es hätte ihn förmlich ausgewählt.

Also musste ich mich mit einer neuen Runde von zerrissenen Vorhängen, zerwühlten Sesseln, Teppichen und Teppichböden abfinden, die geradegezogen werden mussten. Um die Wahrheit zu sagen, versuchte ich, einen neuen Besitzer für ihn zu finden, aber sobald Andrea das erfuhr, holte er ihn sich zurück und beschimpfte sogar die Person, die sich angeboten hatte, ihn zu übernehmen. Sie nannten ihn *Pub Music*, *Mix* oder auch *Rotfell*, und gaben ihm viele andere Namen, wenn sie mit ihm spielten. Er schien geradezu seine ideale Umgebung gefunden zu haben. In Wirklichkeit konnte er sich recht gut benehmen; er machte nichts ins Haus, war aber gleichzeitig königlich und respektvoll. Nur wenn er Andrea sah, drehte er förmlich durch. Sie rannten zusammen herum, rollten über den Boden, sprangen hierhin und dorthin.

Abends ging *Mix* in den Garten hinunter und kam morgens wieder hinauf. Wenn ich die Jalousien hochzog und aus dem Fenster schaute, sah ich ihn unter mir mit seinen aufgerissenen grünen Augen: »Miao, miao, miao…« Ich ging hinunter und brachte ihn mit nach oben. Inzwischen hatte ich resignierend diesen Eindringling akzeptiert, wie schon vorher so oft. Ich war für ihn zuständig. Auch Elena half mir dabei; sie frühstückte mit dem Kater auf dem Schoß und gab ihm kleine Stückchen Plumcake. So wurde *Mix* zum Spielkameraden für alle.

Jeden Abend erwartete er seine Besitzer am Gartentor. Zuerst kam Elena von der Arbeit. Er stieg mit ihr die Treppe hinauf, ging dann mit Andrea wieder hinunter bis zum Ende der Gasse, wo die Jungs von der 'Gruppe' warteten und er allen um die Beine strich. Inzwischen war er zum 'Boss' des Viertels geworden – ein schöner roter Kater. Alle kannten den Kater von Andrea. Er wusste sich Respekt zu verschaffen und ließ sich nur von denen streicheln, denen er vertraute. Eines Tages zog Elena aus, und *Mix* erwartete sie vergebens. Nach einiger Zeit sah er sie plötzlich ankommen und rannte ihr so freudig entgegen, dass er sogar stolperte. Während er ihr folgte, machte er vor Aufregung sogar Pipi. Sie lachte darüber und ich auch. Um die Wahrheit zu sagen, war ich gerührt darüber, die Fähigkeit zur Erinnerung und zu Gefühlen bei einem Tierchen zu sehen, das im Grunde genommen doch nur ein 'Tier ohne Seele' war...

Andrea lebte noch zu Hause. Jeden Abend gegen elf Uhr (man konnte die Uhr danach stellen) setzte sich der Kater ans Gartentor und wartete auf ihn. Ob es kalt war, regnete oder schneite, rührte ihn nicht. Wenn Andrea dann kam, stieg er mit ihm nach oben und die beiden gingen zusammen zu Bett. Er schlief zu seinen Füßen oder an seinem Hals.

Es war rührend, sie so aneinandergeschmiegt zu sehen. Diese 'Posterbilder' werde ich nie vergessen; ein braunhaariger großer Junge mit einem Plüschtier um den Hals, um ihn gewunden wie eine Brezel. Dann ging Andrea zum Militär. Es kamen lange Monate des Wartens. Jeden Abend saß *Mix* wartend am Tor, bis ich eines Nachmittags, als er auf dem Rasen sein Mittagsschläfchen hielt, Andrea am Ende des Gässchens kommen sah. Er kam vom Bahnhof, mein Andrea, auf seinem ersten Wochenend-Ausgang. Der Kater *Mix* bemerkte als erster, dass er da war, und mit vier Sätzen war er bei ihm und sprang ihn an. Andrea lachte und streichelte ihn. Die anderen Jungen, die aus der Nachbarschaft herbeiliefen, weil sie von seiner Ankunft gehört hatten, waren ebenfalls gerührt. Andrea war in Turnschuhen, Jeans und T-Shirt abgereist und kam nun in Uniform zurück, aber für *Mix* war er immer noch sein einziges Herrchen und sein Freund. In dieser einzigartigen Beziehung lagen all ihre Spiele, ihr Verständnis füreinander, ihre Verschwörungen, ihr Austausch von Zärtlichkeiten, der nur für sie bestimmt war. So ging die Geschichte weiter, bis Andrea der Abteilung für Transport und Material in Padua zugeteilt wurde. Da er nun zum kommandierenden Offizier der Region Nordost ernannt worden war, konnte er jeden Abend zum Schlafen nach Hause kommen. Zwischen elf Uhr und Mitternacht bezog eine Kugel aus rotem Fell am Gartentörchen Stellung. Jeden Abend wartete *Mix* auf die Rückkehr seines Freundes, ging mit ihm nach oben und kam um fünf Uhr morgens wieder herunter, wenn Andrea zum Appell in die Kaserne zurückkehrte.

Aber eines Abends – es war am 5. Dezember 1991 – kam Andrea nicht mehr nach Hause zurück, und *Mix* wartete vergeblich auf ihn. Trotzdem harrte er ohne Ende, jeden Abend um die gleiche Zeit, unerschütterlich weiterhin auf ihn, ohne aufzugeben und ohne sich um das Wetter und die fortschreitenden Jahre zu kümmern. In der ersten Zeit hatte ich es immer eilig und war gebeugt von meinem Schmerz. Es blieb mir kein anderer Platz, um mein drängendes Weinen loszuwerden, als in die Garage zu gehen und mich in Andreas Auto zu setzen, das dort immer noch parkte, um mich auszuweinen, während ich die Gegenstände streichelte, die von ihm noch übriggeblieben waren. Eines Abends, auf den noch viele andere Abende folgten, bemerkte ich, dass draußen vor der Garage drei, vier, fünf kleine Katzen, die im Gefolge von *Mix* gekommen waren, saßen und mich stumm anschauten. Daher gewöhnte ich mir an, ihnen etwas zu fressen mitzunehmen, wenn ich nach unten ging. Es war jeden Tag, die ganzen Jahre lang, die gleiche Zeremonie. Meine Nachbarn begannen mich schon ein wenig als Katzenmutter zu sehen und zu bemitleiden, weil ich niemand anderes mehr hatte, für den ich sorgen konnte, außer diesen paar streunenden Katzen. *Mix* wusste genau, wo sein Zuhause war, kam aber selten die Treppe hoch. Er lebte inzwischen da unten, in seinem Reich der herrenlosen Katzen, über die er die Oberherrschaft hatte. Manchmal hörte ich ihn unten im Eingang mauzen: »Miao, miao, miao«, insgesamt dreimal, während er die Treppe hochkam. Dann öffnete ich ihm die Tür, und er machte es sich auf einem Küchenstuhl bequem, wo er bis zum nächsten Morgen blieb.

Er ging nie mehr in Andreas Zimmer, stieg nie mehr zur Mansarde hoch, dem Ort der Spiele und Purzelbäume. Elena schenkte uns eine weiße Perserkatze, aber *Rotfell* und *Weißfell* freundeten sich nie miteinander an. Der eine lebte unten im Garten, der andere oben.

Inzwischen sind fast acht Jahre vergangen seit jener Nacht im Jahre 1991; aber *Mix* hat nie aufgehört, auf Andrea zu warten. Dann verschlechterte sich sein Befinden. Da er immer draußen im Garten lebte, wurde *Mix* krank und mit der Zeit immer schwächer. Er hatte drei Operationen; ich habe ihn mit allen möglichen Mitteln behandelt und sogar den Arzt gewechselt. Aber eines morgens, im letzten September, hatte ich verstanden, dass nichts mehr zu machen war. Ich wollte gerade zu einem Kongress fahren, und so packte ich ihn in den Korb, während er mich mit seinen großen traurigen grünen Augen ansah, ein armes kahles Knäuel, das inzwischen nur aus Haut und Knochen bestand. Ohne zu klagen, kam er mit. Ich ließ ihn beim Tierarzt und sagte: »Herr Doktor, machen Sie, was Sie für richtig halten, aber fragen Sie mich nicht, was Sie tun sollen. Rufen Sie mich in ein paar Tagen an, wenn Sie es schaffen, ihn zu heilen, wenn nicht, sagen Sie mir nichts. Ich werde mich wieder bei Ihnen melden.«

Die Tage vergingen, ich kehrte nach Cattolica zurück, hatte jedoch nicht den Mut anzurufen. Am Samstag, dem 29. September, als wir gerade in der Messe waren, hörte ich während der Kommunion um halb sechs deutlich das unverkennbare »miao, miao, miao...« am Eingang der Kirche. Es gab dort keine Katzen, also verstand ich, dass etwas passiert sein musste. Wir gingen wieder in den Salon, und während wir gerade eine Tonbandaufnahme machten, kam wieder deutlich das Mauzen... Es gab keinen Zweifel: eine Katze, mein *Rotfell*, Andreas Kater *Mix*, stand neben mir. Aber er konnte es nicht in seiner physischen Form sein, also musste er irgendwie zu mir zurückgekommen sein. Ich hatte Andrea darum gebeten: »Hilf ihm, nimm ihn zu dir«, sagte ich, »seit acht Jahren wartet er jeden Abend auf dich... Er ist das letzte Lebenszeichen, was ich von dir habe, mein Sohn, aber ich kann nicht mehr mitansehen, dass er so leiden muss.«

Am darauffolgenden Montag rief ich den Tierarzt an. Er sagte: »Gnädige Frau, am letzten Samstag hab ich mich dazu entschlossen, ihn einzuschläfern. Es war inzwischen nichts mehr zu machen. Er litt nur noch. Ich habe dafür gesorgt, dass er für immer eingeschlafen ist, ohne zu leiden.« »Ich habe es gemerkt, Herr Doktor, ich habe es gemerkt. Es war um halb sechs, stimmt's?« Ich habe vom Kater *Mix* geträumt, wie er mit seinem Herrchen von einem Sofa zum anderen sprang; da trat ein unendlicher Frieden an die Stelle der Traurigkeit. Ich denke gern an eine Kugel aus rotem Fell, die durch die Wolken rollt, auf dem Arm bei meinem Andrea. Endlich sind sie da oben im Paradies wieder vereint.

– Rosemary Altea –

Der Geist mit den Gänsen

Wie ihr aus meiner Geschichte entnehmen könnt, glaube ich wirklich daran, dass die Tiere nach ihrem Tode weiterleben. Es gibt viele Arten von Verlusten; der Verlust eines Elternteils, eines Ehemanns, eines Großvaters, eines Freundes, eines Onkels oder einer Schwester. Aber für mich, die ich eine eigene Tochter habe, ist der Verlust eines Kindes der unerträglichste von allen. So eine Verschwendung des Lebens, höre ich die Leute sagen. Und ich nicke verständnisvoll dazu, auch wenn ich weiß, dass das nicht stimmt. Ich habe nämlich mit vielen Seelen von Kindern gesprochen – einige davon sind als Kleinkinder gestorben, einige in Folge von Abtreibung, andere wiederum bei der Geburt. Ich sprach auch mit Erwachsenen, Männern und Frauen, die im Kindesalter starben, aber nach ihrem körperlichen Tode weiterlebten, heranwuchsen und sich weiter entwickelten. Heute sind sie glücklich und haben sich verwirklicht.

In der jenseitigen Welt, einer Welt, die die meisten von uns nur in ihrer Vorstellung sehen können, leben wir weiter. Kinder lachen und spielen, wachsen heran und lernen. Unsere Erkenntnisse erweitern sich, wir werden uns immer mehr der Notwendigkeit bewusst, unsere Seele weiter zu entwickeln. Es gibt für uns in dieser Welt viel zu tun, wenn wir wollen. Viele Seelen haben mir gesagt, dass ihr Leben aktiv, engagiert und sehr anregend ist.

Wie oft habe ich den uralten Satz gehört: »Lasst die Toten in Frieden ruhen.« Dieser Satz setzt voraus, dass im Leben nach dem Tode eine totale Inaktivität herrscht und dieses Leben als etwas völlig Fremdes angesehen wird. Nachdem ich mit einer großen Anzahl von Seelen gesprochen habe, kann ich sagen, dass meiner Erfahrung nach gerade das Gegenteil der Fall ist. Ein Leben, das weitergeht, ein Weiterleben im wahrsten Sinne des Wortes...

Auch die Tiere leben nach dem Tode weiter. Denjenigen, die Tiere lieben oder eine liebevolle, dauerhafte Beziehung zu einem oder mehreren der kleinen Geschöpfe Gottes gehabt haben, kann ich sagen, dass ich in der Welt der Seelen sehr oft Tiere gesehen habe: Hunde, Katzen, Vögel und andere Tiere. Das erinnert mich an eine Sitzung mit einer Dame, deren Namen ich schon lange vergessen habe, auch wenn ich mich noch gut an unser Treffen erinnere.

Sie war zu mir gekommen, weil sie sich in Kontakt mit ihrem verstorbenen Mann setzen wollte, der, wenn ich mich richtig erinnere, an einer Herzattacke gestorben war. Ich begann ihn zu suchen, indem ich »Grauer Adler« fragte, wohin ich schauen sollte, und fand den Kontakt zu ihm sehr schnell. Was ich dann sah, verwunderte mich dennoch sehr.

»Ich bin hier«, hörte ich ihn rufen und schaute in die Richtung, aus der seine Stimme kam. Dann begann ich zu lachen.

Meine arme Klientin, die offensichtlich aufgeregt und von der Vorstellung, Nachricht von ihrem Mann zu erhalten, ein wenig bewegt war, muss sich gefragt haben, was denn da eigentlich los war. Ich erklärte es ihr schnell, in der Hoffnung, dass sie mich verstehen würde.

»Ich sehe einen Herrn«, sagte ich, aber hat hat zwei Gänse unter dem Arm und sagt, er hätte keinesfalls ohne sie kommen können.«

Meine Klientin brach in Tränen aus. »Gottseidank«, rief sie aus. »Ich bin so froh, dass es ihnen allen gut geht.«

Sie erklärte mir dann, dass die Gänse die geliebten Haustiere ihres Mannes waren. »Sie waren wie Kinder für uns«, fuhr sie fort. Mein Mann trug sie oft mit sich herum, unter jedem Arm eine.«

– Allan Kardec –

Die Seelen der Tiere und die Seelen der Menschen

Allan Kardec, der Begründer des modernen Spiritismus, gibt hier den Dialog zwischen einem Medium und verschiedenen Geistwesen wieder.

Wenn wir Menschen und Tiere vom Gesichtspunkt der Intelligenz aus vergleichen, scheint es schwierig zu sein, eine Grenzlinie zu ziehen; denn gewisse Tiere sind in dieser Hinsicht bekannterweise bestimmten Menschen überlegen. Kann man diese Grenzlinie nicht genauer festlegen?

»Über diesen Punkt sind sich eure Philosophen nicht besonders einig. Einige meinen, der Mensch sei ein Tier, andere wiederum glauben, das Tier sei eine Art Mensch. Beide haben Unrecht.

Das Geschöpf, das zum Menschen wird, ist ein besonderes Wesen, das leider manchmal sehr tief abrutschen, sich jedoch auch zu einzigartigen Höhen aufschwingen kann. Auf der körperlichen Ebene gleicht der Mensch den Tieren, ist aber wesentlich weniger begabt als sie. Die Natur hat letztere mit all dem ausgestattet, was der Mensch für seine Bedürfnisse und seine Erhaltung mit Hilfe seiner Intelligenz erfinden muss. Sein Körper wird zwar zerstört, wie jener der der Tiere auch, aber sein Geist versteht das eigene Geschick, weil er schon völlig befreit ist. Ihr armen Menschen, die ihr euch unter das Niveau des Ungeheuers begebt! Könnt ihr euch nicht davon unterscheiden? Ihr erkennt den Menschen an der Vorstellung, die er von Gott hat.«

Ist es richtig, zu sagen, dass die Tiere nur aus Instinkt handeln?

»Nein. Die meisten Tiere werden von ihrem Instinkt gelenkt, das ist richtig; aber seht ihr nicht auch andere, die mit entschiedener Willenskraft handeln? Das ist, wenn auch begrenzt, eine Art der Intelligenz.

Man kann nicht abstreiten, dass bestimmte Tiere außer dem Instinkt über Reflexhandlungen verfügen; sie zeigen also einen entschiedenen Willen, sich den Umständen anzupassen. Es gibt in ihnen eine Art Intelligenz, deren Ausübung eher spezifisch auf die Mittel zur Befriedigung ihrer körperlichen Bedürfnisse und auf ihr Überleben ausgerichtet ist. Aber sie schaffen oder erfinden nichts; so groß auch die Kunst ist, die wir in ihren Werken bewundern – sie bauen heute noch das, was sie vor Zeiten schon konstruierten, weder besser noch schlechter, mit gleichbleibenden, unveränderten Formen und Proportionen. Ein Vogel wird, auch wenn er von den anderen Exemplaren seiner Rasse von Geburt an getrennt ist, sein Nest nach dem gleichen Modell bauen, ohne dass ihm das jemand beibringt. Bei den zu einer gewissen

Erziehung geeigneten Tieren hängt die intellektuelle Handlung, obwohl sie auf bestimmte Bereiche beschränkt ist, zum großen Teil vom Einfluss des Menschen auf ihre nachgiebige Natur ab. Außerdem ist dieser Prozess rein individuell und ziemlich flüchtig, denn wenn man ein Tier wieder sich selbst überlässt, gewinnen unverzüglich erneut seine natürlichen Instinkte die Oberhand.«

Haben Tiere eine Sprache?

»Sie haben keine Sprache, die aus Silben oder Worten besteht, verfügen aber über Kommunikationsmittel. Mit Hilfe dieser Kommunikation teilen sie sich mehr Dinge mit, als ihr glaubt; aber ihre Art, sich verständlich zu machen, wie auch ihre Ideen, sind begrenzt.«

Es gibt Tiere, die keine Stimme haben. Kann man wenigstens von diesenTieren sagen, dass sie keine Sprache haben?

»Sie verstehen einander auf anderen Wegen. Habt ihr Menschen nicht auch andere Mittel als Worte, um euch zu verständigen? Was sagt ihr zum Beispiel über die Maultiere? Die Tiere verfügen über soziale Beziehungen, also haben sie auch Mittel, um ihre Empfindungen zum Ausdruck zu bringen. Der Mensch besitzt also nicht als Einziger das Privileg der Sprache; aber die Sprache der Tiere ist auf den Bereich ihrer Bedürfnisse und ihrer Vorstellungen begrenzt, während die der Menschen sich weiter perfektionieren lässt und sich allen Ausnahmefällen seiner Intelligenz anpasst.«

»Tatsächlich müssen Fische oder auch Schwalben, die in Schwärmen wandern und ihren Leittieren gehorchen, über Mittel verfügen, um einander auf etwas hinzuweisen oder sich aufeinander abzustimmen. Das geschieht wahrscheinlich, weil sie einen sehr scharfen Blick haben, durch den sie die Zeichen auffangen, die sie einander zusenden. Vielleicht auch, weil das Wasser ein Transportmittel ist, das ihnen bestimmte Schwingungen zuträgt. Aber wie dem auch sei, es ist unwiderlegbar, dass sie über Kommunikationsmittel verfügen wie alle Tiere, die gemeinsam handeln, obwohl sie keine Stimme haben. Wen nimmt es also Wunder, wenn die Geistwesen ohne die Hilfe des artikulierten Wortes miteinander kommunizieren können?«

Haben Tiere einen freien Willen, um zu handeln?

»Sie sind nicht nur Maschinen, wir ihr glaubt; aber ihre Handlungsfreiheit ist auf ihre Bedürfnisse beschränkt und kann nicht mit der des Menschen verglichen werden. Sie stehen auf einer viel niedrigeren Stufe als er und haben nicht die gleichen Pflichten. Ihre Freiheit ist auf die Handlungen des materiellen Lebens begrenzt.«

Woher kommt die Verhaltensweise der Tiere, die Sprache des Menschen nachzuahmen, und wieso ist sie eher bei Vögeln zu finden als bei Affen, deren Struktur doch der unseren ähnlicher ist?

»Sie beruht auf der Form der Stimmorgane, unterstützt vom Instinkt der Nachahmung: Affen machen unsere Gesten nach; gewisse Vögel imitieren unsere Stimme.«

Wenn die Tiere über eine Intelligenz verfügen, die ihnen eine gewisse Handlungsfreiheit ermöglicht, heißt das, dass es in ihnen ein von der Materie unabhängiges Prinzip gibt?

»Ja, sie verfügen über ein von der Materie unabhängiges Prinzip, das den Körper überlebt.«

Ist dieses Prinzip eine Art Seele, die der des Menschen ähnelt?

»Es ist eine Seele, wenn ihr sie so nennen wollt. Das ist von der Bedeutung abhängig, die ihr diesem Begriff gebt; aber diese Art von Seele ist nicht mit der des Menschen identisch. Zwischen der Seele der Tiere und der des Menschen besteht der gleiche Abstand wie zwischen dem Menschen und Gott.«

Behält die Seele der Tiere nach dem Tod ihre Individualität und das Bewusstsein ihrer selbst?

»Ihre Individualität ja, aber nicht das volle Bewusstsein ihres Ichs; das mentale Leben bleibt in gewisser Weise latent.«

Kann die Tier-Seele sich nach eigener Wahl in einem bestimmten Tier statt in einem anderen inkarnieren?

»Nein, sie verfügt noch nicht über den freien Willen.«

Wenn die Seele des Tieres den Körper überlebt, geht sie dann in einen wandernden Zustand über wie beim Menschen?

»Zweifellos, denn sie ist ja vom Körper getrennt, aber deshalb ist sie noch kein umherirrender Geist oder ein Wesen, das in vollkommener Freiheit handelt. Die Tier-Seele hat nicht die gleichen Fähigkeiten, denn das Bewusstsein des Ichs wird nur dem Geist zugeschrieben. Die Seele des Tieres wird sofort nach seinem Tode von anderen, dazu bestimmten Geistwesen auf die Reise geschickt, ohne dass sie jedoch die Möglichkeit hätte, sich mit anderen Geschöpfen in Verbindung zu setzen.«

Unterliegen auch die Tiere, wie die Menschen, einem Gesetz der Evolution?

»Ja, und deshalb sind die Tiere in den höheren Welten genau wie die Menschen weiter fortgeschritten; sie haben höher entwickelte Kommunikationsmöglichkeiten. Aber sie bleiben dem Menschen untergeordnet und untertan, als seine intelligenten Diener.

Darin ist nichts Außergewöhnliches. Nehmen wir zum Beipiel unsere intelligenteren Tiere, wie den Hund, den Elefanten oder das Pferd, die für manuelle Arbeiten geeignet sind. Was können sie unter der Leitung des Menschen nicht alles leisten?«

Entwickeln sich die Tiere, so wie die Menschen, aufgrund ihres Willens weiter oder sind sie von einer Macht gesteuert, die außerhalb von ihnen liegt?

»Sie entwickeln sich aus einer Kraft, die außerhalb von ihnen liegt, denn es gibt für sie keine Buße.«

Erkennen die Tiere in den höheren Welten Gott?

»Nein, für die Tiere sind die Menschen Götter, wie es bereits für die Menschen die Geister waren.«

Wenn die Tiere dem Menschen unterlegen sind, obwohl sie in den höheren Welten einen höheren Grad an Vollkommenheit erreichen, könnte man daraus schließen, dass Gott mit Verstand begabte Wesen schuf, die jedoch auf Dauer zur Minderwertigkeit verurteilt sind. Stünde das jedoch nicht im Widerspruch zum Gesetz des Fortschritts, das man in allen seinen Werken bewundern kann?

»Alles in der Natur ist mit Verbindungen verkettet, die ihr noch nicht verstehen könnt. Die unterschiedlichsten Dinge haben in Wirklichkeit Berührungspunkte, die der irdische Mensch nie verstehen wird; im Moment kann er, wenn er seinen Verstand anstrengt, einen kleinen Einblick darin gewinnen. Aber er wird Gottes Werk nicht klar erkennen können, bevor er nicht seine ganze potenzielle Entwicklung durchlaufen und sich von den Vorurteilen des Stolzes und der Ignoranz freigemacht hat. Denkt immer daran, dass Gott sich niemals widersprechen kann, und dass alles in der Natur von allgemeinen Gesetzen in einem harmonischen Zustand gehalten wird, die sich nie von der höchsten Weisheit des Schöpfers entfernen.«

Also ist die Intelligenz eine gemeinsame Errungenschaft, ein Berührungspunkt zwischen den Seelen der Tiere und denen des Menschen?

»Ja, aber die Tiere haben eher die Intelligenz des materiellen Lebens, der Mensch eher die des moralischen Lebens.«

Wenn man alle Berührungspunkte zwischen Menschen und Tieren in Betracht zieht, könnte man dann nicht denken, dass der Mensch zwei Seelen hat, eine tierische und eine spirituelle, und dass er auch leben könnte, wenn er die letztere nicht besäße, aber wie ein Tier, oder in anderen Worten gesagt, dass das Tier als Wesen dem Menschen ähnlich ist, jedoch keine spirituelle Seele hat? Das Ergebnis wäre, dass die guten oder schlechten Instinkte des Menschen von der einen oder der anderen dieser beiden Seelen verursacht würden.

»Nein, der Mensch hat keine zwei Seelen; aber der Körper hat seine eigenen Instinkte, die durch die Wahrnehmung der Organe verursacht werden. Es gibt in ihm zwei Naturen – die tierische und die spirituelle. Der Körper lässt ihn an der Natur der Tiere und ihrer Instinkte teilnehmen, die Seele an der Natur der Geistwesen.«

Muss also der Geist, außer gegen die eigene Unvollkommenheit, die er überwinden muss, auch gegen den Einfluss der Materie kämpfen?

»Genau so ist es; und je niedriger er steht, desto enger sind die Bindungen, die ihn mit ihr vereinen. Die Seelen des Menschen und die der Tiere sind voneinander verschieden, so dass die des einen nicht den Körper beleben kann, der für den anderen geschaffen ist. Aber auch wenn der Mensch keine Tierseele hat, die ihn mit seinen Leidenschaften auf die Ebene der Tiere bringt, so hat er doch einen Körper, der ihn oft auf dieses Niveau und sogar noch tiefer herabsinken lässt, weil er mit Lebenskraft ausgestattet ist, mit Instinkten, die von der Intelligenz unabhängig sind und sich auf die Sorge für seine Erhaltung beschränken.

Wenn der schon reife Geist sich im Körper eines Menschen inkarniert, bringt er diesem das Prinzip der Wahrnehmung und der Moral, das ihn den Tieren überlegen macht. Von den beiden Naturen, die dem Menschen innewohnen, gehen seine Leidenschaften von verschiedenen Ursprüngen aus; einige kommen aus den Instinkten des Tieres, andere aus den Unreinheiten des Geistes, dessen Inkarnation er ist, und der mehr oder weniger den Grobheiten der tierischen Neigungen nachgibt. Wenn der Geist sich reinigt, befreit er sich nach und nach vom Einfluss der Materie. Unter ihrem Gewicht steht er dem Tier näher, aber wenn er ihr Joch abwirft, nähert er sich seinem geistigen Ziel.«

Woher nehmen die Tiere das Prinzip der Intelligenz, aus dem ihre Seele besteht?

»Aus dem Element der universellen Intelligenz.«

Die Intelligenz des Menschen und die der Tiere sind also Emanationen desselben Prinzips?

»Ja, aber im Menschen ist dieses Prinzip höher entwickelt; das macht es dem Prinzip, das das Tier belebt, überlegen.«

Ihr habt uns gesagt, dass die Seele des Menschen in ihrem Ursprung sich in einer Art Kindheit, wie im körperlichen Leben, befindet, dass seine Intelligenz gerade erst erwacht und die ersten Prüfungen des Lebens zu bestehen versucht. Wo durchläuft der Geist diese erste Phase?

»In einer Serie von Existenzen, die vor der Zeit liegen, die ihr 'Menschheit' nennt.«

Auf diese Weise, so scheint es, war die menschliche Seele das intelligente Prinzip der niederen Wesen in der Schöpfung?

»Haben wir nicht schon öfter wiederholt, dass alles sich in der Natur verbindet, alles zur Einheit strebt? In jenen Wesen, die ihr noch längst nicht alle kennt, entwickelt sich das intelligente Prinzip weiter, es wird nach und nach individueller und versucht sich an den ersten Prüfungen des Lebens. Es handelt sich dabei in gewisser Weise um eine vorbereitende Arbeit – wie beim Auskeimen. In der Folge davon unterliegt das intelligente Prinzip einer Transformation. Es wird zum Geist. In diesem Moment beginnt für ihn die Zeit des Menschseins und damit die Bewusstheit über seine Zukunft, die Unterscheidung zwischen gut und böse und die Verantwortung über seine Handlungen. So, wie nach der Kindheit die Zeit des Heranwachsens kommt, dann die Jugend und schließlich das reife Alter. An dieser Herkunft ist nichts, was den Menschen beschämen müsste. Schämen sich etwa die großen Denker, die Genies, weil sie einmal eine formlose Leibesfrucht im Schoße ihrer Mutter waren? Wenn es etwas gibt, was ihn beschämen müsste, dann nur seine Nichtigkeit vor Gott, seine Unfähigkeit, dessen Pläne bis in ihre Tiefe zu ergründen, und die unendliche Weisheit der Gesetze, die den Einklang des Universums regeln. Ihr erkennt die Größe Gottes an dieser bewundernswerten Harmonie, die aus der Natur eine untrennbare Einheit macht. Es wäre eine Schande gegen seine Güte, zu glauben, Gott habe etwas ohne Zweck oder intelligente Wesen ohne eine Zukunft schaffen können; und diese Beschimpfung würde sich auf alle seine Geschöpfe erstrecken.«

Beginnt die Zeit des Menschseins auf unserer Erde?

»Die Erde ist nicht der Ausgangspunkt der ersten menschlichen Inkarnation. Die Zeit des Menschseins beginnt generell in noch niedrigeren Welten. Dennoch ist auch diese Regel nicht absolut gültig. Es könnte sein, dass ein Geist schon bei seinem ersten Auftreten in der Menschheit geeignet ist, auf der Erde zu leben. Das geschieht jedoch nicht sehr häufig, es ist eher eine Ausnahme.«

Hat der Geist des Menschen nach seinem Tode ein Bewusstsein der Existenzen, die für ihn der Zeit des Menschseins vorausgingen?

»Nein, denn nur von dieser Zeit an beginnt sein Leben als Geist; und es ist schon viel, wenn er sich gerade noch an seine ersten Leben als Mensch erinnert. In der gleichen Weise erinnert sich der Mensch nicht mehr an die erste Zeit seiner Kindheit, und noch weniger an die Zeit, die er im Schoße seiner Mutter verbrachte. Aus diesem Grunde sagen die Geistwesen euch, dass sie sich nicht mehr an ihre Anfangszeiten erinnern.«

Bewahrt der Geist, wenn er die Periode des Menschseins zu durchlaufen beginnt, eine Spur von dem, was er vorher, in seiner so genannten 'vor-menschlichen' Zeit, war?

»Je nach dem Zwischenraum, der die beiden Perioden voneinander trennt, und nach den Fortschritten, die er gemacht hat. Einige Generationen lang kann es eine mehr oder weniger deutliche Spiegelung des primitiven Zustandes geben, denn in der Natur entwickelt sich nichts in Sprüngen, und es gibt immer Ringe, die die Enden der Verkettung von Wesen und Ereignissen miteinander verbinden. Aber diese Spuren verblassen mit der Ausübung des freien Willens. Die ersten Fortschritte sind langsam, weil sie noch nicht von der Willenskraft unterstützt werden. Danach geschehen sie in rascherer Abfolge, je nach dem, ob der Geist ein vollkommeneres Bewusstsein über sich selbst erlangt.«

Einige Geistwesen sagten, der Mensch sei in der Ordnung der Schöpfung ein besonderes Wesen; haben sie sich also getäuscht?

»Nein, denn dieses Thema war nicht behandelt worden. Andererseits gibt es Dinge, die zu ihrer Zeit noch geschehen werden. Auf jeden Fall hat der Mensch höhere Fähigkeiten als alle anderen irdischen Wesen, und Gott hat seine Rasse für die Inkarnation seiner Geschöpfe ausgewählt, 'die ihn schon erkennen können'.«

– Rosemary Altea –

Das kleine Mädchen und der Tiger

Es begann mit dem Anruf einer Dame, die um eine Beratung bat. »Sie sind ein Medium, nicht wahr?«, fragte sie in einem ziemlich aggressiven Ton, und bevor ich ihr noch antworten konnte, verlangte sie einen Termin für sich selbst und eine Freundin. Sie sagte, sie hätte ihre Tochter verloren und wollte mit dieser Kontakt aufnehmen.

Ein Medium zu sein, bedeutet nicht automatisch auch, dass man besonders freundlich oder tolerant ist, auch wenn ich mir Mühe gebe, meine Meinung über andere in Grenzen zu halten. Trotzdem hatte, wie ich eingestehen muss, dieser Anruf mich gestört. Es gab etwas in der Art dieser Frau, das mich irritierte. Daher setzte ich ein Fragezeichen neben ihren Namen, als ich mir den Termin notierte. Das mache ich immer, wenn ich jemanden nicht verstehe.

Ich vergaß jedoch schon bald die ganze Angelegenheit, bis zum Wochenende, als ich in meinen Terminkalender sah und mir das Fragezeichen auffiel. Zuerst konnte ich mich nicht an den Grund dafür erinnern, aber sobald mir einfiel, dass sie gesagt hatte, sie hätte ihre Tochter verloren, schien es mir, als ob ich wieder ihre Stimme hören könnte.

Es ist schwierig, sich bei einem Anruf das Alter einer Person oder ihr Aussehen vorzustellen. Ich hatte daher keinerlei Idee, wie alt meine künftige Klientin und ihre Tochter sein würden. Ich hätte nach einer Jugendlichen suchen sollen, einer Zwanzigjährigen oder einer Vierzigerin. Obwohl ich wusste, dass meine Klientin ihre Tochter verloren hatte, tastete ich mich noch im Dunkeln voran.

Am Morgen des Termins wurde ich früh wach. Es war etwa sechs Uhr. Der erste Gedanke, der mir in den Sinn kam, war: »Oh nein, heute kommt diese Frau!« Dann zuckte ich mit den Schultern, drehte mich im Bett um und hoffte, noch einmal einschlafen zu können. In diesem Moment sah ich, wie sich etwas bewegte.

Neugierig drehte ich mich auf den Rücken, um zu sehen, worum es sich handelte, und sah ein Kind vor mir stehen. Es war nichts Ungewöhnliches, dass die Geistwesen mich auf diese Weise aufsuchten, aber dieses Mädchen war ungewöhnlich hübsch. Sie war etwa vier Jahre alt, ein nettes, sehr süßes kleines Ding mit einem rundlichen Körper, rosigen Wangen und wunderbaren blonden Haaren. Ihr Kleid passte zu den großen, kornblumenblauen Augen. In ihrer Hand drückte sie einen kleinen, abgewetzten, borstigen Teddybären. Was für ein wunderschönes Kind, dachte ich.

»Hallo, mein kleines Fräulein, was machst du hier?«, fragte ich sie laut und lächelte sie freundlich an.

»Meine Mama kommt dich heute besuchen«, murmelte sie.

»Ach«, rief ich, »wirklich?« Wirst du so nett sein und mit mir reden, wenn deine Mama kommt?«

Die Kleine nickte und lachte verlegen, wobei sie ungeschickt ihre Hände wand. Ich lächelte sie von neuem an und fragte: »Du wirst dein Bestes geben, meine Liebe, nicht wahr?«

Sie bewegte den Kopf auf und ab, was ich als ja interpretierte, aber als ich sie nach ihrem Namen fragte, erhielt ich nur ein zahnloses Lächeln.

Ich versuchte es noch einmal vergeblich, wollte aber nicht zu sehr darauf bestehen, und wechselte daher die Taktik: »Gibt es etwas, das ich deiner Mutter für dich übermitteln soll, oder etwas, das du mir sagen willst, bevor sie kommt?«

Sie nickte, fixierte mich dann mit ihren großen kornblumenblauen Augen und murmelte: »Erzähle Mama von dem Tiger.«

Da ich darin einen Lichtblick sah, versuchte ich, diesen Punkt zu vertiefen. Also fragte ich sie: »Was soll ich ihr über den Tiger sagen? Kannst du mir nicht weiterhelfen?«

»Sprich mit der Mama über den Tiger«, war alles, was sie mir antwortete. Dann bewegte sie noch einmal ihre kleinen Finger und verschwand so plötzlich, wie sie gekommen war.

Glücklich und zufrieden drehte ich mich im Bett um und schlief noch eine halbe Stunde, bevor ich aufstand.

Meine beiden Klientinnen waren pünktlich um halb elf da, und während ich sie im Studio Platz nehmen ließ, verstand ich sofort, mit welcher der beiden Damen ich am Telephon gesprochen hatte. Sie hatte den gleichen fordernden Ton in der Stimme. Sie war etwa dreißig, hübsch und hatte lange schwarze Haare, ähnelte also keineswegs dem Kind, mit dem ich vorher gesprochen hatte.

Ihre Freundin war still, eher schüchtern und hatte blonde Haare.

Gut, dachte ich, während ich nach einer Ähnlichkeit zwischen einer der beiden Frauen und meiner kleinen Besucherin forschte, wer von beiden wird die Mutter sein.

Sobald ich mich hingesetzt hatte, sah ich das kleine Mädchen, das vor Aufregung auf und ab hüpfte. Es zeigte auf die dunklere der beiden Frauen und sagte: »Das ist meine Mama, sie ist es, sie ist es!«

Ich begann, indem ich mich der Kraft bediente, durch die ich mit den Geistwesen in Verbindung trete, und »Grauer Adler« anschaute: »Einverstanden, meine Liebe«, sagte ich lachend, »warte einen Moment.« Dann begann ich das blonde Mädchen zu beschreiben, das jetzt geduldig abwartete.

»Sie ist es, sie ist es«, rief ihre Mutter keuchend. »Es ist meine Mandy.« Sie wühlte in ihrer Tasche, zog ein Photo heraus und reichte es mir. Das Photo wurde der Kleinen nicht ganz gerecht, aber es handelte sich ohne Zweifel um das gleiche Kind.

Mit einem ermutigenden Lächeln fragte ich also Mandy, was ich nach ihrem Willen der Mutter sagen sollte.

Sie schmollte und war zornig auf mich, weil sie dachte, ich hätte es vergessen, daher ermahnte sie mich: »Du hast es der Mama nicht gesagt. Du hast ihr nicht von dem Tiger erzählt.«

Also berichtete ich der Mutter von Mandy, dass ihre Tochter mich früh am Morgen bereits besucht und mich gebeten hatte, mit ihr über den Tiger zu sprechen.

Meine Klientin schüttelte erstaunt den Kopf und sagte: »Tut mir leid, aber ich weiß nicht, wovon Sie reden.«

Ich wandte mich wieder an Mandy und bat sie freundlich, mir etwas mehr über den Tiger zu sagen, damit ich ihrer Mutter helfen könne, sie zu verstehen.

Aber alles, was sie wiederholte, war: »Erzähl der Mama von dem Tiger.«

Wenn ich mit Kindern zu tun habe, ist meine Geduld grenzenlos, was in diesem Fall mehr als notwendig war, denn Mandy war sehr dickköpfig. Ihrer Meinung nach wusste ihre Mutter, wovon sie sprach; daher weigerte sich Mandy, weitere Informationen herauszurücken, da konnte ich tun oder sagen, was ich wollte. Die Mutter reagierte mit immer größerem Erstaunen auf meine Fragen.

»Hatte Mandy vielleicht einen Stofftiger oder gefielen ihr die Tiger im Zoo?«

Schließlich fiel mir nichts mehr ein. Ich wandte mich verzweifelt an »Grauer Adler«. Das hätte ich natürlich gleich tun sollen.

Er sagte lachend: »Das ist ganz einfach, schau mal!« Ich hatte eine Vision von einer Katze, einer großen, rötlich-weiß gestreiften. Genau die Art von Katze, die ein Kind für einen Tiger halten kann.

»Erkläre der Mutter von Mandy, was du siehst«, fuhr mein Geistführer fort, und dann frage sie, ob sie nicht heute so eine Katze gesehen hat. Früh am Morgen, gegen halb sechs.«

Als ich diese Information an Mandys Mutter weitergab, dachte ich, sie würde in Ohnmacht fallen.

Dann sagte sie langsam, wobei ihre Stimme kaum mehr als ein Hauchen war und die Tränen ihr über die Wangen liefen: »Meine Mandy lebt wirklich. Sie kann mich wirklich sehen. Heute morgen bin ich früh aufgestanden«, fuhr sie fort: »Ich hatte eine Menge Dinge zu erledigen, die Kinder für die Schule fertig zu machen usw. Als ich die Treppe hinunterkam, war der Milchmann gerade dagewesen, deshalb ging ich hinaus, um die Milchflasche zu holen. Ich war gerade aus der Tür getreten, als eine Katze mir zwischen den Beinen durchwitschte. Sie war aus dem Nichts aufgetaucht; ich fiel fast zu Boden. Sie war riesig und hatte weiße und rötliche Streifen. Wenn ich es jetzt bedenke, hat Mandy recht... sie sah wirklich einem kleinen Tiger ähnlich.«

Mandy war hochzufrieden darüber, dass sie recht behalten hatte und ihre Mutter über den Tiger Bescheid wusste. Sie begann, mir verschiedene Dinge zu erzählen.

Ihr Lieblingsthema waren ihren beiden Brüder, die beide lebten und die sie offensichtlich sehr gern hatte. Wie es aussah, waren sie zwei rechte Lausebengel. Der Ältere stellte ständig etwas Neues an, und mit viel Vergnügen erzählte mir Mandy von einigen seiner Untaten.

Weil sie noch sehr klein war, fiel es mir manchmal schwer, sie zu verstehen. Mal benahm sie sich wie ein Kleinkind, dann wieder wie eine Erwachsene. Aber sie gab eine Erklärung ab, die ich nicht missverstehen konnte.

Sie sprach noch von ihren Brüdern, und während sie erzählte, wie sie sich auf den Boden setzten, um zu malen und Malbücher untereinander zu tauschen, sagte sie plötzlich: »Und sie haben Bonbons, und Andrew hat immer einen schwarzen Mund, eine schwarze Zunge.« Dann fügte sie in verschwörerischem Flüsterton hinzu: »Er mag gerne Lakritze, weißt du, das ist seine Lieblingssorte.«

Mandys Mutter lachte darüber; sie bestätigte, dass ihr jüngerer Sohn gern Lakritz mochte.

Ich hatte bis dahin jedoch noch nicht entdeckt, wie Mandy in die Geisterwelt hinübergegangen war und wollte sie auch nicht mit dieser Frage verstören. Daher lieferte mir »Grauer Adler«, der gemerkt hatte, dass diese Information für Mandys Mutter wichtig war, die nötigen Einzelheiten dazu.

Es war an einem heißen Sommertag geschehen, während Mandy auf dem Weg vor dem Haus spielte. Ihre Mutter hatte ihr wiederholt verboten, auf die Straße zu laufen, aber an jenem Tag war die Versuchung zu groß gewesen.

Mandy hatte das Klingeln des Eiswagens gehört, der gerade um die Ecke kam, und in ihrer Aufregung die Mahnung der Mutter vergessen.

»Eis«, hatte sie glücklich gerufen und war auf die Straße gelaufen.

Der Autofahrer hatte nicht die geringste Möglichkeit, ihr auszuweichen, und Mandy war auf der Stelle tot.

Mandys Mutter bestätigte jede Einzelheit. Sie erzählte mir schluchzend von dem Schuldgefühl, das sie seit dem Todestag ihrer Tochter geplagt hatte und wie sie auf der verzweifelten Suche nach Beweisen dafür, dass Mandy überlebt hatte, von einem Medium zum anderen gereist sei.

»Ich konnte keinen Augenblick Frieden finden«, sagte sie, »bis jetzt, und es war mir völlig unmöglich, auf meiner Suche nach der Wahrheit irgendeine Art von Hilfe zu erhalten.«

Ich fragte sie lächelnd: »Welches der Dinge, die wir heute morgen gesagt haben, hat Sie überzeugt, dass Mandy den Tod ihres Körpers überlebt hat?«

Sie antwortete ohne zu zögern und ohne den geringsten Zweifel: »Der Tiger.« Ein ebenso banaler wie bedeutender Beweis. Er war so mächtig, dass er Mandys Mutter zu trösten vermochte und ihr klarmachte, dass das Leben wirklich weitergeht. Endlich konnte sie Frieden finden, denn sie wusste, dass ihre Tochter lebte und in Sicherheit war.

Für mich war das Wichtigste, dass Mandy endlich zufrieden war. Sie hatte ihre Familie wiedergefunden... und die Familie wusste es.

– Dina Lucchini dell'Orto –
Gechannelte Botschaft vom 13.11.1994

Jesus sagt: »Liebt die kleinen Geschöpfe«

»[...] Mein himmlischer Vater harrt der Erlösung aller seiner Kinder und schickt mich, seinen Sohn, um zum Geist der Menschen zu sprechen [...].

Ja, der Stolz kann als Sünde betrachtet werden, die auf einen abschüssigen Weg führt, aber das kann geschehen, wenn der Stolz den Menschen blendet, ihn verdorren und für die Nöte der anderen unempfindlich werden lässt, wenn er sein Herz austrocknet, bis er sich selbst für den Gott-Menschen hält. Aber das meine ich nicht! Ich rede von dem Stolz, 'ein Sohn Gottes zu sein und von Gott als solcher anerkannt zu werden' [...].

Der Stolz darauf, euch als Seine Kinder zu betrachten, sollte euch helfen, euch mehr der Verantwortung bewusst zu werden, die das für euch mit sich bringt!

Respektiert die Natur, Sein wunderbares Werk, ein unvergleichliches Geschenk, das Er euch gemacht hat. Schätzt euch glücklich über ihre Wunder und setzt euch dafür ein, dass sie nicht zerstört wird! Bewundert die Nuancen in den Farben der Blüten, die für die Wissenschaft noch ein Geheimnis darstellen. Erkennt Gott in jeder Blume, jedem Grashalm! Liebt seine kleinen Geschöpfe, denn jedes von ihnen spielt eine besondere Rolle im herrlichen Mechanismus der Schöpfung! Kleine Geschöpfe, mit Intelligenz und Gefühlen ausgestattet, die auch ihnen ermöglichen, einen Tag in der Ewigkeit zu leben!

Groß ist die Liebe, die mein Vater der Menschheit schenkt! Unendlich! Grenzenlos ist Sein Erbarmen. Ich komme wieder zu euch, um euch vom ewigen Heil zu künden. Ich bin hier, unter euch. Ich spreche zu euch und biete euch meine ganze Liebe an. Liebt mich, liebt in mir eure Brüder, liebt in mir auch eure Feinde und verzeiht ihnen! Verzeiht denjenigen, die nicht zu lieben verstehen; zeigt ihnen, dass nur in der Liebe jeder Mensch zu Ihm zurückkehrt, der nur Liebe ist[...].«

(Aus der Zeitschrift 'Libero', 24.1.2001)
– Pater Pio und San Philippo –

»Er war direkt und deutlich mit den Menschen, aber unter seiner Kutte schlug ein tierliebendes Herz. Pater Pio wusste mit den Tieren umzugehen. Im Kloster von San Giovanni Rotondo gab es einen Schäferhund, der *Leone* hieß, und dieser Name passte sehr gut zu ihm. Groß und kräftig, wie er war, hatten alle Brüder Angst vor ihm, aber er war alles andere als bösartig, ganz im Gegenteil. So oft er konnte, riss er aus dem Garten aus und rannte zu den Zellen der Brüder, auf der Suche nach Zuneigung. Mit dem Schwanz zwischen den Hinterläufen, lief er schnurstracks zur Zelle von Pater Pio und kratzte dort so lange an der Tür, bis er ihm aufmachte. Wenn er dann von dem heiligen Bruder seine Streicheleinheiten bekommen hatte, wedelte er glücklich wie ein Kind mit dem Schwanz.

Auch der heilige Philippo Neri hatte einen vierbeinigen Freund. Er hieß *Capriccio* (Laune) und war eine rechte Plage für diejenigen, die mit ihm zu tun hatten. Der Heilige wollte sich nicht von ihm trennen. Eine Biographie berichtet: »Philippo hatte wegen seiner Berufung auf viele Freundschaften und menschliche Freuden verzichtet; auf die weltliche Liebe, auf eine Familie, auf die Sinnlichkeit. Er verzichtete jedoch nie auf eine der unschuldigsten, entwaffnendsten Arten von Liebe. Nachts schenkte ihm in seinem ärmlichen Kämmerchen der Bescheidenste seiner Jünger jene kleine Zuneigung, auf die er aus Liebe zu Gott verzichtet hatte.«

(Aus der Zeitschrift 'Libero', 24.1.2001)

Im Zoo von St. Peter

»Die Päpste zeigen eine Neigung zur Tierliebe; Papst Pius XII. liebte die Wellensittiche, Leo XIII. fing Vögel, ließ sie jedoch wieder frei.«

Vatikan – Die Tierschützer haben Papst Woityla vergeblich aufgefordert, die Tiere um Verzeihung zu bitten. Das Jubiläum des heiligen Jahres ist vorbeigegangen, ohne dass er sich bei ihnen entschuldigt hätte. Arcangelo Paglialunga, der Dekan der Vatikanisten und die höchste Autorität auf dem Gebiet der »Studien zur Beziehung der Päpste zu anderen Lebewesen, die keine Menschen sind«, sagt, das sei nicht nötig: »Die Päpste waren immer gut zu den Tieren.« Sie wollten sie überall dabei haben, zumindestens auf den Bildern. Nur die Katze fehlt. Sankt Peter ist eine Art Arche Noah, es gibt fast alle Tiere dort. »Es gibt drei Hunde und eine Schleiereule beim Denkmal für Pius XII., zwei Löwen von Canoca, ein Pferd in der Mitte des Hauptschiffes und ein Schaf, das Milde symbolisiert. Der Künstler Manzù hat auf der Tür, die Papst Johannes Paul gewidmet ist, einen Fuchs und einen Igel dargestellt. Auf der Tür von Filarete ist ein Reihe von Kamelen zu sehen, während der Künstler sich selbst auf einem Maultier dargestellt hat. Aber am häufigsten kommen Tauben vor, um nicht von den enorm großen goldenen Bienen zu sprechen, die Papst Barberini gewollt hat. Es gibt auch einen Elefanten; er ist in Belvedere begraben. Er wurde einem der Päpste des Mittelalters geschenkt, der ihm selbst im Tode eine besondere Behandlung zuteil werden ließ.« Leo XIII., der auch ein Jäger war, mit Fallen und Mistelzweigen umging (also ein richtiger Wilderer), überprüfte abends die gefangenen Vögelchen, streichelte sie und ließ sie frei, damit sie wegfliegen konnten. Pius XI., Papst Ratti, hielt einen Schäferhund namens Dirk, der bei Ankunft des päpstlichen Autos an der Autotüre kratzte. »Lasst ihn in Ruhe!«, ordnete der Papst an, wenn ihn jemand wegbringen wollte. Papst Pius XII. hatte zwei Wellensittiche aus dem Schwarzwald, die frei auf seinem Schreibtisch herumliefen. Paul VI. bekam von einer Schulklasse ein Hündchen namens Diana geschenkt, das er bei sich in Castel Gandolfo zusammen mit einer großen schneeweißen Katze hielt. Der gleiche Paul VI. Sagte: »Tiere sind der kleinste Teil der göttlichen Schöpfung, aber wir werden sie eines Tages im Geheimnis des Christus wiedersehen.«

(Aus der Zeitschrift 'Libero', 24.1.2001)

Ein Priester für die Tiere

»Don Alessandro Pronzato, der Pfarrer von Monferrato, lebt in Lugano. Er ist einer der überzeugtesten Verfechter der Theorie, dass Tiere über den 'göttlichen Hauch' oder die Seele verfügen. Don Alessandro geht weit zurück, bis zur Bibel: »Nach den Zehn Geboten betrifft die Pflicht, am Sabbat zu ruhen, nicht nur die

Menschen, sondern auch die Tiere: Verrichte keinerlei Arbeit, weder du, noch dein Ochse, noch dein Esel, noch irgendeines deiner Tiere.« »Das alles«, erklärt Don Alessandro, »bedeutet, dass die Ruhe ein Geschenk ist, das Gott sowohl den Menschen als auch den Tieren gemacht hat, die Geschöpfe Gottes sind. Im Deuteronomium gibt es eine weitere interessante Anordnung: 'Du sollst dem Ochsen keinen Maulkorb anlegen, während er drischt', was bedeutet, dass auch das Tier ein Recht hat, an den Früchten der Arbeit teilzuhaben.«

In der Bibel sind diese Regeln zu finden. Aber zwischen dem Sagen und dem Tun liegt in diesem Fall die menschliche Grausamkeit. »Ich erinnere mich«, erzählt Don Alessandro, »an eine Szene, die weit zurückliegt. Eine Bäuerin aus Montferrato tadelte ihren Mann, weil er unter gotteslästerlichen Flüchen auf eine Kuh einprügelte. 'Das ist keine Art', sagte sie, 'auch Tiere sollen mit Liebe behandelt werden.' Diese Frau zeigte ihrem fluchenden, gewalttätigen Mann, dass der Weg zur Vernunft über die Liebe führt. Das bedeutet auch, dass das christliche Gesetz den Tieren gegenüber wenigstens ein größeres Mitleid vorschreibt.

Geht und sagt das den Züchtern und Metzgern, die jeden Tag Kühe und Kälber mit Fußtritten und gewalttätigen Schlägen traktieren, deren Schicksal es ist, in Steaks verwandelt zu werden.«

– Francesca aus Turin –

Tiere haben eine Seele, aber sie ist nicht ewig

Ich bin ein Mädchen von 15 Jahren und möchte auf Ihre Antwort aus der Nummer 27 schreiben, in der Sie, wie ein großer Teil der katholischen Kirche, behaupten, Tiere könnten und dürften keine Seele haben. Wie kann man nur mit so großer Sicherheit und

Kaltblütigkeit behaupten, unsere Geschwister, die Tiere, verfügten nicht über Empfindsamkeit, Gefühle und eine bemerkenswerte Fähigkeit zu verstehen und sich auszudrücken? Meiner Meinung nach steht der Mensch nicht im Zentrum des Universums. Er ist nicht der absolute Herr, um den alle anderen Lebewesen kreisen müssen wie Planeten um die Sonne. Der Mensch ist eines der vielen Geschöpfe Gottes, nicht das beste und vielleicht auch nicht das schlechteste, aber sicher nicht das einzige, das Zuwendung und Respekt verdient hat. Wäre es daher nicht an der Zeit, ernsthaft daran zu denken, unsere Mentalität und unseren Standpunkt in Bezug auf die Tiere zu ändern?

Don Leonardo Zega in der Zeitschrift 'Oggi'

Niemand leugnet, dass die Tiere eine Seele haben, wenn man darunter den Lebenshauch versteht, als Sitz der Empfindungen, Gefühle und instinktiven Wahrnehmungen, die so scharf sein können, dass sie sogar die menschliche Intelligenz schachmatt setzen. Das einzige Vorrecht des Menschen ist seine unsterbliche Seele, die von Gott selbst erschaffen wurde und mit einem ewigen Schicksal verbunden ist. Das ist eine grundlegende Unterscheidung. Das Privileg, mit einer unsterblichen Seele ausgestattet zu sein, gibt uns jedoch nicht das Recht, uns der Natur, der Umwelt und den Tieren gegenüber, mit denen wir unser Schicksal hier auf der Erde teilen, mit arroganter Überheblichkeit zu verhalten.

IV.

Auch Tiere haben Seelen

(Aus dem Corriere della Sera*, 28.11.1999)*

Ein Indianer führt seinen eigenen Tod herbei: »Ich werde zu meinem Kater in die ewigen Jagdgründe des Großen Geistes eingehen.«

Minturno (Latina) – Wahrscheinlich spürte er, dass er starb, denn er bat zum ersten Mal nach langer Zeit um Tee. Es war das erste Mal nach fünfzig Tagen, seit er seinen Kater verloren hatte. Der 77 Jahre alte Howard Douglas, ein Cherokee-Indianer, der in Scauri in der Provinz Latina wohnte, hat seinen eigenen Tod herbeigeführt. Das war sein Wille, denn er konnte nicht mehr ohne seinen geliebten *Be All* leben, einen Mischlingskater, der nach 13 Jahren gestorben war.

Douglas starb im Krankenhaus von Gaeta, wo er aufgenommen worden war, nachdem er fast nicht mehr sprechen konnte, weil er erschöpft vom Fasten und der Traurigkeit war. »Ich will sterben«, hatte er zu seiner Frau Lina gesagt, »weil ich verstanden habe, dass meine Zeit gekommen ist, die mich so lange mit *Be All* verband.« Seine Frau hat diese Entscheidung respektiert. »Howard hat für seinen Kater gelebt, und jetzt will er für ihn sterben. Es gibt keine Erklärung dafür, was sie füreinander waren; ihre Beziehung ist für Außenstehende nicht zu verstehen.« Einige Nachbarn hatten den Bürgermeister des Ortes und dann einen Arzt alarmiert. Als der Indianer im Krankenhaus aufgenommen wurde, ging es ihm sehr schlecht; er wog nur noch vierzig Kilo. Auch zu den Ärzten hatte er gesagt: »Ich warte auf meinen Tod. Seid nicht traurig, wenn ich gehe, denn ich werde mit *Be All* in den Jagdgründen des Großen Geistes glücklich sein.« Am Morgen seiner letzten großen Reise hat er ein wenig Tee zu sich genommen und um einen Besuch seiner Frau gebeten; als sie eintraf, hat er ihr die Hand gedrückt und ist entschlafen.«

(Aus dem Corriere della Sera, *29.10. 2000)*

Hund stirbt an gebrochenem Herzen, neben seiner Gefährtin, die wenige Minuten vorher gestorben ist

Der alte Walt Disney wäre stolz auf sie gewesen. Oder wenigstens auf *Sansone*, den Hirtenhund aus den Pyrenäen. Er sah *Kim*, den Maremma-Schäferhund, mit dem er sein ganzes Leben verbracht hatte, tot am Boden liegen, und zehn Minuten später starb er selbst. »Als er sie im Garten leblos auf dem Boden liegen sah, hat er sich ihr genähert und begonnen, zu winseln und sie abzulecken. Dann ist er an ihrer Seite gestorben«, berichtet Massimo Brocchetta, der deutsche Schäferhunde züchtet und Zeuge dieses unglaublichen Ereignisses wurde. Es war Maria Himmelfahrt und, wie die Leute sagten, sehr heiß in Novellara, in der Provinz von Reggio Emilia. Aber es war nicht die Hitze, die *Sansone* umgebracht hat. Auf dem Bericht von Salvatore Alessi, dem Tierarzt, der die Autopsie ausgeführt hat, steht deutlich zu lesen: »Gestorben an gebrochenem Herzen«.

Seit neun Jahren hütete Brocchetta die beiden Hunde, wenn ihre Besitzer in Ferien fuhren. Und genau vor neun Jahren begann diese Geschichte, als *Sansone*, noch ein Welpe, seinen Platz im Leben von *Kim* findet, die drei Jahre älter ist als er. Wie man sagt, war *Sansone* sehr gut aussehend, lebhaft und 70 Kilo schwer. Er hatte eine große Zukunft als in Hundewettbewerben vielfach preisgekrönter italienischer Meister vor sich.

Kim war nicht weniger besonders: 55 Kilo, dichtes schneeweißes Fell und charakterstark wie alle Hunde ihrer Rasse. Es war Liebe auf den ersten Blick zwischen den beiden. Und auch eine ewige Liebe. »Sie waren immer zusammen, schliefen zusammen und fraßen aus derselben Schüssel«, berichten die, die sie kannten. Inzwischen liegen sie beide nebeneinander im Garten, im gleichen Grab.

(Aus dem Corriere della Sera, *18.12.1999)*

***Rocky* wartet im Geisterhaus weiter auf sein Herrchen**

Cervinara – Er blieb im Schlamm sitzen, bewachte ein Gespensterhaus und wartete auf seinen Besitzer, der nie mehr kommen sollte. Der früher gefürchtete Rottweiler *Rocky* erweckt heute nur noch Mitleid. Zwei Personen starben, um ihn zu retten; sein Besitzer, Giuseppe Affinita, ein Antiquitätenhändler (offiziell gilt er noch als vermisst) und sein dreiundsechzigjähriger Vater Luigi. Giuseppe schaffte es, seine gesamte Familie in Sicherheit zu bringen (seine Frau und vier Kinder, von denen der Älteste 15 und das Jüngste 8 Monate alt war), indem er sie ins Tal brachte, als in Castello die Hölle losbrach. Aber nachdem er in Sicherheit war, konnte er den Gedanken nicht ertragen, dass sein Hund allein in dem einsturzgefährdeten Haus blieb. »Geh mit mir, Papa, wir holen ein paar Sachen raus und nehmen auch *Rocky* mit.«

Um drei Uhr nachts begaben sich die beiden auf eine Reise ohne Wiederkehr. Sobald sie beim Haus ankamen, wurden Giuseppe und sein Vater unter einer Wand aus Wasser, Schlamm und Geröll begraben.

Luigis Leiche ist nie gefunden worden; man fürchtet, dass der Fluss ihn mit ins Tal riss. *Rocky* hingegen ist bei dem Geisterhaus geblieben; alle Versuche, ihn wegzubringen, waren vergeblich. Im Gegenteil, wenn jemand versuchte, sich ihm zu nähern, knurrte der Rottweiler und streifte dann über die Trümmer. »Nur wer keine Tiere liebt, kann sich über so etwas wundern. Ich bin überzeugt, dass auch andere Tierbesitzer sich genauso verhalten hätten«, erklärt eine Cousine des Vermissten, als sie das tragische Ende der Affinita kommentiert. Verwandte und Freunde haben sich in der Wohnung versammelt; alle warten auf die Nachricht, dass Giuseppes Leiche gefunden wurde. Die drei Schwestern des Händlers finden keine Ruhe. »Denkt nur, seit einiger Zeit wollte er schon aus diesem alten, feuchten Haus ausziehen, das direkt über dem Fluß erbaut wurde. Auch die Besitzerin hatte ihm die Wohnung bereits gekündigt; er suchte nach einem neuen Haus.«

Ein Mann wird durch den Geist eines Setters vom Blitzschlag gerettet

Frank Talbert, ein Immobilienhändler aus Denver, Colorado, war jedesmal glücklich, wenn er ein paar Tage in seinem selbstgebauten Dreizimmerhäuschen in den Rocky Mountains verbringen konnte. Diesmal wollte er zehn Tage dort allein verbringen, um Arbeiten am Haus durchzuführen. Der erste Tag war wie im Flug vergangen, und Frank beschloss, bald ins Bett zu gehen. Vor dem Einschlafen schürte er noch einmal das Feuer im Kamin. An jenem Abend war es besonders frisch, denn es waren bereits die ersten Oktobertage, und es hatte schon begonnen zu regnen.

Frank ließ sich vom Rauschen des Regens in den Schlaf wiegen, ohne allzusehr auf die Donnerschläge zu achten, die an seinem Häuschen rüttelten und auf die Blitze, die die Landschaft draußen erhellten. Er wusste nicht, wie lange er bereits geschlafen hatte, als er von einem Geräusch geweckt wurde. Draußen bellte ein Hund. Frank Talbert setzte sich im Bett auf und horchte aufmerksam. Er hörte wieder den Hund bellen, aber diesmal schien das Gebell aus einer größeren Entfernung zu kommen. Er wollte gerade wieder einschlafen, als das Gekläff plötzlich vor der Haustüre zu hören war.

Talbert dachte, der Hund sei in Schwierigkeiten und bellte um Hilfe oder suchte einfach einen Platz für die Nacht. Er öffnete die Tür, konnte aber wegen des heftigen Regens kaum etwas erkennen. Er rief den Hund, bekam aber keine Antwort. Talbert wollte gerade die Türe wieder schließen, als ein Blitz ihn einen Hund auf etwa hundert Meter Entfernung erkennen ließ. Er rief ihn wieder, aber statt näherzukommen, entfernte sich der Hund langsam mit einem erbärmlichen Jaulen.

Frank Talbert verstand deutlich, dass der Hund ihn aufforderte, ihm zu folgen und fragte sich, ob es sich vielleicht um eine Mutter handelte, deren Welpen dem Regen ausgesetzt waren. Er zog seine Stiefel und seinen Parka an, während der Hund auf ihn wartete. Frank Talbert konnte sich ihm bis auf wenige Schritte nähern, bevor er sich von neuem entfernte, offensichtlich in der Erwartung, dass er ihm nachging.

Er hatte ihn im Licht seiner Taschenlampe deutlich genug gesehen, um zu erkennen, dass es sich um einen roten Setter handelte, dessen Brust und Nacken weiß waren. Er war ihm jedoch erst wenige Meter gefolgt, als plötzlich um ihn herum sich alles rot färbte und er von einer schrecklichen Explosion erschüttert wurde. Ein Blitz hatte sein Haus getroffen; sein Schlafzimmer stand in Flammen. Er konnte einiges von seiner Habe gerade noch retten, was jedoch wegen des Regens und der Dunkelheit sehr mühsam war. Nur ab und zu erleuchtete ein Blitz für einen Moment die Nacht. Der größte Teil des Häuschens war zerstört worden. Er konnte nichts weiter tun, als den Flammen zuzuschauen. Erst als er sich bereit machte, wegzufahren und bei einem Nachbarn Unterschlupf zu suchen, erinnerte sich Talbert an den Hund.

Der Regen hatte aufgehört; der Himmel war wieder ziemlich aufgeklart und der Mond erleuchtete teilweise die gespenstische Szene. Talbert suchte nach dem Setter, aber der war verschwunden. Während er nach dem Tier suchte, kam ihm in den Sinn, dass der Blitz sein Schlafzimmer getroffen hatte. Das Feuer hatte sich so schnell ausgebreitet, weil die Matratze und die Decken sofort in Flammen aufgegangen waren. Wenn ihn der Hund nicht aus dem Haus gelockt hätte, wäre er wahrscheinlich in seinem Bett umgekommen.

Als er die Geschichte seinem Nachbarn erzählte, war der Mann sprachlos. »Der Hund, den Sie beschreiben, scheint *Sandy* zu sein«, sagte er und schüttelte langsam den Kopf. »Sie war eine Setterhündin mit weißem Hals und weißer Brust...« »Sie war es bestimmt, ganz sicher. Mein Gott, wo ist sie? Ich verdanke ihr mein Leben!«, rief Talbert aus. Aber sein Nachbar blieb lange Zeit stumm. Er sah Talbert an; dann ließ er sich auf einen Stuhl fallen. Seine Stimme war nur ein Raunen, als er sagte:

»Das ist unmöglich, Frank. Sie ist vor mehr als zwei Monaten gestorben.« Also war *Sandy* noch körperlich am Leben geblieben, um Frank Talbert aus der Gefahr zu retten?

Nein, es gab keinen Zweifel über ihren Tod. Sie war in der Nähe des Hauses dieses Nachbars begraben. Konnte es sich um einen anderen, identischen Setter handeln? Das war natürlich nicht auszuschließen, aber die Möglichkeit, dass ein Hund mit dem gleichen Aussehen wie *Sandy* im gleichen Gebiet lebte, war doch recht abwegig.

Vielleicht war es ein Hund aus *Sandys* Wurf? Sie war in Texas geboren und im Alter von acht Jahren nach Colorado gebracht worden. War es etwa einer der Welpen von *Sandy* mit dem gleichen Aussehen? *Sandy* hatte jedoch nie Junge gehabt, weil sie eine Operation auf sich nehmen musste, wonach sie keine Jungen mehr bekommen konnte. Daher werden Talbert und wir es nie erfahren. Aber Talbert erinnerte sich noch lange an seine Besucherin, wer oder was sie auch immer war; sein Nachbar gab ihm ein Photo von *Sandy*. Frank Talbert ließ es rahmen; es steht jetzt auf seinem Schreibtisch im Haus.

Jeff ist seinem Herrchen dankbar

Frank Talbert ist nicht der einzige Mensch, der von dem Geist eines Hundes in den Bergen von Colorado gerettet wurde. Auch Robin Deland ist sich sicher, dass er sein Leben der Tatsache verdankt, dass sein geliebter Hund für ihn ins irdische Dasein zurückkehrte.

Robin fuhr auf einer kurvenreichen, engen und nicht asphaltierten Straße. Er war gerade in eine steile Anhöhe in der Nähe des Städtchen Gunnison eingebogen, als er einen Hund mitten auf der Straße sah. Das Tier blieb still stehen. Es zwang ihn, auch anzuhalten. Einen Augenblick später gefror Robin Deland das Blut in den Adern, weil er in diesem seltsamen Hund seinen Collie *Jeff* erkannte, der vor sechs Monaten gestorben war. Robin war sicher, dass er sich nicht irrte. Er hatte *Jeff* schwer verletzt auf einer Autobahn gefunden, ihn in eine Klinik gebracht und ihn behandelt, bis der Collie völlig wiederhergestellt war. *Jeff* lebte noch zwölf Jahre bei ihm.

Robin war über das Auftauchen von *Jeff* so erschrocken und verstört, dass er sich nicht erinnern kann, wie er aus dem Auto kam. Er erinnert sich jedoch, dass er dem Hund entgegenging. Er glaubt, er habe die Hand ausgestreckt und ihn beim Namen gerufen. Als er ihn fast berührte, drehte sich das Tier plötzlich um und ging langsam auf die Anhöhe zu. Der Mann ging ihm nach und versuchte, nah genug an ihn heranzukommen, um ihn zu berühren. Als Deland oben ankam, sah er, dass die Straße genau dort abbrach. Wäre er weitergefahren, so wäre Robin Deland sicher mit seinem Auto in den Abgrund gestürzt. Als er über die Geschichte nachdachte, kam er zu der Überzeugung, dass sein Freund *Jeff* aus dem Jenseits zurückgekehrt war, um ihm das Leben zu retten und sich somit dafür zu revanchieren, dass er ihn auf der Autobahn vor dem sicheren Tod gerettet hatte.

(Aus La Repubblica, *6.2.2000)*

Charly geht jeden Tag zum Friedhof, um sein Herrchen zu besuchen

Fast jeden Tag legt *Charly* sechs Kilometer zurück, um das Grab seines vor über einem Jahr verstorbenen Besitzers zu besuchen. Manchmal begleitet ihn Grassellis Witwe, Maria, aber oft geht er auch allein; wenn ihn die Leute aus dem Ort erkennen, öffnen sie ihm die Autotür und lassen ihn mitfahren. Manche Leute sagen, *Charly* sei ein Rassehund, eine Bracke, andere, er sei nur ein schöner Mischlingshund. Seine Geschichte bewegte die Einwohner von Casina, einem Ort in den Hügeln von Reggio, der im Sommer ein beliebtes Ziel für Touristen ist; inzwischen ist der kleine Hund zum Maskottchen des Dorfes geworden. *Charly* wurde vor einigen Jahren von Benno Grasselli adoptiert. Er rettete ihn damit aus dem Tierheim, in dem er aus unerfindlichen Gründen gelandet war.

Seitdem hatte der kleine Mischling seinen Herrn nie im Stich gelassen; er begleitete ihn überall hin, auch auf dem Ape-Kleinstlaster von Grasselli. So wurden die beiden zwei Jahre lang zu unzertrennlichen Gefährten, in den Bars der Umgebung, auf dem Laster und abends vor dem Fernseher.

Wo immer der betagte Besitzer hinging, tauchte Charlies krauses weißes Fell ebenfalls auf. Der kleine Hund war auch bei Grassellis Beerdigung anwesend, als dieser im Dezember 1998 starb. Er folgte seinem Sarg bis zum Friedhof und merkte sich die Strecke, auf der er seitdem jeden Tag dorthin zurückkehrt, ganz gleich, ob es regnet oder die Sonne scheint. Die Einwohner von Casina sind bereit zu schwören, dass *Charly* oft an den Plätzen verweilt, die er mit seinem Herrn aufsuchte, und dass er auf seinem Weg zum Friedhof genau weiß, ob er sich auf der Provinzstraße oder dem Gemeindeweg befindet.

Mac, der Feuerwehrhund

Es gab zahlreiche Zeugen für die Ereignisse, bei denen die Familie Peters in einer Dezembernacht vor nicht allzu langer Zeit aus einer mit Sicherheit tödlichen Falle gerettetet wurde.

Raymond und seine Frau Suzanne waren früh nach Hause gekommen, weil sie sehr müde waren. Sie hatten die ganze Nacht durchgewacht, denn eines ihrer Kinder hatte Magenprobleme. Auch an den Abenden zuvor waren sie lange aufgeblieben, um ihre Einkommenssteuererklärung fertigzustellen. Sie freuten sich schon auf ihr Bett und waren, wie sie sich nachher erinnerten, sehr müde, als sie zu Bett gingen. Aber irgendwo stand geschrieben, dass sie in dieser Nacht noch weniger Schlaf bekommen sollten.

Raymond und Suzanne erinnern sich, dass sie etwa vier Stunden, nachdem sie zu Bett gegangen waren, einen Hund bellen hörten. Raymond weiß noch, wie er im Halbschlaf seinem Scotchterrier *Mac* befahl, er solle ruhig sein und dass seine Frau sagte:

»Was hat er, zum Teufel?« Aber *Mac* bellte weiter. Raymond sagt, er habe nicht mehr einschlafen können, denn sobald er seine Augen schloss, begann *Mac* von neuem wütend zu kläffen. Da setzte sich Raymond im Bett auf und rief: »Verdammt, *Mac*...«, weil er dachte, der Hund müsse hinaus, um sein Geschäft zu verrichten. Aber dann roch er den Rauch.

Er war sofort hellwach und sprang aus dem Bett. Die Schlafzimmertür war geschlossen. Als er sie öffnete, war der Flur schon voller Rauch. Sie spürten die Hitze des Feuers an der Decke; eine Ecke des Vorzimmers stand bereits in Flammen, aber das Feuer hatte noch nicht das Zimmer erreicht, in dem die Kinder schliefen. Sie packten die noch schlafenden Kinder und flohen aus dem Haus; gerade noch rechtzeitig, denn kurz darauf stand das ganze alte Haus in Flammen. Der Nachbar hatte bereits die Feuerwehr alarmiert. Er war ebenfalls vom Bellen des Hundes geweckt worden, denn vorher hatte er weder Rauch noch Feuer aus dem Haus kommen gesehen. Wie er sagte, bellte der Hund so laut, dass er zuerst dachte, er sei in seinem Haus. Dann jedoch hatte er aus dem Fenster geschaut und die Flammen entdeckt. Als die Feuerwehr ankam, war das Haus bereits fast völlig zerstört; daher konnten sie nur noch versuchen, ein Ausbreiten des Feuers zu verhindern. Raymond und Suzanne verloren alle ihre Habe, aber die Familie war gerettet.

Erst als der Nachbar sagte: »Mein Gott, ihr hättet es nie ohne euren Hund geschafft. Ich wusste gar nicht, dass ihr euch einen neuen Hund angeschafft habt, nachdem *Mac* tot war... Aber wo ist er, Ray? Hat er es geschafft, aus dem Haus zu fliehen?« Die Peters sahen sich wortlos einen Moment lang an. Raymond weiß nicht mehr genau, was er danach sagte, aber er erinnert sich, dass sein Herz einen Augenblick stehen blieb und sich alles drehte. Er hörte, wie Suzanne sagte: »Es war *Mac*. Ich weiß noch, wie er bellt... Wir haben keinen anderen Hund mehr gehabt.« Sie brauchte nicht nach ihrem Hund zu suchen; er war drei Monate vorher gestorben.

Auch die Geister von Hunden können bellen

Dr. Robert A. Bradley, ein Arzt aus Denver, ist ein Pionier der psychosomatischen Medizin und der Hypnose zu medizinischen Zwecken. Er ist fest überzeugt, dass Tiere nach ihrem Tode weiterleben. In dem Buch, das er mit seiner Frau Dorothy zusammen schrieb, berichtet Dr. Robert A. Bradley sogar von einer Erfahrung, die er selbst bezüglich des Überlebens der Tiere machte.

»Einer unserer Hunde war ein winziger Chihuahua. Er wird etwa ein Kilo gewogen haben. Er hasste es, draußen zu sein, ob im Sommer oder im Winter, und wurde absolut unerträglich, wenn wir ihn nicht hineinließen. Einmal im Winter, kurz vor Weihnachten, waren wir alle mit der Weihnachtsdekoration beschäftigt, als der Hund hinausschlüpfte, ohne dass wir es merkten. Als die Kinder seine Abwesenheit bemerkten, rannten sie hinaus, um ihn zu suchen, aber wir konnten ihn nicht finden. Meine Frau hatte von all dem nichts bemerkt und fuhr fort, mit einem unserer Söhne weiter den Baum zu dekorieren. Als wir ins Haus zurückkehrten, schauten sie uns erstaunt an und erklärten, sie hätten vor wenigen Augenblicken den Hund mitten im Zimmer kläffen gehört.

Ich sagte sofort: »Er ist tot. Was ihr gehört habt, war ein astrales Gebell. Er hat etwas gesehen, das er nicht kennt, und reagiert mit seinem üblichen feindseligen Gekeife.« Dann nahm ich die Taschenlampe und leuchtete die dunklen Ecken ums Haus herum aus. Diesmal fand ich ihn sofort. Sein Körper lag genau vor dem Fenster des Raumes, in dem meine Frau und mein Sohn den Baum schmückten. Auf meiner vorherigen Suche hatte ich ihn nicht sehen können, weil die Ecke zu dunkel und er zu klein war. Aber nach dem Zustand des Kadavers musste unser kleiner Freund schon tot gewesen sein, als meine Frau und mein Sohn sein Gebell 'mitten im Zimmer' gehört hatten.«

Der Besitzer ist beim Tode seines Hundes anwesend

Der berühmte englische Schriftsteller Sir Rider Haggard, Autor des Romans *King Solomon's Mines,* berichtet von einem Erlebnis, das er am 4.10.1904 in die Protokolle der *British Society for Psychical Research* (Britische Gesellschaft zur Erforschung des Paranormalen) aufnehmen ließ.

Am 10. Juli 1904, kurz nach Mitternacht, schrie Sir Rider Haggard im Traum auf und schlug um sich, als ob er ertrinken würde. Als seine Frau ihn aufweckte, sagte er, dieser Traum habe mit einer schrecklichen Depression angefangen, wonach er den Eindruck hatte, um sein Leben kämpfen zu müssen. Als der Traum heftiger wurde, hatte Sir Haggard den deutlichen Eindruck, sich im Körper seines schwarzen Retrievers *Bob* verfangen zu haben.

»Ich sah *Bob*«, erzählte Haggard, »er lag in einem dichten Gestrüpp am Ufer des Flusses Waverty, der in der Nähe unseres Hauses vorbeifließt. Ich verstand, dass er mir etwas sagen wollte, aber da er sich nicht durch Laute verständlich machen konnte, übertrug er in meinen Geist das undefinierbare Bewusstsein darüber, dass er im Sterben lag.« Vier Tage später fand Sir Haggard seinen Hund etwa eine Meile von seinem Haus entfernt. Er trieb im Waverty-Fluss.

Man fand heraus, dass der Hund schwere Verletzungen erlitten hatte. Der Tierarzt stellte einen Schädelbasisbruch und Knochenbrüche in den Vorderläufen fest, und dass er wahrscheinlich seit der Nacht vom neunten zum zehnten Juli im Wasser gelegen hatte. Haggard entdeckte später, dass sein Hund von einem Güterzug überfahren worden war, als er über die Brücke am Waverty lief, wenige Minuten nach Mitternacht des 9. Juli. Es war genau in dem Moment, als er diesen schrecklichen Traum hatte.

Der Tiersucher

Eine junge Psychologin aus Cincinnati hatte eine sehr deutliche und bewegende Erfahrung mit ihrer verstorbenen Mutter. Es geschah auf eine sehr reale Weise und hatte eine tiefe Bedeutung für sie, denn sie lernte Dinge, von denen sie vorher absolut nichts gewusst hatte. Das körperliche Überleben der Tiere spielte nur eine zufällige Rolle in diesem Gefühlsdrama. Es wäre wahrscheinlich gar nicht bemerkt worden, wenn nicht eine Person gefragt hätte: »Schien deine Mutter zufrieden zu sein?« »Ja«, antwortete die Frau. »Sie ist mit ihren Eltern, einer ihrer Schwestern und einigen Freunden zusammen. Und auch unser Hündchen *Penny* ist immer bei ihr.« Danach war nicht mehr von dem Hund die Rede. Aber es schien interessant, dass alle anderen ohne Verwunderung oder Diskussionen die Anwesenheit des Hundes akzeptierten. Übrigens stimmen diese Beobachtungen mit den Erfahrungen von Fred Kimball überein, der seit vierzig Jahren auf dem Gebiet des Paranormalen seine Forschungen durchführt und die besondere Fähigkeit entwickelt hat, mit den Tieren zu sprechen.

Es begann vor vierzig Jahren, als er zufällig mit einer Möwe sprach, die sich an Bord eines Öltankers befand. Heute verbringt Kimball die meiste Zeit damit, den Tieren und den Menschen zum Thema Tiere Ratschläge zu erteilen. Es ist kein Zufall, dass er in den Zoos sehr gefragt ist. Oft wird Kimball von Menschen um Hilfe gebeten, die ein Tier verloren haben. Meistens ist er in der

Lage, sich mit diesem Tier in Verbindung zu setzen und Informationen über seinen Aufenthaltsort zu bekommen.

Während seiner Suche nach verlorenen Tieren entdeckte Kimball dann auch, dass die Kommunikation nicht davon abhängt, ob das Tier noch lebt.

Einmal rief ihn eine Frau in seinem Haus in Kalifornien an und erklärte ihm aufgeregt, sie habe ihren zwölfjährigen irischen Setter verloren. Die ganze Familie hatte mit Hilfe von Freunden vergeblich nach ihm gesucht. Kimball versetzte sich also auf die 'Wellenlänge' der Frau und schließlich auch des verschwundenen Tieres. Er sah den großen Setter, wie er sich frei auf einer Wiese bewegte und dann auf ein bewaldetes Gebiet zulief. Dann legte er sich unter einem Baum nieder, als ob er schlafen wollte. Plötzlich drehte sich der Hund zur anderen Seite des Baums und senkte die Augen. Zu seinen Füßen lag sein alter Körper – er war tot.

Fred Kimball erzählte der Besitzerin des Hundes, was er gesehen hatte, und die Frau erklärte ihm, es müsse sich um einen bewaldeten Park nicht weit entfernt von ihrem Haus handeln. Sie war mit ihrem Hund dort öfter spazierengegangen.

Eine kurze Suche bestätigte Kimballs Beobachtung. Der Hund lag genau unter diesem Baum – und war tot.

Der Hund, der Selbstmord beging

In vielen Fällen scheinen Tiere zu verstehen, dass ihre Besitzer tot sind, auch wenn sie sich am anderen Ende der Welt aufhalten. Die folgende Geschichte beweist es.

Tom, ein siebenjähriger schottischer Schäferhund, gehörte Harold Myers aus Houston, Texas. Harold und *Tom* waren praktisch unzertrennlich; daher war es verständlich, dass der Hund sich verloren fühlte, als sein Herr zum Vietnam-Krieg eingezogen wurde.

Mit der Zeit schien *Tom* jedoch zu resignieren. Er wirkte bedrückt, hatte aber die Trennung mit ergebener Geduld akzeptiert. Eines Tages jedoch begann der Hund klare Zeichen zu geben, dass er sich das Leben nehmen wollte. Er streckte sich mehrmals auf den Schienen des Zuges aus, der drei Blöcke vom Haus der Myers enfernt vorbeifuhr. Es war immer jemand zur Stelle, der ihn eilends rettete, aber *Tom* gab nicht auf. Schließlich hatte er in seinem Vorhaben Erfolg. Einige Tage später kam die Nachricht, dass Harold, sein Besitzer, in Vietnam umgekommen war. Der offensichtliche Selbstmord von *Tom* wirft verschiedene Fragen auf. Hatte der Hund die Nachricht vom Tode seines Herrn 'aufgefangen'? Glaubte er, sich wieder mit ihm zu vereinen, indem er sich das Leben nahm?

Mama Schaf und ihr Lämmchen gehen zum Tierarzt

Vielfache Zeugenaussagen beweisen, dass Tiere nicht nur über eine eigene Intelligenz verfügen, sondern auch nachdenken und komplexe Entscheidungen treffen können, wenn es darum geht, einander oder ihren Artgenossen zu helfen.

Vincent und Margaret Gaddis, zwei Verhaltensforscher, die das Verhalten der Tiere gut kennen, berichten von einem Schaf in den Rocky Mountains, das krank und verzweifelt war. Es lief bis in die Stadt Baldy, um einen Tierarzt um Hilfe zu bitten. Das Tier blieb bei dem Tierarzt, bis es vollständig geheilt war. Dann kehrte es zu seiner Herde zurück. Aber es vergaß sein Abenteuer nicht. Viele Monate später stand es wieder vor der Tür des Tierarztes – diesmal hatte es ihm sein Lamm gebracht.

Die Dankbarkeit des Collies Corky

Norma und Tom Kresgal wurden von ihrem Collie gerettet, der vor langer Zeit gestorben war. Aber die gesamte Geschichte von *Corky* hat etwas Besonderes an sich. Norma Kresgal fand ihren Hund unter seltsamen Umständen. Sie und Tom hatten vor kurzem geheiratet und lebten auf einem Bauernhof im Staate New York. Eines Tages kam ein Nachbar vorbei und bat sie, seiner kranken Frau Gesellschaft zu leisten, während er Arzneien kaufen fuhr. Nach einer halben Stunde kam er zurück, und Norma machte sich auf den Heimweg. Nach kurzer Zeit hatte sie den Eindruck, nicht allein zu sein. Sie hielt an, schaute sich um, sah jedoch nichts und ging deshalb weiter. Aber das seltsame Gefühl, nicht allein zu sein, blieb. Aus einem Grund, den sie nie erklären konnte, verließ sie plötzlich den Weg und ging in den Wald hinein. Sie war etwa fünfzig Meter weit gekommen, als sie einen großen Collie auf dem Boden liegen sah, dessen Hals blutbefleckt war. Man könnte meinen, dieser Hund habe sie telepathisch gerufen und sie angefleht, ihn zu retten.

Als Norma ankam, lebte der Hund jedenfalls noch und versuchte, mit dem Schwanz zu wedeln, als die Frau seinen Kopf streichelte. Der Hund war so schwer, dass Norma ihn nicht hochheben konnte. Daher lief sie los, um Hilfe zu holen. Zusammen mit ihrem Schwiegervater brachte sie den Collie zum Tierarzt, der eine Kugel aus der Kehle des Tieres entfernte. Aber ein Schaden an seinen Stimmbändern blieb bestehen, und der Hund konnte nie richtig bellen.

Niemand fragte nach dem Tier. Norma gab ihm den Namen *Corky*. Das Tier blieb viele Jahre lang bei ihr. Als es starb, begruben seine Besitzer es unter einem Baum im Hof. Zwei Jahre später zogen die Kresgals nach New York, in eine Wohnung im zweiten Stock eines Zweifamilienhauses. »Wir lebten erst seit einigen

Monaten dort«, erzählt Norma Kresgal, »als ich eines Nachts von einem merkwürdigen Geräusch wach wurde. Es war das heisere Bellen von *Corky*. Ich dachte, ich hätte geträumt und wollte gerade wieder schlafen gehen, als ich erneut diesen Ton hörte, laut und heiser.« Norma stand auf und fand sich in einer Rauchwolke wieder. Sie weckte ihren Mann, und sie gingen zusammen hinaus, um den Hausbesitzer zu rufen und zu flüchten, bevor die Flammen das gesamte Gebäude einhüllten. »Die Tränen liefen mir übers Gesicht«, erinnert sich Norma. »Tom dachte, ich sei erschüttert, weil wir alle unsere Habe verloren. Er sagte, ich sollte mir keine Sorgen machen, denn wir waren versichert. Er wusste nicht, dass ich aus Dankbarkeit weinte und Gott aus ganzem Herzen dafür dankte, dass er *Corky* rechtzeitig zu mir zurückkommen ließ, um mich zu wecken, bevor es zu spät gewesen wäre.«

Kater Fingal, der Freund der Tiere

Vor vielen Jahren berichtete die amerikanische Zeitschrift *Prediction* von einem seltsamen Kater namens *Fingal*, der einen hochentwickelten Sinn für Mitleid, Verantwortung und Zuneigung zu anderen Tieren hatte. Wenn die Schildkröte auf den Rücken fiel und sich nicht umdrehen konnte, lief *Fingal* los, um eins der Familienmitglieder zu rufen, damit sie ihr halfen. Wenn eins der Kaninchen krank wurde, blieb *Fingal* bei seinem Käfig sitzen, bis die Krise überstanden war.

Fingal folgte einer genau festgelegten Routine. Abends ging er gern hinaus, blieb etwa eine Stunde weg und kam um neun Uhr wieder nach Hause. Er klopfte dann laut auf die Fensterscheibe, damit man ihn hereinließ.

Kurz nach dem Tode des Katers begann die Familie ein Klopfen an der Fensterscheibe zu hören. Es dauerte so lange, bis jemand das Fenster öffnete, dann hörte es plötzlich auf. Außerdem hatten die Besitzer von *Fingal* und ihre Verwandten oft den Eindruck, eine Katze auf dem gelben Kissen schnurren zu hören, das *Fingal* gehört hatte. Eines Tages kam eine Freundin bei der Familie zu Besuch und brachte ihre Siamkatze mit. Das Tier ging ruhig auf das Lieblingskissen von *Fingal* zu, aber als es daran vorbeikam, machte es plötzlich erschrocken einen Buckel. Seine Augen schienen etwas zu folgen, das sich aufs Fenster zu bewegte. Als das Fenster geöffnet wurde, beruhigte sich der siamesische Gast völlig. Mit einem kleinen Sprung legte er sich auf *Fingals* gelbes Kissen. Er machte einen sehr zufriedenen Eindruck.

Duarte, der kleine Junge, auf den die Tiere hören

Viele Jahre lang haben die Zeitungen von einem brasilianischen Jungen namens Francisco Duarte berichtet, von dem gesagt wurde, er sei in der Lage, mit allen möglichen Arten von Tieren und Insekten zu kommunizieren und ihnen Befehle zu erteilen. Duarte ist klein für sein Alter und gilt als geistig zurückgeblieben; aber er kann mit Spinnen, Wespen, Bienen, Schlangen, Fröschen, Ratten und Alligatoren umgehen, ohne gebissen oder auch nur angegriffen zu werden. Der Parapsychologe Alvaro Fernandez sagt außerdem, dass alle Tiere den Anweisungen gehorchen, die der Junge ihnen erteilt.

Nach dem, was Francisco und die Forscherin Martha Barros berichten, bleiben Bienen zum Beispiel dort, wo es ihnen Duarte sagt: Wenn er ihnen befiehlt, zum Bienenstock zurückzukehren, tun es alle außer sechs Bienen. Giftschlangen rollen sich zusammen oder auseinander und kriechen dahin, wohin der Junge es ihnen zeigt. Fische kommen aus dem Wasser und berühren seine Hände, wenn er sie dazu aufruft.

Duarte sagte zu dem Journalisten Michele Joy: »Ich spreche

mit den Tieren und sie mit mir. Ich verstehe alles, was sie sagen. Meine Gabe ist ein Geschenk Gottes.«

Das Paradies der Tiere

von Paulo Coelho (Aus Der Dämon und Fräulein Prym*)*

Ein Mann, sein Pferd und sein Hund gingen über eine Straße. Als sie an einem Baum vorbeikamen, wurden sie vom Blitz getroffen und waren auf der Stelle tot. Aber der Reisende merkte nicht, dass er diese Welt verlassen hatte und ging in Begleitung seiner Tiere weiter.

Manchmal brauchen die Toten eine Weile, bis sie sich über ihren neuen Zustand klar werden...

Der Weg war sehr lang und sie mussten auf einen Hügel steigen. Die Sonne brannte stark; sie waren verschwitzt und durstig. An einer Biegung der Straße sahen sie ein herrliches Tor aus Marmor, das auf einen mit goldenen Blöcken gepflasterten Platz führte, in deren Mitte ein Brunnen stand, aus dem kristallklares Wasser floss. Der Reisende wandte sich an den Mann, der am Eingang Wache stand.

»Guten Tag.«

»Guten Tag«, antwortete der Wächter.

»Was ist das nur für ein schöner Platz?«

»Das ist der Himmel.«

»Wie schön, dass wir im Himmel sind, wir haben so großen Durst!«

»Du kannst hereinkommen und trinken, so viel du willst«, sagte der Wächter und zeigte auf den Brunnen.

»Mein Pferd und mein Hund haben auch Durst.«

»Das tut mir sehr leid«, sagte der Wächter, »aber hier ist der Zutritt für Tiere verboten.«

Der Mann war sehr enttäuscht. Er hatte großen Durst, wollte jedoch nicht allein trinken. Er dankte dem Wächter und ging weiter.

Nach einem langen Weg den Hügel hinauf erreichten der Reisende und seine Tiere einen Platz, dessen Eingang aus einem alten Tor bestand, das zu einem Pfad aus festgestampfter Erde führte, an dessen Seiten Bäume wuchsen. Im Schatten eines dieser Bäume lag ein Mann mit Hut. Anscheinend schlief er.

»Guten Tag«, sagte der Reisende.

Der Mann nickte ihm zu.

»Mein Pferd, mein Hund und ich haben großen Durst.«

»Zwischen den Felsen dort hinten ist eine Quelle«, sagte der Mann und zeigte auf die Stelle. Er fügte hinzu: »Ihr könnte trinken, so viel ihr wollt.«

Der Mann, das Pferd und der Hund gingen zu der Quelle und löschten ihren Durst. Dann bedankte sich der Reisende.

»Ihr könnte zurückkommen, so oft ihr wollt«, antwortete der Mann.

Übrigens, wie heißt dieser Ort?«

»Himmel.«

»Himmel? Aber der Wächter am Marmortor hat gesagt, der Himmel sei dort!«

»Das ist nicht der Himmel, sondern die Hölle.« Der Reisende war erstaunt.

»Ihr solltet ihnen verbieten, euren Namen zu benutzen! Diese falsche Information verursacht sicher große Verwirrung!«

»Absolut nicht. In Wirklichkeit tun sie uns einen großen Gefallen. Denn da drüben bleiben alle, die keine Skrupel haben, ihre besten Freunde im Stich zu lassen...«

Die Hündin, die Selbstmörder rettete

Wie könnte Essie Nagy daran zweifeln, dass ihre Schäferhündin *Rexie* nach dem Tode weiterlebt? Frau Nagy war die Besitzerin der *Gap Tavern*, die auf den Klippen über Sidney liegt. Diese unzugänglichen Klippen zogen viele Selbstmörder an. Bevor Frau Nagy sich den Hund anschaffte, stürzten sich viele Menschen von dort ins Leere. Aber plötzlich nahm die Zahl der Selbstmörder ab, denn wenn sich jemand den Klippen näherte, begann *Rexie* zu bellen, bis ihr jemand zu Hilfe eilte. Oft zog sie Frau Nagy an ihren Kleidern hinaus, wenn sich jemand auf den Klippen aufhielt.

Eines Tages starb *Rexie*, aber ihr Gebell war immer noch zu hören. Frau Nagy hörte ihren Hund und spürte, wie er sie am Kleid zog. Jedesmal, wenn das geschah, ging sie hinaus und fand jemanden, der sich von den Klippen stürzen wollte. Der Staatsanwalt Clifford Gordon sagte zu australischen Journalisten: »Alle hier in der Gegend wissen, dass dieser Hund Dutzende von Menschen gerettet hat. Bevor *Rexie* die Klippen zu bewachen begann, war die Stelle berühmt für Selbstmorde. Der Hund und auch Frau Nagy haben viele davon verhindert. Es ist absolut bestürzend, dass sie so genau weiß, wenn jemand in den Tod springen will. Ich habe keinen Zweifel daran, dass *Rexie* sie warnt.«

Die Rückkehr des Soldaten

Schwanzwedelnd vor Freude stürzte sich der kleine Mischlingshund auf den Soldaten, der auf Heimaturlaub kam. Er leckte ihm liebevoll über das Gesicht. Es war nichts Seltsames an dieser Begrüßung des Herrchens durch den Hund nach einer langen

Trennung...außer der Tatsache, dass der Hund seit neun Monaten tot war.

Der Hund *Bobby* war seinem Herrn sehr zugetan. Sie hatten oft stundenlang miteinander gespielt. Dann war der junge Mann eingezogen worden, und der Hund war während seiner Abwesenheit gestorben. Der Parapsychologe Jan Curnie, der diese Geschichte erzählte, erklärte, der Mann habe nichts vom Tode seines Hundes gewusst und sich bei seiner Rückkehr sehr über dessen Begrüßung gefreut.

»*Bobby* machte einige Minuten lang ein großes Durcheinander und rannte dann auf ein Dahlienbeet zu«, berichtet Curnie. Am Tag darauf erfuhr der Besitzer vom Tode seines Hundes, der im Dahlienbeet begraben worden war. Der Mann sagte: »Ich bin absolut sicher, dass ich mit *Bobby* gespielt habe. Ich kannte ihn so gut, dass ich mich nicht geirrt haben kann.«

Ein Dackel bellt aus dem Jenseits

Ich wurde einmal mitten in der Nacht vom Gebell unseres Dackels *Phagen* aus dem Tiefschlaf geweckt. Ich hörte einen Moment lang zu, in der Hoffnung, er würde wieder aufhören, damit ich nicht aufstehen müsste, um ihn auszuschimpfen. Aber das abgehackte, hartnäckige Gebell ging weiter. Daher zog ich mir etwas über und ging zu seinem Zwinger. Der Hund war nicht zu sehen. Ich leuchtete mit der Taschenlampe in seine Hütte, und da lag er. Er musste schon seit mehreren Stunde tot sein, denn sein Körper war bereits steif. Ich lag noch lange wach, erschüttert darüber, dass ich *Phagen* bellen gehört hatte, obwohl er bereits seit vielen Stunden tot war. Aber *Phagen* sollte noch öfter bellen.

In den beiden darauffolgenden Nächten hörte ich ihn ebenfalls genau zu der gleichen Zeit anschlagen. Beide Male ging ich hinaus. In der ersten Nacht sah ich nur den leeren Zwinger und die Hütte, aber beim zweiten Mal sah ich ihn, während ich mich im Halbdunkel der Umzäunung näherte, im Schatten warten, und als ich näher kam, wedelte er mit dem Schwanz. Schockiert und verwirrt ging ich auf ihn zu... aber in diesem Moment verschwand er. Er bellte danach nicht mehr. Seit jener Zeit habe ich mich oft gefragt, ob er zurückgekommen war, um sich für immer von mir zu verabschieden. Ich könnte annehmen, ich hätte einen besonders lebhaften Traum oder eine Vision gehabt, das wäre plausibel gewesen, wenn nicht mein Nachbar, der nicht wusste, dass *Phagen* tot war, mich am Morgen nach meinem letzten Treffen mit dem Hund gefragt hätte, ob es *Phagen* nicht gut ginge. Er hätte ihn die beiden Nächte zuvor lange bellen gehört.

Der Cocker Ronnie kehrt nach Hause zurück

In seinem Buch *Evidence on life after death* erzählt Martin Ebon die Geschichte eines Cockerspaniels namens *Ronnie*, der während einer Operation starb. Die Besitzerin des Hundes saß zu Hause neben dem Telephon und wartete auf die Nachricht vom Ausgang der Operation. »Plötzlich hörte sie das Namensschild an seinem Halsband und sein Tippeln im Vorraum. Sie öffnete die Tür, aber da war niemand. Da verstand sie, dass ihr alter Freund zum letzten Mal nach Hause gekommen war«, schrieb Ebon.

Weise und Philosophen aller Zeiten haben bestätigt, dass der Mensch und die anderen Tiere von einem höheren Prinzip beseelt sind, dass ihre Seele feinstofflich und unsterblich ist. Der Begriff Seele in seinem ursprünglichen Sinne stellte das Prinzip dar, von dem das Leben in seinen verschiedenen Formen gelenkt wird. Es stimmt, dass die Erklärungen unterschiedlich waren. Manchmal wurde die Seele einfach als die Harmonie der verschiedenen körperlichen Funktionen, manchmal als unterschiedene Wesenheit von höchster ätherischer Natur angesehen; aber bis zu einer relativ kurz zurückliegenden Zeit machte man keinen wirklichen Unterschied zwischen der Seele des Menschen und der der anderen Tiere.

Die geistigen Unterschiede zwischen den niederen Tieren und dem Menschen brachte die Philosophen der Antike zu der Schlussfolgerung, dass eine Teilung irgendeiner Art vorgenommen werden müsste. Die Stoiker behaupteten, der Mensch besitze einen rationalen Geist, der der Seele überlegen sei, die sowohl den Tieren als auch dem Menschen angehöre. Es wurde jedoch nie geleugnet, dass Tiere eine Seele besitzen.

Das hebräische Wort für Seele ist *Nephesch*, das griechische *Psyche*. Die beiden Begriffe haben dieselbe Bedeutung. Das griechische Wort *Psyche* ist das einzige im Neuen Testament, das mit Seele übersetzt wird. In einer Bibelpassage ist zu lesen: »In jedem Tier auf der Erde und jedem Vogel in der Luft und allem, was über die Erde kriecht, ist eine lebende Seele.«

Der Theologe Dr. E.F. Busch bestätigt in seinem Kommentar dazu: »Der Ausdruck 'lebendige Seele' wird wiederholt auch auf die Ordnung der niederen Tiere angewendet.«

Felix und das Grab des Großvaters

Das Ehepaar King lebte mit seinem Töchterchen, dem betagten Großvater und einem Kater namens *Felix* in einem australischen Städtchen namens St. Kildre. Als der Großvater mit neunzig Jahren starb, fand der Kater keine Ruhe. Er suchte jammernd im Haus und außerhalb nach ihm. Die Eheleute King beschlossen daher, mit ihm im Auto auszufahren, in der Hoffnung, ihn abzulenken. *Felix* blieb ruhig, bis sie die Außenbezirke von Melbourne erreichten; dann sträubte sich plötzlich sein Fell auf dem Buckel und er begann zu zittern. Er sprang aus dem Wagenfenster und verschwand im Verkehrsgewühl.

Der Familie blieb nichts anderes übrig, als nach Hause zu fahren und zu hoffen, dass *Felix* den Weg zurück finden würde. Aber die Tage vergingen, ohne dass er zurückgekehrt wäre. Eines Tages fuhren Frau King und ihr Töchterchen zum Friedhof, um Blumen zum Grab des Großvaters zu bringen. Sie fanden *Felix*, wie er dort in der Nähe des Grabes spazierenging. Der Kater zeigte sich sehr erfreut darüber, sie wiedergetroffen zu haben, und begann mit dem Mädchen zu spielen, wie er es mit dem Großvater getan hatte. Der Friedhof war mehr als zehn Meilen von ihrem Haus entfernt und mehr als fünf Meilen von der Stelle, an der *Felix* aus dem Auto gesprungen war.

Zweimal versuchten die Kings, *Felix* nach Hause zu bringen, aber jedesmal, wenn sie am Friedhofstor ankamen, sprang der Kater wieder aus dem Fenster und kehrte zum Grab zurück. Daher baten sie den Friedhofswächter, sich um den Kater zu kümmern und ihm zu fressen zu geben.

Als John Hethington die Familie für seine '195 Katzengeschichten' interviewte, fuhr er zu dem Friedhof und besuchte *Felix*, der still wie ein Wächter auf dem Grab lag. Hethington schrieb dazu: »Diese Geschichte geht mir nicht mehr aus dem Kopf; vielleicht deshalb, weil sie Elemente enthält, die über ein menschliches Verständnis hinausgehen.«

Hiddi, die Geisterkatze, die Türen öffnen kann

In der Berliner *Zeitschrift für metapsychische Forschung* war folgender Fall veröffentlicht, der im Nachhinein von *Light* zusammengefasst und neu publiziert wurde.

»Maria Schröder aus Berlin veröffentlicht in der oben genannten Zeitschrift ein Tagebuch, in dem sie genau die paranormalen Manifestationen notiert hat, die in ihrem Haus nach dem Tode einer alten, elfjährigen Katze auftraten, die der Liebling der Familie gewesen war.

Frau Schröder berichtet, dass ihre Mutter wiederholt von einem Kratzen an der Seite der Bettdecke geweckt wurde, ähnlich den Geräuschen, die die verstorbene Katze zu ihren Lebzeiten machte, bevor sie auf das Bett sprang. Diesem Kratzen folgte der Eindruck, dass eine Katze aufs Bett sprang und sich genau an der Stelle niederließ, wo ihr verstorbener Liebling *Hiddi* sich gewöhnlich zum Schlafen zusammenrollte.

Jedesmal, wenn das passierte, machte die Mutter der Erzählerin Licht, um nachzusehen, ob es sich nicht um das kleine Kätzchen *Micki* handelte; aber sie entdeckte unweigerlich, dass eben dieses Kätzchen tief schlafend auf seinem gewohnten Stuhl in der Zimmerecke lag. Was die Anwesenheit des verstorbenen *Hiddi* betraf, konnte man als einziges Indiz nur eine Kuhle in der Bettdecke feststellen, und zwar genau an der Stelle, wo Frau Schröders Mutter die Geisterkatze bei ihrem Zusammenrollen wahrgenommen hatte. Manchmal waren auch die Spuren von Pfoten zu sehen, die zu diesem Punkt führten.

Eine andere Situation, auf die sich das Tagebuch oft bezieht, betrifft die Umstände, unter denen die lebende kleine Katze wach wurde, als sich die tote Katze manifestierte. In solchen Fällen machte *Micki* einen Buckel und fauchte wütend zum Bett hinüber, sprang jedoch sofort danach mit einem großen Satz zur Tür und flüchtete in heller Panik aus dem Zimmer.

Eine andere interessante Erscheinung entsprach einer gewohnheitsmäßigen Geste der verstorbenen Katze, die gelernt hatte, mit ihren Pfoten Schränke und Türen zu öffnen, was sie auch nach ihrem Tode noch tat. Daher fand die Familie, die abends ordentlich die Schranktüren in der Küche geschlossen hatte, sie am Morgen so weit geöffnet, wie die verstorbene Katze sie aufzumachen pflegte. Das kleine Kätzchen, *Micki*, war noch weit von solchen Kunststückchen entfernt.

Zum Schluss kann man noch anmerken, dass die Mutter der Erzählerin, obwohl sie der Liebling der verstorbenen Katze war, nicht als einzige ihre Anwesenheit wahrnahm. Ihr Mann schrieb einen zusätzlichen Bericht, in dem er aussagte, dass er in den Stunden der Dämmerung oftmals die fluide Form der toten Katze hier oder dort in verschiedenen Ecken des Hauses zusammengerollt gesehen habe, die sie auch zu ihren Lebzeiten bevorzugt hatte. Das Hausmädchen sagte Ähnliches aus, wie auch drei weitere Freunde des Hauses.«

Das Phantom der weißen Katze

Marguerite Ferrè schrieb an die Direktion der Zeitschrift *Psychica* (1933):

Der in der Juli-Nummer von *Psychica* unter dem Titel »Geisterhunde« veröffentlichte Artikel veranlasste mich, meinerseits über zwei Fälle dieser Art zu berichten, von denen der eine ziemlich kurios ist. Beide widerfuhren mir persönlich vor einigen Jahren, als ich in der Nähe von Poitou lebte.

»Eines Abends wiegte ich meinen dreieinhalbjährigen Sohn in den Armen und sang ihm ein Wiegenlied vor, um ihn zum Einschlafen und dann ins Bett zu bringen. Der Raum war elektrisch erleuchtet. Ich befand mich allein in einem großen Raum mit zwei Betten, von denen eins nicht benutzt wurde, aber trotzdem bezogen war, einschließlich der Kopfkissen und der Bettdecke. Die Vorhänge und die Bettdecke waren von roter Farbe und mit Arabesken verziert.

Während ich sang und mein Kind in den Armen wiegte, sah ich plötzlich auf dem Bett sehr deutlich die Erscheinung einer weißen Katze, die sich stark von der kontrastierenden roten Farbe der Tagesdecke abhob. Sie erschien zuerst auf dem Kopfkissen, ging dann zum Fußende, sprang auf den Boden und ging auf die verschlossene Türe zu, wo sie sich spurlos auflöste. Während ich sie sprachlos anstarrte (denn ich besaß keine Katzen) merkte ich, dass auch mein Kind mit aufgerissenen Augen den Bewegungen der Katze folgte. Ich sagte zu ihm: »Paulchen, warum willst du heute abend nicht einschlafen? Was schaust du dir da so aufmerksam an?« Zu meiner großen Verwunderung sagte er: »Große weiße Katze.«

Einige Wochen später sah auch eine Freundin von mir, die zu Besuch gekommen war, eines Abends die gleiche weiße Katze, wie sie vom Kopfkissen des gleichen Betts herunterkam, es der Länge nach überquerte, auf die gleiche verschlossene Tür zulief und dort augenblicklich verschwand. Ich kann nur noch einmal sagen, es gab keine Tiere in unserem Haus, und auch diesmal waren Türen und Fenster fest verschlossen, weil es schon spät war.

Dieses Ereignis war seltsam und unerklärbar. Man bedenke auch, dass nicht nur ich allein die Geisterkatze wahrnahm. Auch mein Kind und meine Freundin sahen sie. Merkwürdig, aber unbezweifelbar wahr. Ich garantiere für die Wahrheit dessen, was ich hier geschrieben habe.«

Ein toter Hund erscheint auf einem Photo

Die vierteljährlich erscheinende Zeitschrift *Psychic Science* (1927) berichtet über ein Photo, bei dem auf der entwickelten Platte das Gesichtchen eines verstorbenen Hundes abgebildet ist. Der Direktor der Zeitschrift, J. Hewat Mackenzie, schickt dem Artikel folgende Anmerkungen voraus:

»Das Photo, von dem wir eine Vergrößerung abdrucken, ist wahrscheinlich einzigartig. Lady Hehir, der der hier abgebildete Hund gehörte, ist eine große Hundeliebhaberin. Von ihrem lebenden Hund wurde ein Photo aufgenommen, ohne die geringste Absicht, irgendetwas Anormales zu erhalten. Major T.R. Morse schrieb zu dem eingesandten Photo folgende Anmerkung: »Am Sonntag, dem 26. September 1926, nahm Frau Filson, eine Freundin der Familie, dieses Photo von Lady Hehir mit ihrer Schäferhündin *Tara* auf. Als sie die Platte entwickelte, erschien auf dem Rücken von *Tara* das Gesichtchen des Hündchens *Kathal*, das sein kurzes Leben mit Lady Hehir verbracht hatte und in ihren Armen am 12. August 1926 gestorben war. Die beiden Hunde waren unzertrennliche Freunde gewesen. Das Photo wurde an einer Stelle aufgenommen, an der die beiden miteinander zu spielen pflegten. Man sollte dazu auch wissen, dass das verstorbene Hündchen auf dem Rücken von *Tara* zu schlafen pflegte, und auf dem Photo erscheint seine kleine Schnauze genau an dieser Stelle. Der einzige Unterschied besteht darin, dass das Hündchen normalerweise auf dem Rücken der Schäferhündin Platz nahm, wenn sie sich an ihrem Hundeplatz hinlegte, während hier auf dem Photo *Kathal* auf der stehenden Hündin abgebildet ist.

Als man das Photo von *Tara* dem Stallmeister und anderen Personen zeigte, die das Hündchen gekannt hatten, ohne etwas zu erklären oder auch nur anzudeuten, erkannten alle erstaunt, aber ohne zu zögern, das Gesichtchen von *Kathal* auf dem Rücken von *Tara*.

Lady Hehir besitzt ein weiteres Photo, auf dem sich mit Hilfe einer Vergrößerungslinse die kleinsten Details des besagten Köpfchens erkennen lassen, wie etwa die kleinen Nasenlöcher, die langen Haare auf den Ohren und ein Fellbüschel auf dem Kopf.«

Lady Hehir hat die Photos von *Tara* und von *Kathal* zu ihren Lebzeiten nebeneinander aufgestellt. Auf letzterem ist ein Gesichtchen zu erkennen, das buchstäblich mit dem auf dem Rücken von *Tara* erschienenen identisch ist. Es handelt sich um einen nicht ganz gewöhnlichen Kopf mit großen, aufrecht stehenden Ohren, einem dichten Fell an den Ohren und einem Fellbüschel dazwischen. Der Vergleich zwischen den beiden Photos ist erstaunlich. Er macht nachdenklich.

Auch die Hunde hörten Schreie, die Trauerfälle ankündigten

Der folgende Fall wurde von Mrs. Sidgwick im Zuge ihrer Forschungen im Journal der »Society for Psychical Research« aufgenommen und von Myers im April 1888 überprüft.

Mrs. Cowpland Trelaor berichtet:

»In einer Juni-Nacht des Jahres 1863 wurden wir, meine Schwester und ich, in unserem Haus im Vikariat von Weeford plötzlich von jammervollen Schreien wach. Wir untersuchten jede einzelne Ecke des Hauses, das isoliert auf dem Land lag, konnten jedoch nichts entdecken. Bei diesem ersten Mal wurden weder unsere Mutter noch die Dienstboten von jenen Schreien wach; aber stattdessen entdeckten wir unsere scharfe Bulldoge, die sich unter einem Holzstoß versteckt hatte und vor Angst zitterte. Am 28. Juni, also im gleichen Monat, starb unsere Mutter.

Als diese Erscheinung zum zweiten Mal auftrat, war sie wesentlich erschreckender. Dies geschah im gleichen Vikariat im August 1879. Unser Vater war seit längerem Invalide, aber sein Zustand hatte sich nicht verschlechtert. Am Sonntag, dem 31. August, las er noch die Messe in der Kirche, obwohl er bereits neun Tage später sterben sollte. Die Familie bestand damals aus unserem Vater, uns beiden Schwestern, einem Bruder, zwei Bediensteten und dem Zimmermädchen. Wir schliefen alle in getrennten Zimmern in verschiedenen Teilen des Hauses, das für ein Pfarrhaus ziemlich groß war.

Es war eine ruhige, klare Nacht in den letzten August-Tagen. Es gab in der Nähe weder eine Eisenbahn noch andere Häuser oder Straßen, auf denen verspätete Passanten vorbeikommen konnten. Die Stille war total und die Familie lag in tiefem Schlaf, als wir alle, außer unserem Vater, um Schlag Mitternacht von verzweifelten, schrecklichen Schreien geweckt wurden, die keine Ähnlichkeit mit menschlichen Stimmen hatten, aber den Schreien glichen, die wir vor dem Tode unserer Mutter gehört hatten. Sie waren jedoch ungleich intensiver. Sie kamen aus dem Flur, der zum Schlafzimmer unseres Vaters führte. Sowohl meine Schwester als auch ich standen auf (niemand hätte bei diesen Schreien schlafen können), zündeten eine Kerze an und gingen auf den Flur hinaus, ohne uns anzukleiden. Dort trafen wir auf unseren Bruder und die drei Bediensteten, die alle genauso erschrocken waren wie wir. Obwohl die Nacht so ruhig war, wurden diese verzweifelten Schreie von Windstößen begleitet, die sie zu übertragen schienen. Man hätte sagen können, dass sie aus der Zimmerdecke kamen. Sie dauerten etwas mehr als eine Minute und verschwanden dann durch ein Fenster.

Ein seltsamer Umstand bei diesem Ereignis bestand darin, dass die drei Hunde, die wir besaßen, sich sofort mit gesträubtem Nackenfell versteckten. Die Bulldogge war unter das Bett gekrochen und ich schaffte es nicht, sie darunter hervorzulocken und mußte sie mit Gewalt herausziehen, wobei ich merkte, dass sie von einem krampfhaften Zittern geschüttelt wurde.

Wir liefen in das Zimmer unseres Vaters und fanden ihn friedlich schlafend vor! Am nächsten Tag deuteten wir ihm vorsichtig an, was wir in der letzten Nacht erlebt hatten. Wir kamen zu der Überzeugung, dass er nichts gehört hatte. Da es nun aufgrund dieser verzweifelten Schreie unmöglich war, normal zu schlafen, lag die Vermutung nahe, dass sie für ihn bestimmt gewesen waren. Etwa fünfzehn Tage später, genauer gesagt am 9. September, starb unser Vater.

Ich heiratete im Jahre 1885 und zog nach Firs (Bromyard), wo ich mit meiner Schwester zusammenlebte. Mein Bruder wohnte fünf Meilen entfernt von uns und war zu der Zeit bei guter Gesundheit. In einer Nacht Mitte Mai hörten wir beiden Schwestern, das Dienstmädchen Emilia Corbett und die anderen Bediensteten (mein Mann war nicht da) erneut diese verzweifelten Schreie, die jedoch diesmal nicht so heftig waren wie beim letzten Mal. Wir standen auf und untersuchten das ganze Haus, ohne etwas zu finden. Am 26. Mai 1885 starb unser Bruder.«

Unterschrieben: Mrs. Cowpland Trelaor, Mrs. Cowpland Gardiner, Emilia Corbett.

Der Hund des Kanzlers spürt den nahenden Tod seines Herrn

Die deutsche *Zeitschrift für Metapsychische Forschung* (1933) beschäftigte sich mit dem Tode des deutschen Kanzlers Dr. Cuno. Sie berichtete darüber, was in der letzten Phase seiner Krankheit geschah. Unter anderem steht dort:

Der Kanzler besaß einen Schäferhund namens Aco, der eine Vorahnung vom unerwarteten Tode seines Herrn hatte. Seit dem Beginn seiner Krankheit hatten sich abrupt seine Gewohnheiten und sein Temperament geändert; am Morgen des Tages, an dem der Kanzler starb, als noch niemand wusste, dass er sterben würde, begann Aco ein düsteres, ja herzzerreißendes Geheul und Stöhnen von sich zu geben, ohne wieder aufzuhören. Man musste ihn wegbringen und einsperren, aber der Hund fuhr trotzdem ohne Ende fort zu heulen und zu stöhnen. In dem Moment, als sein Herr den letzten Atemzug aushauchte, begann er verzweifelt zu bellen.

Die Zeitschrift enthält dazu die Anmerkung, dass solche Fälle nicht etwa selten sind, sondern häufig vorkommen und weitläufig bekannt sind.

Eine weitere Geschichte über Vorahnung bei Hunden

J.N.D. Miller erzählt in seinem Buch *From the Other Side* von den medialen Erfahrungen mit seinem im ersten Weltkrieg verstorbenen Sohn Harry. Dazu zitiert er erstaunliche Beweise der Identifizierung.

»Eines Abends, während die Hand des jungen Mediums automatisch eine Botschaft von meinem Sohn aufschrieb, hörten wir plötzlich einen Hund in der Nachbarschaft, der ein düsteres Heulen von sich gab. Es war eine besondere Art des Heulens, das im Volksmund als schlechtes Vorzeichen gilt. Ich fragte Harry, ob er dieses Heulen auch hören könne, und er sagte ja. Daher fragte ich ihn, ob er mir sagen könne, was das bedeute. Er antwortete: »Ich versuche, dort hin zu gehen, um den Grund herauszubekommen.« Nach wenigen Minuten kam er zurück. Die kleine Hand der jungen Frau zuckte, dann schrieb sie schnell: »Der Hund hat den Engel des Todes gesehen. Wenige Türen von deinem Haus entfernt, steht das Ereignis des Todes bevor; dort befindet sich bereits eine spirituelle Wesenheit, die darauf wartet, die 'Lebensschnur' des Sterbenden zu durchtrennen.«

Am nächsten Morgen schaute ich aus dem Fenster, um zu sehen, ob in der Nachbarschaft Häuser mit geschlossenen Fensterläden zu sehen waren. Es stimmte genau: Drei Häuser weiter waren in einer Wohnung alle Läden verschlossen. Ein Familienmitglied war unvermittelt in der Nacht zuvor verstorben.«

Rudolfo Valentino und die heulenden Hunde

Der folgende Zeugenbericht stammt aus dem Buch 'Rudy' von Natacha Ranibowa. Sie führt darin eindrucksvolle Beweise der Identifizierung an, die sie durch Channeling von dem berühmten Kinostar Rudolfo Guglielmi, bekannt als Rudolfo Valentino, erhielt. Sie war die geschiedene Frau Valentinos.

In seiner elften Botschaft informiert Rudolfo Valentino Natacha, dass Tiere über ihren Tod hinaus leben, weil sie auch als inkarnierte Wesen Geister wie alle anderen Wesen sind – auch wenn sie sich noch in weniger entfalteten Phasen der Existenz befinden, was die unendliche Abstufung der universellen Evolution betrifft. Er fügte hinzu, dass die höheren Tiere mit der Fähigkeit begabt sind, in die astrale Welt zu 'sehen'. Danach fuhr er mit folgenden Worten fort: »Wieso stoßen Hunde beim nahenden Tode eines geliebten Wesens ein düsteres Geheul aus? Ist das etwa Zufall? Überhaupt nicht: Es geschieht, weil die paranormalen Fähigkeiten der Wahrnehmung, die Hunde besitzen, sie in die Lage versetzen, die feinen Veränderungen im Organismus einer Person zu bemerken, wenn diese sich der 'großen Stunde' des Übergangs in eine andere Phase der Existenz nähert. Dieser Übergang besteht in der geheimnisvollen Befreiung des Geistes von den Bindungen an den Körper. Er strahlt daher spezielle Schwingungen aus, von denen die Hunde, die sie wahrnehmen, instinktiv terrorisiert sind... Mein Kollege Henry Watts (ein Künstler, der vor Rudolfo Valentino starb) teilte mir mit, dass 'die Schwingungen des Todes' sichtbar werden können und als grau-malven-farbig erscheinen. Sie können auch hörbar werden und als ein langer, monotoner, düsterer Klang wahrgenommen werden.«

Der Neufundländer des russischen Grafen

P. G. Leymarie, der Direktor der *Revue Spirit*, veröffentlichte in der *Rivista di Studi Psichici* (1900) folgendes Erlebnis:

Eines Tages, im Januar 1887, saß Frau Bosc am Kamin unseres Hauses in der Rue de Lille 7 in Paris, als Graf De Lvoff, der aus Russland kam, uns zum ersten Mal besuchte. Wir machten ihn mit Frau Bosc bekannt. Während ich schrieb, unterhielten sich die beiden. Plötzlich sagte Frau Bosc: »Ich sehe an Eurer Seite einen Hund, der Euch sehr zugetan ist. Es ist ein weißer Neufundländer mit schwarzen Ohren und Pfoten und einem schwarzen Stern auf der Stirn. Er trägt ein silbernes Halsband, das mit einem Kettchen verschlossen ist und auf dem 'Sergio De Lvoff' steht (und der Name des Hundes, an den Leymarie sich nicht erinnerte). Er hat einen schönen langen Schweif, und er streichelt Euch, während er Euch fest in die Augen schaut.«

Bei diesen Worten füllten sich die Augen von De Lvoff mit Tränen, und er sagte: »In meiner Kindheit war ich überaktiv und schwer zu erziehen; daher gaben mir meine Eltern einen Hund zur Seite, den Ihr gerade so genau beschrieben habt. Er hat mir mehrmals das Leben gerettet, indem er mich aus dem Fluss fischte, in dem ich zu ertrinken drohte. Als ich zwölf Jahre alt war, starb dieser treue Freund, den ich wie einen Bruder beweinte. Daher bin ich glücklich darüber, ihn wieder an meiner Seite zu wissen, und sicher, dass unsere lieben Begleiter eine 'intelligente Seele' haben, die den Tod des Körpers überdauert, und einen 'Geist', mit dem sie ihren Körper wieder von neuem manifestieren können, einschließlich des Halsbandes und der Inschrift. Außerdem kann ich in Ihnen ein machtvolles Medium erkennen, das in mir Erinnerungen an Zeiten vor vierzig Jahren geweckt hat. Ich danke Ihnen, gnädige Frau, Gott segne Sie.«

Frau Bosc sah, dass der Hund eine große Freude zeigte. Dann löste er sich nach und nach auf. Ich muss dazu sagen, dass wir Graf De Lvoff nicht erwartet hatten und Frau Bosc ihn zum ersten Male sah. Die beiden hatten vorher keinerlei Kontakt miteinander gehabt. Ich für meinen Teil hatte nicht gewusst, dass der Hund des Grafen *Sergio* hieß.

Ein hellsehendes Kind nimmt die Hündchen des Vaters wahr, die vor drei Jahren gestorben waren.

Frank T. Harris berichtet in der Zeitschrift *Light* (1906) über den Tod eines knapp siebenjährigen Kindes, das gesunde, kräftige Eltern hatte und seinerseits frei von jeder Art neuropathischer Probleme war, obwohl es sich von Geburt an als hellsichtig erwiesen hatte.

Bereits seit den ersten Monaten seines Lebens hatten die Eltern beobachtet, dass er Dinge sah, die für andere nicht existierten; über diese Besonderheit war in der Familie oft gesprochen worden. Noch bevor er sprechen konnte, zeigte er sich oft verängstigt durch irgendetwas Unsichtbares. Bei anderen Gelegenheiten hingegen schien er über etwas zu jubeln, das er sah, und streckte seine Ärmchen nach einem Wesen aus, das nur für ihn existierte.

Als er noch nicht ganz zwei Jahre alt war, spielte er eines Tages im Schlafzimmer, etwa drei Meter von seinen Eltern entfernt, als er plötzlich von einer großen Furcht befallen wurde und schreiend zu seiner Mutter lief. Als sie ihn fragte, wovor er sich fürchtete, stellte sich heraus, dass er zwei kleine Hunde gesehen hatte; einer war rot, einer schwarz. Der Vater nahm ihn auf den Arm und versuchte, ihn zu beruhigen, indem er ihm sagte, dass diese Hündchen mit ihm spielen wollten.

Einige Tage später geschah das gleiche Ereignis unter den gleichen Umständen und im gleichen Zimmer von neuem. Er rannte wieder zu seinem Vater, erschreckter denn je vom Anblick der besagten Hündchen, und versuchte, sich in die Arme seines Vaters zu retten. Dieser beruhigte ihn und sagte, die Hündchen wollten ihm nichts Böses tun, und damit begann er sie zu rufen, zuerst mit einem Pfiff, dann mit einem Schnalzen der Finger, und streichelte die Luft in seiner Nähe. Das Kind fühlte sich davon ermutigt, es ihm nachzutun, und sein Staunen kannte keine Grenzen, als er merkte, dass er sie nicht berühren konnte. All das hatte dennoch den wohltuenden Effekt, seine Furcht zu zerstreuen; und obwohl er die Hündchen noch oft sah, hatte er keine Angst mehr vor ihnen.

Dazu muss man anmerken, dass der Vater des hellseherischen Kindes zwei Setterhunde besessen hatte, einen roten und einen schwarzen, die jedoch drei Jahre zuvor gestorben waren.

In dem hier dargestellten Fall hat die Beziehung zwischen den Geisterhunden, die dem Kind erschienen, und den Hunden von der gleichen Farbe, die sein Vater drei Jahre zuvor besessen hatte, eine theoretisch wichtige Bedeutung. In Übereinstimmung damit kann man die Vermutung nicht völlig ausschließen, dass das Kind die Gedanken seines Vaters gelesen hat. Aber diese Annahme erweist sich als wenig wahrscheinlich, wenn man bedenkt, dass das Kind seit seiner Geburt hellseherisch begabt war, also gleichzeitig andere Visionen von verschiedenster Art erlebte, die nicht mit Gedankenübertragung zu erklären sind, und dass die Geister der Hunde ihm so oft erschienen, dass er sich schließlich an sie gewöhnte. Dieser Umstand ist schlecht mit der Hypothese der Gedankenübertragung durch die Mutter oder den Vater zu vereinbaren, die jedesmal an die Hunde hätten denken müssen, wenn das Kind sie sah. Trotzdem bleibt die Entstehungsgeschichte dieses Falls zweifelhaft.

Das Kind des Mediums spielt mit Lassie (aber Lassie ist tot)

Horace Leaf, ein berühmter englischer Vortragsreisender und Schriftsteller, der mit medialen Fähigkeiten begabt war, berichtet in *Psychic News* (1934) über wiederholte Erscheinungen von einem Hund, die sein eigenes Kind wahrgenommen hatte.

In unserem Forschungsgebiet sind die Zeugenberichte von Kindern von besonderem Wert, wobei diese wiederholt und mit bedachter Sorgfältigkeit beobachtet werden sollten, um sicher zu gehen, dass es sich nicht um reine Phantasie handelt. Das geschah meinem Sohn, als er noch klein war. Er sah täglich unsere verstorbene Hündin Lassie und spielte mit ihr.

Der Berichterstatter beschreibt ausführlich Lassies Geschichte; sie war keine reinrassige Hündin und nicht besonders schön, aber von außergewöhnlicher Intelligenz und einem ausgeprägten Mutterinstinkt, der sich darin ausdrückte, dass sie sich liebevoll um das Kind kümmerte, es beschützte und verteidigte. Dann fuhr er fort: »Auch nach ihrem Tod erfüllte die Hündin noch lange ihre Aufgabe als Wächterin und Spielgefährtin meines Sohnes; das Kind wartete jeden Tag auf das Eintreffen seiner Gefährtin, der Hündin, als ob es sich dabei um etwas ganz Normales handelte.

Ich streite nicht ab, dass ein orthodoxer Psychologe darin einfach nur eine Illusion des Kindes und nichts anderes sehen würde; aber weder der genannte Psychologe noch die Eltern des Kindes hätten es davon überzeugen können. Inzwischen ist es zum Manne herangewachsen und immer noch felsenfest davon überzeugt, dass es mit Sicherheit seine gute Lassie war, die jeden Tag aus dem Jenseits zu ihm kam.«

Ein ermordeter Bulldog-Kampfhund führt die Verhaftung seines Herrn herbei

In Arthur Hills Buch *Man is a Spirit* ist folgende Geschichte zu lesen, die dem Autor von Janet Holt eingeschickt wurde:

»Mein Mann brachte eine Tages eine große Bulldogge mit nach Hause und sagte, er würde damit viel Geld verdienen, wenn er ihn als Favorit bei Hundekämpfen unter Bulldoggen einsetzte. Der Hund hieß *Carlo*; er war ein gutes, treues Tier, das ich sehr liebgewann. Er gewann zahlreiche Kämpfe, aber einmal wurde er geschlagen; mein Mann, der sich über diese Niederlage ärgerte, vergiftete ihn und warf ihn in den Fluss.

Nach einigen Jahren, als ich den armen *Carlo* schon fast vergessen hatte, wurde ich eines Nachts schlagartig wach, als ob mich jemand zu diesem Zweck geschüttelt hätte, und sah mich von einem seltsamen Licht umgeben. Ich setzte mich auf und sah zu meinem grenzenlosen Erstaunen *Carlo* auf der Matratze neben mir sitzen. Er erschien in normalen Proportionen und war völlig mit dem Hund identisch, der er zu seinen Lebzeiten gewesen war. Er schaute mich eine Zeitlang eindringlich an, dann löste er sich langsam auf. Am nächsten Morgen wurde mein Mann verhaftet. Vielleicht hatte *Carlo* sich manifestiert, um mich zu warnen. Mein Mann war ein sehr schlechter Mensch; ich musste mich für immer von ihm trennen. Er hält sich jetzt in Amerika auf.«

Unterschrieben von Janet Holt

Floras Geist erscheint für einen Augenblick der Freundin ihres Herrn

Der Graf von Tromelin, ein bekannter Forscher auf dem Gebiet des Paranormalen und Autor von Büchern zu diesem Thema, teilte der *Revue Morale et Scientifique du Spiritisme* (1913) die beiden folgenden Fälle mit, die er selbst erlebte.

»Bis zum März 1913 besaß ich eine schöne Hündin namens *Flora*, die einen Welpen mit dem Namen *Radium* bekommen hatte. Dieser Welpe war der Mutter sehr ähnlich, außer einem weißen Stern auf der Stirn, den *Flora* hatte. Abgesehen davon war das Fell von beiden ganz gleich.

Am 25. März wurde *Flora* von einem Auto überfahren. Sie lag im Sterben, als man sie mir in die Villa zurückbrachte, und trotz liebevoller Pflege starb sie bald, zu unserem großen, aufrichtigen Leid. Ihr Sohn *Radium* blieb in der Villa allein. Und hier fand das merkwürdige Ereignis statt, das ich vor ein paar Tagen erlebte. Vor meinem Haus liegt eine große Terrasse, auf der ein Marmortisch steht, und rechts vom Eingang *Radiums* Hundehütte. An einem Tag im April, es war so etwa 11 Uhr morgens, saß ich an dem eben genannten Tisch und unterhielt mich mit Frau Meille. Ich saß so, dass ich die Hütte des Hundes vor mir hatte, dessen gelbe Pfoten aus der Tür schauten, während Frau Meille ihr den Rücken zudrehte und ihr Blick auf die linke Seite der Terrasse ging. Wir sprachen seit etwa fünf Minuten über unwichtige Dinge, als ich sah, wie Frau Meille sich für einen Moment umdrehte, *Radiums* Hütte anschaute und dann ausrief: »Ach herrjeh! Das ist ja außerordentlich! Das war doch *Flora*, wenn *Radium* in der Hütte liegt!«

Ich bat sie um eine Erklärung für diese Worte und bestätigte: »Ja, *Radium* ist in seiner Hütte, aber wo hast du *Flora* gesehen?«

Frau Meille streckte ihren Arm aus und zeigte auf die Stelle, wobei sie den Vorfall mit folgenden Worten beschrieb, die ich sofort schriftlich festhielt:

»Während wir uns unterhielten, sah ich einen Hund, der auf der linken Seite der Terrasse hockte. Da, an dieser Stelle! (Sie zeigte mit dem Finger darauf). Ich hatte ihn mit *Radium* verwechselt, denn ich konnte mir bestimmt nicht vorstellen, dass ich die arme *Flora* vor mir hatte, von der ich wusste, dass sie tot war. Dennoch glich der *Radium*, den ich da sah, so auffällig *Flora*, dass ich dachte: 'Wenn ich nicht wüßte, dass *Flora* tot ist, könnte ich schwören, dass dieser Hund, der mich da anschaut, *Flora* ist.' Und tatsächlich war die Täuschung perfekt, denn jener Hund schaute mich nicht nur mit dem gutmütigen, sanften und melancholischen Blick von *Flora* an, sondern trug auch ihren weißen Stern auf der Stirn. Aber ich war zu weit davon entfernt, ernsthaft zu denken, dass *Flora* wieder da war, daher nahm ich an, der weiße Stern sei ein Lichteffekt. Außerdem fragte ich mich, wieso *Radium*, der sich immer gern in der Sonne ausstreckte, diesmal im Schatten lag. Während ich noch darüber nachdachte, hörte ich jedoch das typische Geräusch eines Hundes, der sich in seiner Hütte kratzt. Da drehte ich mich einen Augenblick lang um, weil ich nachschauen wollte, und blickte danach sofort wieder auf den anderen Hund, der seit fünf Minuten vor mir lag. Aber in dem kurzen Moment, wo ich mich umdrehte, war er verschwunden. Daher mein erstaunter Ausruf, denn nun hatte ich den Beweis, dass dieser Hund, der im Schatten vor mir gelegen, mich angeschaut hatte und der so sehr *Flora* ähnlich sah, wirklich sie selbst war, die für einen Moment zu uns zurückgekehrt war.«

Der Hund, das Kind und die Schutzengel

Das folgende Erlebnis stammt aus dem dritten Band der Veröffentlichungen der »Society for Psychical Research«. Es ist ein Teil der Berichte von Dr. Hodgson über die Erfahrungen einer Frau Piper. (Überliefert von J.Roger Reach.)

»Ich gab dem Medium ein Hundehalsband. Nachdem sie es eine Zeit lang betastet hatte, erkannte Dr. Phinuit (der Geistführer von Frau Piper), dass es einem Hund, den ich einmal besaß, gehört hatte. Ich fragte daher, ob es in der geistigen Sphäre, in der er sich befand, Hunde gäbe. Er antwortete: »Hier sind tausende davon.« Dann fügte er hinzu, er werde versuchen, mit dem Halsband, das ihm gehört hatte, die Aufmerksamkeit meines Hundes auf sich zu ziehen. Während wir uns noch unterhielten, unterbrach er sich plötzlich und rief: »Da ist er, hier kommt er! Ich glaube, er weiß schon, dass Ihr bei mir seid, denn wie ich sehe, kommt er von weither.« Dann beschrieb er mir das Aussehen des Tieres, auf das er sich bezog, das genau mit dem meines Hundes, eines Collies, übereinstimmte. Zum Schluss sagte er: »Rufen Sie ihn jetzt, Herr Reach.« Ich gab den Pfiff von mir, mit dem ich ihn immer gerufen hatte, und Phinuit rief aus: »Da kommt er! Wie schnell er rennt! Er fliegt förmlich. Jetzt ist er hier und springt freudig um euch herum. Rover! Rover!...Nein: Grover, Grover! So heißt er.« Tatsächlich hieß der Hund Rover, aber 1884 änderte ich seinen Namen in Grover, zu Ehren des neu gewählten Präsidenten Grover Cleveland«.

Der hier dargestellte Vorfall enthält, für sich allein gesehen, keine Umstände, die es wert sind, ihn von den üblichen Fällen des 'telepathischen Hellsehens' zu unterscheiden. Aber ein weiteres Ereignis bringt uns dazu, ihn unter die 'telepathisch-spiritistischen'

Vorfälle einzureihen. Der Erzähler fährt nämlich folgendermaßen fort:

»Unter den vielen Dingen, die Dr. Phinuit mir enthüllte, war folgendes: Er sagte mir, neben mir stünde ein kleines Mädchen, die sich ständig in meiner Nähe aufhielte und einen großen Einfluss auf mich ausübte, da dieses Kind mit mir blutsverwandt sei und es sich um eine meiner Schwestern handelte. Ich antwortete, dass ich keine Schwestern besäße und noch nie welche gehabt hätte. Er fügte hinzu: »Ich sah Eure Antwort voraus, denn ich wusste, dass Euch nie jemand von Eurer verstorbenen kleinen Schwester erzählt hat. Es handelt sich um ein Kind, das vorzeitig verstorben ist. Dies geschah viele Jahre, bevor Ihr auf die Welt gekommen seid. Wenn Ihr nach Hause kommt, fragt Eure Tante danach.« Das tat ich und erfuhr zu meinem großen Staunen, dass Phinuit die Wahrheit gesagt hatte. Meine Tante sagte, das der Tod meiner kleinen totgeborenen Schwester bereits vergessen gewesen sei, als ich zur Welt kam, und dass danach nie wieder ein Grund bestanden hätte, mir davon zu erzählen.«

Die Katze kehrt zu ihrem Frauchen zurück, um Mäuse zu jagen

Ernest Duxbury berichtet in der Zeitschrift *Light* (1921) folgendes Erlebnis.

»Die Frage des Überlebens der Tierseele kann wissenschaftlich nur so gelöst werden: Man muss eine ausreichende Zahl von gut gesicherten Fakten sammeln, die den Beweis eines solchen Überlebens erbringen. Die philosophischen Erörterungen zu diesem Thema sind unweigerlich überflüssig.

Das folgende Ereignis liegt noch nicht lange zurück, und ich habe mich entschlossen, es zu veröffentlichen, weil ich seiner Echtheit sehr sicher bin, egal, welchen Schluss man aus diesem Ereignis ziehen will. Es geschah einer ehrbaren Dame aus meiner Bekanntschaft, die über mediale Fähigkeiten verfügt, obwohl sie diese nie weiter entwickelt hat. Ich möchte hinzufügen, dass ich persönlich über die Umstände informiert bin, die diese Dame in die Umgebung führten, wo sich das Ereignis abspielte. Der Bericht, den ich hier wiedergebe, ist von ihr selbst, von der ich nur die Anfangsbuchstaben ihres Namens N.Y.Z. wiedergeben darf, verfasst und unterschrieben. Sie erzählte folgendes: »Da ich erst vor kurzem aus dem Ausland in England angekommen war, musste ich in einem alten Haus in London ein möbliertes Zimmer mieten; bald darauf merkte ich, dass dort Mäuse hausten, die nachts allen möglichen Lärm machten, herumliefen und fiepten. Um mich vor diesen wenig sympathischen Gästen zu schützen, lieh ich mir eine schöne kleine Katze aus, die sich gleich von Anfang an bei mir wohlzufühlen schien. Ich bin eine Liebhaberin der Katzen, und die kleine Katze beantwortete meine Liebesbezeugungen ihrerseits mit Zärtlichkeiten. Sie schlief in meinem Bett und legte ihre Vorderpfoten um meinen Hals, wobei sie kräftig schnarchte, so dass ich fast nicht schlafen konnte. Leider wurde diese Katze krank. Eines Abends kehrte ich gegen 22.00 Uhr nach Hause zurück und fand sie zu meinem großen Bedauern tot vor.

Noch in der gleichen Nacht begannen die Mäuse wieder ihr Unwesen zu treiben. Daher beschloss ich, die Gaslampe anzuzünden und zu lesen, denn ich wagte es nicht, in solcher Gesellschaft einzuschlafen. Aber der Gasvorrat, der auf Zähler lief, war fast verbraucht, und gegen drei Uhr morgens ging die Flamme aus. Daher zündete ich ein Nachtlicht an und verkroch mich unter der Bettdecke, weil die Anwesenheit dieser Nagetiere mir Ekel und

Angst verursachte. Plötzlich hörte ich das Kätzchen wieder laut schnarchen. Ich lauschte etwa eine Minute lang, dann beschloss ich, den Kopf zu heben und nachzusehen, denn ich wollte diesem seltsamen Fall nachgehen. Ich sah an einer Seite des Bettes, gegenüber der Wand, auf der Höhe von meinem Kopf, eine Art stumpfe Scheibe mit einem Durchmesser von etwa 30 cm, in deren Mitte nach und nach die Umrisse einer schwarzweißen Katze entstanden, die mit der vor kurzem verstorbenen völlig identisch war. Sie schaute mich an und bewegte wiederholt ihren Kopf auf eine Art, wie es das tote Kätzchen getan hatte. Dann wurde ihr Körper einige Sekunden lang transparent, er nahm jedoch sofort wieder eine stumpfe Form an, die dichter als vorher war. Dann sah ich, wie das Kätzchen nach oben schaute, so als ob dort jemand wäre. Diese Erscheinung war so wirklich, dass ich mit dem ins Leben zurückgekehrten Kätzchen zu sprechen begann, wie ich es tat, als es noch lebte. Aber plötzlich löste sie sich auf. Insgesamt dauerte dieses Phänomen nur kurze Zeit, aber ich wurde in der ganzen Nacht nicht mehr von den Mäusen gestört, obwohl ich nur in langen Abständen kurz einschlafen konnte.«

Tramp wacht auch als toter Hund

Der folgende Zeugenbericht stammt aus der Zeitschreift *Light* (1925). Mary Barnard erzählt:

»Ich besaß einmal einen Rauhaarterrier. Er hieß *Tramp* und war der intelligenteste und treueste Hund, den ich je hatte. Er starb in hohem Alter. Sechs Monate nach seinem Tode befand ich mich eines Tages allein im Haus, als ich deutlich das grelle 'Alarmbellen' durchs Haus schallen hörte, mit dem *Tramp* die Anwesenheit von Eindringlingen signalisierte. Ich dachte: »Was ist nur los?

Es ist *Tramp*, der da bellt, aber das kann doch nicht sein.« Sogleich folgten drei weitere scharfe, mächtige Alarmsignale. Ich stand sofort auf und lief zur Haustür, aber als ich am Treppenabsatz ankam, sah ich einen Mann, der vorsichtig heraufkam, ohne Schrittgeräusche zu machen. Erschrocken begann ich nach meinem Mann zu rufen (der jedoch nicht da war) und schrie: »Komm schnell, komm her! Da ist ein Mann im Haus.« Der Einbrecher floh sofort Hals über Kopf. In der gleichen Nacht wurde im Nachbarhaus eingebrochen. Man könnte sagen, dass der treue *Tramp* mich auch als Geist beschützt hat. Tatsache ist jedenfalls, dass diese scharfe Art zu bellen ganz typisch für ihn war.«

Die alte Katze kommt zurück, um ihre Besitzerin und deren neue Katze zu besuchen

Auch die folgende Geschichte stammt aus der Zeitschrift *Light* (1926). Mrs. S. Eadon Graven schrieb:

»Mir ist etwas Seltsames passiert, das auf ein Fortleben der Tiere nach ihrem Tode hindeutet.

Als ich einmal das Haus einer Freundin betrat, bemerkte ich eine Katze, die uns in den Salon folgte. Meine Freundin und ich saßen einander gegenüber und die Katze rieb sich mit gekrümmtem Rücken lustvoll an den Röcken der Freundin. Danach schaute sie mich mit seltsam durchdringendem Blick lange an: Daraufhin begann sie, mit steil aufgerichtetem Schwanz, geruhsam zwischen uns beiden hin und her zu spazieren, um sich dann schließlich unter dem Tisch zusammenzurollen.

Als wir uns etwa eine halbe Stunde lang unterhalten hatten, war außerhalb des Salons ein schwaches Mauzen zu hören. Meine Freundin bemerkte: »Entschuldige, ich gehe die Katze holen. Ich habe sie vor einer Stunde gesucht, aber nicht gefunden. Ich glaube, sie ist irgendwo eingeschlossen.« Ich fügte hinzu: »Aber nein, meine Liebe, sie ist doch mit dir in den Salon gekommen und liegt jetzt unter dem Tisch.« Wir schauten also unter dem Tisch und auch sonst überall nach, aber die Katze war nicht mehr da. In der Zwischenzeit hatte das Miauen von draußen wieder angefangen. Meine Freundin ging in die Richtung, aus der es kam, und öffnete die Tür eines Zimmers, in dem tatsächlich die Katze eingeschlossen gewesen war, und brachte sie mit in den Salon. Es war eine braune, schwarzgestreifte Katze, ganz anders als die, die ich gesehen hatte, die ganz weiß gewesen war, Fell, Pfoten und Schnauze und eine Narbe auf der Nase hatte. Sie hatte grüne, lebhafte Augen, die mich seltsam eindringlich ansahen. Ich fragte daher: »Hast du noch eine Katze?« »Nein«, antwortete sie. Daher beschrieb ich ihr den Geist der Katze, den ich gerade gesehen hatte. Sie rief erstaunt aus: »Unglaublich! Was du da gerade beschrieben hast, war genau meine erste Katze, die im letzten Juni gestorben ist und eine Narbe auf der Nase hatte!«

Eine Katze kehrt nach dem Tod zurück, um ihre kranke Besitzerin zu besuchen

In der Zeitschrift *Psychic Research* (1928) veröffentlichte Nora Chesson den folgenden Bericht.

»Eine unvorhergesehene Erkrankung hatte mich eine Woche lang gezwungen, im Bett zu bleiben. Ich hatte mich während dieser Zeit gewundert, dass meine kleine Katze *Minnie* nie kam, um mich im Zimmer zu besuchen, wie sie es sonst tat. Aber alles in allem nahm ich an, ihre plötzliche Gleichgültigkeit meinen Zärtlichkeiten gegenüber hinge mit ihrer mütterlichen Hingabe an ihren Wurf kleiner Katzen, den sie gerade aufzog, zusammen, obwohl sie bereits sechs Wochen alt waren.

Am ersten Tag meiner Rekonvaleszenz, ich begann bereits aufzustehen und mich in den Sessel zu setzen, bemerkte ich, dass die halb verschlossene Tür meines Zimmers sich scheinbar ohne äußeres Zutun ein wenig öffnete; dann erschien jedoch gleich meine *Minnie*. Sie kam zu mir, rieb liebevoll ihr gestreiftes Fell an meinem Rock in einer Begrüßung, mit der sie mir gute Besserung wünschte. Dann nahm sie mit einer graziösen, ihr ganz eigenen Geste meine Hand zwischen ihre Pfoten und leckte mir die Finger. Während ich sie an ihrer weißen Kehle kraulte, spürte ich ihr vibrierendes Schnurren. Danach drehte sich *Minnie* brüsk um und trottete davon.

Als das Zimmermädchen kam, um mir mein Frühstück zu bringen, sagte ich zu ihr: »Endlich ist *Minnie* zu mir gekommen; ich wundere mich, dass es so lange gedauert hat, bis sie sich an ihre Pflichten erinnerte.« Das Mädchen sah mich entgeistert an; dann sagte sie: »*Minnie* ist seit zwei Tagen tot. Wir haben sie im Garten begraben. Ihre Kleinen mauzen ohne Ende. Ihre Mutter hat angeordnet, Ihnen nichts davon zu sagen, bis sie wieder gesund sind, weil sie wusste, wie sehr sie an dem Kätzchen gehangen haben.«

Diese traurige Nachricht war leider wahr. Der Gärtner hatte einen kleinen Grabstein auf die Stelle gesetzt, an der sie beerdigt worden war. Und dennoch war *Minnie* gekommen, um mich zu meiner Genesung zu beglückwünschen! Wird es je möglich sein, ein solches Ereignis wissenschaftlich zu erklären? Mir ist es gleich; denn ich weiß, dass solche Erscheinungen vorkommen.«

Das Hündchen unter dem Tisch

Ada Galsworthy, die Frau des Romanschriftstellers, hat ein Buch mit dem Titel *Unsere guten Hunde* veröffentlicht, in dem sie unter anderem darüber berichtet, wie ihr verstorbenes Lieblingshündchen ihr erschienen ist. Er hieß *Chris.* Man beachte, dass ihr Ehemann ebenfalls in seinen *Erinnerungen* von dem Hündchen *Chris* erzählt, dessen Intelligenz und Zuneigung er bewundert. Die Autorin erzählt den Vorfall mit folgenden Worten.

»Zwölf Tage nach seinem Tod ist das Hündchen *Chris* mich besuchen gekommen. Es geschah während eines Essens mit Gästen, also in einem für solche Manifestationen wenig geeigneten Moment.

Ich saß an meinem üblichen Platz, mein Mann mir gegenüber. Die zum Fenster zeigende Seite des Tisches war unbesetzt; auf der gegenüber liegenden Seite saß hingegen ein Gast.

Chris erschien mir so, wie er im Leben war, als er noch ganz gesund war. Er manifestierte sich an der freien Seite des Tisches und kam mir mit seinen weichen Schritten entgegen. Das hinderte mich jedoch nicht daran, das leichte Klicken seiner Fußnägel auf dem Holzboden zu hören. Er ging unter dem Tisch durch, wobei er meine Füße streifte. Ich nahm daher an, er wollte seinen gewohnten Platz zu meiner Rechten einnehmen. In diesem Moment brach unser Gast am anderen Tischende in ein lautes Lachen aus, was *Chris* dazu veranlasste, unter dem Tisch hervorzuschauen, um zu sehen, wer da am gewohnten Platz meines Mannes saß. Danach löste sich *Chris* langsam auf! Ich kann keinen anderen Ausdruck dafür finden, um die Art zu beschreiben, in der er vor meinen Augen verschwand.

In dem Moment verzichtete ich darauf, den Vorfall den anderen gegenüber anzudeuten, denn es schien mir im Beisein materialistisch denkender Gäste nicht angebracht.

Dieser Vorfall ereignete sich in der Silvesternacht des Jahres 1911. Es blieb die einzige Erscheinung, die ich je hatte, denn ich bin keine so genannte 'Sensitive'.«

Der kleine Terrier, der unters Auto kam

Auch dieser Fall ist der Zeitschrift *Light* (1926) entnommen. Harris Shaddick schrieb folgendes Erlebnis an die Redaktion.

»Sehr geehrter Herr Direktor, ich hatte ein Erlebnis, das mich dazu brachte, mich darüber zu informieren, ob es häufiger Fälle gibt, in denen normale und intelligente Menschen von Ereignissen berichten, die ihnen widerfuhren und dazu geeignet sind, das Weiterleben von Katzen und Hunden nach ihrem körperlichen Tode zu belegen. Sollte es unter den Lesern Ihrer Zeitschrift jemanden geben, der mich darüber aufklären kann, wäre ich ihm dafür dankbar.

Jedenfalls hatte ich folgendes Erlebnis in einem Dorf in Wiltshire, in einem Haus, das ich noch nie betreten hatte, und in dem eine Dame wohnt, die ich nicht kannte.

Als ich an ihrer Tür klingelte und darum bat, die genannte Dame sprechen zu dürfen, ließ man mich in den Salon und forderte mich auf, dort zu warten.

Während ich dort saß, sah ich plötzlich vor mir die Erscheinung eines Terrier-Hündchens. Es durchquerte das Zimmer, ohne mich zu beachten. Ich bemerkte, dass seine Schnauze schrecklich zerquetscht war und blutete, aber da ich gleichzeitig gesehen hatte, dass sein Körper transparent war, dachte ich, den Geist des Hündchens vor mir zu haben.

Als die Dame eintrat, begann ich ihr zu berichten, was ich gerade gesehen hatte. Sie bemerkte unter sichtlichem Erstaunen, sie habe vor drei Jahren einen kleinen Terrier besessen, der ihr großer Liebling gewesen sei. Er war bei einem Unfall auf der Straße gestorben. Ein Auto hatte ihn überfahren, und die Reifen hatten seine Schnauze zerquetscht.«

In diesem Fall ist die Besonderheit, die jeden Zweifel an der realen Präsenz des Hundegeistes ausräumt, eben das Vorhandensein der zerquetschten, blutenden Schnauze, die der Berichterstatter gesehen hatte. Man könnte sich nun fragen: »Aber wieso hat sich das Hündchen vor einem Fremden manifestiert, wenn es sich doch seiner Besitzerin nie gezeigt hatte?« Die Antwort ist einfach. Die Besitzerin hatte keine 'sensitiven' Fähigkeiten; wohingegen der Berichterstatter, ohne es zu wissen, offensichtlich damit begabt war.

Colin erscheint im Objektiv des Photoapparats

Dieses Ereignis stammt wiederum aus der Zeitschrift *Light* (1928), einem Blatt, in dem eine Serie solcher Fälle veröffentlicht wurde, da man die Leser darum gebeten hatte, über Erfahrungen zu schreiben, die denen des ersten Berichterstatters ähnlich waren. Es gab sehr viele Zuschriften zu diesem Thema. Helen Howorth Scaling berichtet.

»Was Rev. Bierley Thompson betrifft, so kann ich meine eigene Aussage zum Überleben der Tiere hinzufügen.

Ich hatte neun Jahre lange einen der treuesten, hingebungsvollsten und ergebensten Hunde zum Freund. Er hieß *Colin* und war ein weißer Terrier der Highland-Rasse. Ich könnte bewundernswerte Beispiele für seine Intelligenz liefern, halte mich jedoch zurück, um nicht vom Thema abzuschweifen.

Leider kam der Tag, an dem sein treues Herz Zeichen des Alterns zu zeigen begann. Der Tierarzt erklärte mir, ich müsse mich mit seinem nahen Ende abfinden. Ich pflegte ihn liebevoll während seiner zahlreichen Anfälle, aber dann kam der Augenblick, an dem jede Hilfe umsonst war, und er starb, während er mich zum letzten Mal anschaute.

Etwa drei Monate später befand ich mich an einem Sonntagnachmittag in der Gesellschaft einiger Freundinnen, von denen zwei meinen *Colin* ziemlich gut gekannt hatten. Ich hatte den Photoapparat in der Hand, in den ich bereits eine Platte eingelegt hatte, und blickte ohne eine bestimmte Absicht in den Sucher des Apparats, in dem eine Ecke des Tischs abgebildet war. Da sah ich zu meinem großen Erstaunen, dass neben dem Tischbein mein *Colin* saß, der gesund und glücklich aussah. Er machte jedoch keinerlei Versuche, sich zu bewegen und mir auf seine übliche freudige Art näher zu kommen. Ich wandte mich an die beiden Freundinnen, die ihn im Leben gekannt hatten, und sagte: »Kommt mal leise her und schaut über meine Schulter in den Sucher des Apparats; und dann sagt mir, was ihr seht.« Das taten sie, und riefen dann gleichzeitig aus: »Colin! Colin!«

Das Perserkätzchen Smoky spaziert durch den Garten

Im Magazin der *Society for Psychical Research* wird über einen Fall berichtet, zu dem es mehrere Zeugen gab. Miss B.J. Green schreibt:

»Meine Schwester H.L. Green hatte eine kleine reinrassige Perserkatze mit dem typischen bläulichen Fell und von kleinem Wuchs. Sie hieß *Smoky*. Es gab im Dorf keine andere Katze der gleichen Rasse, und auch keine, die ihr nur entfernt geglichen hätte. Im Frühling wurde die Katze krank. Sie starb etwa Mitte

Juni 1909. Der Gärtner begrub sie in einem Beet und pflanzte einen Strauch Dahlien auf ihr Grab. Einige Zeit vor ihrem Tod war die Katze von einem Hund angegriffen und ziemlich übel zugerichtet worden. Er hatte ihr mehrere Rippen gebrochen. Nach diesem Angriff hinkte sie, und ihr Körper war zu einer Seite geneigt. Ihr Tod war auf die erlittenen Verletzungen zurückzuführen.

Am Dienstag, dem 6. Juli 1909, saß ich mit meiner Schwester beim Frühstück und las gerade laut einen Brief vor. Ich wandte meinen Rücken dem Fenster zu, während meine Schwester rechts von mir Platz genommen hatte. Plötzlich sah ich sie verblüfft aus dem Fenster schauen. Ich fragte: »Was gibt's?« Sie antwortete: »Ich sehe *Smoky*. Sie läuft über den Rasen.« Wir stürzten beide zum Fenster und sahen tatsächlich *Smoky*, die sehr krank aussah, mit zerzaustem Fell und verstörtem Blick, wie sie durch das Beet gegenüber vom Fenster humpelte, etwa drei bis vier Meter von uns entfernt. Meine Schwester rief nach ihr, aber da die Katze sie nicht zu hören schien, lief sie ihr entgegen und rief weiter nach ihr. Ich blieb am Fenster stehen und sah die kleine Katze, wie sie auf einen Pfad zulief, der zum Ende des Gartens führte. Meine Schwester blieb hinter ihr und fuhr fort, sie zu rufen; aber zu ihrer Überraschung drehte *Smoky* sich nicht um, als ob sie sie nicht hören könnte. Dann verschwand sie in einem Gebüsch. Eine halbe Stunde später erschien sie im Flur, der zur Küche führt. Sie wurde dort von dem Dienstmädchen gesehen, das eine Schüssel Milch bereitete und ihr entgegenging, um sie ihr zu geben. Aber das Kätzchen ging seiner Wege, hinaus in den Garten – und verschwand.

Wir befragten auch die Nachbarsfamilien nach ihr, aber es hatte sie niemand gesehen. Auch nicht eine andere Katze, die ihr ähnlich sah. In Folge dieser Visionen begannen wir daran zu zweifeln, ob der angebliche Tod von *Smoky* ein Missverständnis war, obwohl unsere Freundin, der Gärtner und auch der Laufjunge ihren

Kadaver gesehen hatten. Der Gärtner war sogar empört über unsere Annahme, dass er die Katze nicht begraben hätte. Daher ging er zu ihrer Grabstelle, riss die Dahlienpflanze aus und holte *Smokys* Leiche hervor.

Alle sehen den toten weißen Terrier, sogar das einjährige Mädchen

Der protestantische Pastor C.L. Tweedale führt in seinem Buch *Man's Survival after Death* die Berichte von wiederholten Erscheinungen eines kleinen weißen Hundes an.

»Am 18. Januar 1911 kam, gegen vier Uhr nachmittags, meine Mutter, um mir mitzuteilen, dass meine Frau, während sie im Schrank unter der Treppe etwas suchte, einen weißen Hund vorübergehen sah. Sie maß dem keine weitere Bedeutung bei, denn sie dachte, sie hätte sich getäuscht.

Um fünf Uhr eilte meine Frau zu mir, um mir zu sagen, dass sie, Marjorie, Silvia und die kleine Dorothy einen weißen Hund gesehen hatten und ihm gefolgt waren. Er war die Treppe heraufgekommen, in unser Zimmer gelaufen und hatte sich unter dem Bett versteckt. Alle hatten ihn ganz deutlich gesehen, und die Kleine war mit Lauten wie ein Hund unter das Bett gekrochen.

Um zwanzig nach fünf kam Ida, das Hausmädchen, die den Hund auch gesehen hatte, wie er in das Schlafzimmer meiner Mutter lief.

Um halb sechs hatte meine Frau die hochgewachsene Figur meiner vor Jahren verstorbenen Tante Leah gesehen, wie sie die Treppe herunterkam und ins Wohnzimmer ging, und diesmal war ein kleiner weißer Hund bei ihr. Sowohl meine Tante als auch der Hund verschwanden vor der Tür zu meinem Arbeitszimmer. Meine

Frau kam sofort zu mir, um mir Bescheid zu sagen. Sie sagte, der Hund sei ein Terrier mit glänzendem weißen Fell und einem ovalen schwarzen Fleck auf dem Rücken gewesen. Am zweiten Februar sah meine Frau erneut den Hund unterhalb der Treppe in der Nähe des Esszimmers. Er war im Vorraum, und sie sah ihn ganz deutlich. Der Hund schaute ihr mit glitzernden Augen und aufgerichteten Ohren unbewegt ins Gesicht. Alles, was meine Frau über das Aussehen des Geisterhundes berichtete, stimmte perfekt mit der Beschreibung des Hündchens von Tante Leah überein, den jedoch weder meine Frau, noch meine Kinder, noch das Dienstmädchen Ida je gesehen hatten. Dazu muss man hinzufügen, dass es keine Photos von dem Hund gab. Er war mehrere Jahre vor seiner Herrin gestorben. Bei wiederholten Gelegenheiten, wo mich die Familie auf die Anwesenheit des Hündchens aufmerksam machte, hörte ich die kleine Dorothy, die unten im Wohnzimmer rief: »Wau-wau, wau-wau!« Man hörte, wie das Kind durch das Zimmer lief, dann stehen blieb und wieder weiterlief, als ob es jemanden suchen oder ihm nachlaufen würde.

Das Hündchen, das sich da manifestiert hatte, war Tante Leahs Liebling gewesen und sechs Jahre vor ihr gestorben.«

V.

Die Tiere in der Geschichte der Religionen und der Philosophie

– Stefano Carnazzi –

Die Heiligen Bücher der Vierbeiner

»Willkommen in unserem siebten Jahrtausend«, so könnte sich Ägypten vor den Touristen aller Welt stolz vorstellen. Es ist nicht nur die älteste, sondern auch die langlebigste Zivilisation in der Geschichte der Menschheit. Und da man im Alter an Weisheit und Respekt gewinnt, sollten wir die Lehren der antiken Ägypter (und aller antiken Zivilisationen) über Güte und Bruderschaft mit den Tieren gut im Gedächtnis behalten. Wenn wir durch die Seiten der Vergangenheit blättern, kann es vorkommen, dass wir einige große Wahrheiten entdecken, die bereits seit Jahrtausenden bekannt waren, bevor sie heute in der modernen Welt wiederentdeckt wurden. Das macht es so interessant, sich mit dieser Zeit zu beschäftigen. Daran sollten wir beim Lesen der folgenden Seiten denken.

In der ägyptischen Mythologie gehörten die Tiere unbestreitbar zur Sphäre der Götter und der Menschen. Sie wurden als Götterboten angesehen oder auch als Inkarnation des Göttlichen, das sich ständig mit dem Bild des Menschen vermischte. Dieser Glaube an die ursprüngliche Einheit aller Lebensformen ging so weit, dass die Ägypter nicht nur ihren menschlichen Körper, sondern auch Tiere aller Art mit in die Ewigkeit nahmen – Katzen, Krokodile, Vögel und andere Tiere. Das geschah aufgrund einer sehr konsequenten Logik: Wenn die Affen mit den Menschen zusammen die Sonne begrüßten, die über den Hügeln des antiken Kairo aufging, so konnte dieser universelle Hymnus der Dankbarkeit an das Leben, der für Menschen und Tiere gleichermaßen galt, nicht mit dem Tode enden.

Auf der Wand der Pyramide von Unas fand man eine Formel, mit der die Ägypter der Seele eines Toten die Unsterblichkeit zuerkannten. Sie stammt aus einer Inschrift der fünften Dynastie (ca. 2300 v. Chr.) und ist Teil der *Pyramidentexte*:

Gegen die Seele dieses Menschen besteht keine Anklage von Seiten eines Lebenden,
Gegen ihn besteht keine Anklage von Seiten eines Toten,
Gegen ihn besteht keine Anklage von Seiten einer Gans,
Gegen ihn besteht keine Anklage von Seiten einer Kuh.

Während der Weisheitsgott Thot das Herz eines Toten auf einer Waage wiegt, bei der auf dem anderen Teller die Wahrheit liegt, rezitiert der Verstorbene vor Osiris, dem schwarzen Gott des Jenseits, folgendes Bekenntnis, mit dem er verneint, die aufgezählten Untaten während seines Lebens begangen zu haben. Befinden sich das Herz und die Wahrheit im Gleichgewicht, so hat der Verstorbene das Anrecht auf ein Leben im Jenseits. Hat er sich jedoch eines rituellen Verbrechens schuldig gemacht, so steht ein Monster, die »Verschlingerin«, bereit, ihn zu verschlucken und somit auf immer zu vernichten.

Hier bin ich, Herr der Wahrheit. Ich bin zu dir gekommen und habe dir die Wahrheit gebracht.
Ich habe für dich die Schuld zurückgewiesen.
Ich habe keine Verbrechen gegen die Menschheit begangen.
Ich habe keine Tiere misshandelt.
Ich habe die Herden nicht von ihrer Weide verjagt.

Ich habe die Vögel des Gottes nicht in Netzen gefangen.
Ich habe die Fische nicht aus ihren Seen entführt.
Oh Blutfresser, der du aus dem Ort der Qualen kommst,
Ich habe keine Tiere der Götter getötet.

Diese rituelle Formel stand auf den Papyrus-Rollen des »Totenbuches« geschrieben, die ab dem 4. vorchristlichen Jahrhundert dem Sarkophag des Toten beigegeben wurden, um ihm dabei zu helfen, seine Reise ins Jenseits zu überleben.

Wie wir feststellen, ist diese Forderung nach Respekt vor jedem beseelten Wesen nach dreitausend Jahren immer noch gültig! Das zeigt die Inschrift auf der Säule von Ramses IV. zu Ehren des Osiris, die 900 v. Chr. angebracht worden ist:

Ich lebe von dem, was der Gott am Tag seiner Geburt auf der Flammeninsel liebt. Ich habe den Armen nicht seiner Habe beraubt, ich habe den Schwachen nicht getötet, ich habe im Teich des Gottes keine Fische gefangen, ich habe keine Vögel mit dem Netz erbeutet, ich habe nicht auf die Löwen gezielt.

Die Ägypter waren den Göttern dankbar für die Welt der Natur, die sie umgab. Und sie genossen diese Herrlichkeiten nicht allein, sondern freuten sich auch für alle anderen Geschöpfe. Das zeigt die wunderschöne »Hymne an die Sonne« von Amenophis IV. (Er war ein Pharao, der Ehemann von Nephertitis und Verfechter des Monotheismus) von 1360 v. Chr., eines der außerordentlichsten Dokumente des menschlichen Glaubens aller Zeiten.

Jedes Tier erfreut sich seiner Weide.
Bäume und Büsche grünen.
Die Vögel fliegen aus ihrem Nest,
ihre Flügel [schlagen] in Verehrung deiner Göttlichkeit.

Die wilden Tiere balzen zu ihren Füßen.
Diejenigen, die weit fliegen, diejenigen, die sich niederlassen,
sie leben, wenn du dich für sie erhebst.
Du hast die Erde nach deinen Wünschen geschaffen,
mit den Menschen, dem Vieh, jedem wilden Tier,
und allem, was auf der Erde ist und auf eigenen Füßen geht –
und alles, was im Himmel ist und mit eigenen Flügeln fliegt…
Der Himmel ist dein Geschenk an die Menschen
und an alle Tiere…

Aber die Ägypter waren nicht das einzige Volk der Antike, das Verehrung und Respekt für die Tiere empfand.

In Indien, das auch über eine hochentwickelte, uralte Kultur verfügt, lautete eines der Gebote in den Veden (den ältesten Büchern der Menschheit):

So zahlreich die Geschöpfe auch sein mögen,
ich gelobe, sie zu retten.

Das war nicht nur ein religiöses Gebot, sondern auch eine Vorschrift der zivilen Ordnung. Die Gesetze des Manu, das am weitesten entwickelte Gesetzbuch der Antike (gültig vom IX. bis zum V. Jahrhundert v. Chr.) schrieb vor:

Wer die Tötung eines Lebewesens zulässt, wer es schlägt, wer es umbringt, wer es kauft und verkauft, kocht, serviert oder isst – ist ein Mörder.

In den Upanischaden, den mystischen Texten des Vedanta, die seit dem VIII. Jhdt. v. Chr. gesammelt wurden, stand geschrieben:

In Wahrheit gibt es dämonische Welten, die von blinder Finsternis eingehüllt sind. Dort unten landen nach ihrem Tode diejenigen, die eine lebende Seele getötet haben.

Dieser Satz stammt aus einem der ältesten und schönsten Texte, der Isha-Upanishad. Aber auch ein anderer berühmter Text, die Chandogya-Upanishad, beschwört das Verständnis der Weltenseele. In Khanda 10 steht:

Genauso ist es, mein Lieber. Was immer die Geschöpfe hier auf der Erde sind – Tiger, Löwe, Wolf, Wildschwein, Wurm, Schmetterling, Bremse oder Stechmücke – sie alle bestehen als Sein fort. Was auch immer diese subtile Essenz ist, das gesamte Universum besteht aus ihr. Sie ist die wahre Wirklichkeit, sie ist die Große Seele. Sie ist Du.

Etwa zur gleichen Zeit wurde in Persien ein Prophet geboren, der ein titanisches Werk der religiösen Reform vollbrachte. Er schaffte die blutigen Tieropfer ab, predigte die Unsterblichkeit der Seele und rief den Sieg des Gottes des Guten, Ahura Mazda, über den Geist des Bösen, Angra Mainyu, herbei. Sein Name war Zarathustra.

Die Ideen dieses sagenhaften persischen Predigers bildeten die Grundlage fast aller Religionen und Philosophien des alten Mittleren Orients. Sie sind bis zur Wiege der westlichen Zivilisation in Griechenland vorgedrungen. Eine Gottheit seines Pantheons, Mithras, wurde sogar noch im kaiserlichen Rom verehrt.

Zarathustra predigte eine strenge Ethik zur Rettung der Seelen, daher ordnete er an:

Die Seele der zahmen Tiere soll durch keinen Übergriff angetastet werden.

Und an einer anderen Stelle im heiligen Text des Zoroaster, dem Zend-Avesta, heißt es:

Der Geist dessen, der dem üblen Brauch frönt, Tiere zu töten, ist blind und im Irrtum verfangen.

Der *Chidag Andarz i Poryotkeshan*, der Katechismus des Zarathustra, besagt:
Eine der Pflichten besteht darin, alle Geschöpfe mit Gerechtigkeit zu behandeln.

Ich habe die griechische Philosophie erwähnt. Auch wenn es nur wahrscheinlich und nicht beweisbar ist, dass die Ideen Indiens und des Mittleren Orients die Philosophen der Antike und ihre Auffassung von der Weltenseele und der Natur beeinflusst haben (Timäus von Lokris, VI. Jhdt. v. Chr.), wissen wir heute dennoch eins mit Sicherheit. Die ältesten Weisen waren überzeugt, dass sowohl die Welt als auch die Tiere eine Seele hätten. »Alles ist belebt«, sagte Thales. »Menschen und Tiere stehen unter dem gleichen Lebensprinzip«, schrieb Anaximandros, der erste Philosoph, der die Vorstellung des Unendlichen intuitiv erfasste und darüber geschrieben hat (diese Idee sollte zweitausend Jahre später in der Renaissance wiederentdeckt werden). »Die Weisheit«, nach Epikarmos, »ist nicht nur in einem einzelnen Individuum zu finden, sondern alle Lebewesen haben auch eine Intelligenz.« Pythagoras und sein berühmter Schüler aus Groß-Griechenland, Empedokles, waren von der Seelenwanderung oder *Metempsychose* überzeugt. Wie sie glaubten, sei die Tötung von Tieren, »als ob man einem Bruder die armen Glieder ausreiße und verschlinge, wobei man ihn seiner Seele beraube«. Empedokles lehrte auch: »Töte keine Tiere; das soll das Gesetz sein, das für alle ohne Ausnahme gilt, durch die Himmel und das unendliche Licht.«

Was ist jedoch die Seele der Tiere? Diogenes von Apollonia, der alte griechische Weise (geboren in Apollonia, in Kreta, im V. Jhdt. v. Chr.) und Verfasser des Werkes *Über die Natur*, versucht eine Antwort darauf zu geben:

> *Mir scheint, dass der 'Gedanke' das ist, was die Menschen 'Luft' nennen, dass alle Dinge von ihm regiert werden und er alles beherrscht. Tatsächlich scheint er mir Gott zu sein, der alles erreicht und ordnet und der allem innewohnt. Und es gibt nichts, an dem er nicht auf irgendeine Weise teilhat, und er nimmt nicht gleichermaßen an der einen oder an der anderen Sache teil, sondern auf vielfache Weise, durch die Luft und durch den Gedanken; denn er ist vielfältig, wärmer und kälter, trockener und feuchter, stabiler und von schnellerer Bewegung, und es gibt in ihm zahlreiche Modulationen sowie unendliche Geschmacksrichtungen und Farben.*
> *Das ist die Seele aller lebenden Wesen.*

Seit dem 3. Jahrhundert vor Christus war die jüdische Welt für den Einfluss der griechischen Kultur offen. Die Bibel propagierte einen rigorosen Monotheismus, der im Gedankengut des Platon und Aristoteles suggestive Spiegelbilder fand. Aber noch viel mehr als in Palästina fand der griechisch-jüdische Synkretismus offene geistige Horizonte in Alexandria, dem dynamischen Zentrum aller Sekten und Philosophien der damaligen Zeit.

Philon von Alexandria (I. Jhdt. v. Chr.) bringt in seinen Werken die verschiedenen spekulativen und religiösen Tendenzen seiner Epoche zum Ausdruck. Er bereitet gleichzeitig die Grundlagen der lebendigsten Elemente für die großartige neuplatonische Synthese vor, die dreihundert Jahre später zustandekommen wird. Es ist der griechisch-jüdische Gott, der alle Dinge, auch die Tiere, durchdringt und belebt:

Gott erfüllt alle Dinge. Er ist nicht darin enthalten, noch enthält er sie. Nur Er ist überall und nirgends. Nirgendwo: denn Er selbst schuf den Raum und den Platz zusammen mit den Körpern; man kann den Schöpfer in keine seiner Kreaturen einschließen. Überall: denn Er hat seine Macht über die Erde, das Wasser, das Meer und den Himmel ausgebreitet; Er ließ keinen Teil der Welt außer Acht, sondern verknüpfte alle Lebewesen untereinander mit unsichtbaren Banden.

Die Macht, die alles begründet hat und regiert, ist wirklich Gott. Sie enthält in sich und durchdringt alles, bis in die kleinsten Einzelheiten.

Es stimmt nicht, dass die christliche Religion sich noch nie mit den Tieren beschäftigt hat; ganz im Gegenteil! Schon in den ältesten Büchern der Bibel, seit den Zeiten des Gartens von Eden, leben Menschen und Tiere friedlich und in Freude miteinander – sie waren ja bereits vom gleichen Schicksal miteinander verbunden. Die Vertreibung aus dem Paradies betraf aufgrund eines mysteriösen kosmischen Planes leider auch sie. Sie stürzten mit uns auf die mit Mühen und Schmerzen beladene Erde, wurden zu Begleitern des Menschen, zu Lebensgefährten. Noah nahm sie mit auf seine Arche, um sie vor der Sintflut zu retten. Sie belohnten ihn, indem sie seine Boten wurden. Die Arche Noah ist das Symbol der Verbrüderung mit allen lebenden Wesen, die von Gott persönlich bekräftigt wurde (Genesis 9, 9):

Dann sprach Gott zu Noah und seinen Söhnen, die bei ihm waren:
Hiermit schließe ich meinen Bund mit euch und euren Nachkommen
und mit allen Lebewesen bei euch,
mit den Vögeln, dem Vieh und allen Tieren des Feldes,

mit allen Tieren der Erde, die mit euch aus der Arche gekommen sind...
Und Gott sprach:
Das ist das Zeichen des Bundes,
den ich stifte zwischen mir und euch
und den lebendigen Wesen bei euch
für alle kommenden Generationen...
dann gedenke ich des Bundes,
der besteht zwischen mir und euch und allen Lebewesen,
allen Wesen aus Fleisch...
Steht der Bogen in den Wolken,
so werde ich auf ihn sehen
und des ewigen Bundes gedenken
zwischen Gott und allen lebenden Wesen,
allen Wesen aus Fleisch
auf der Erde.

Exodus 23, 5 mahnt: »*Wenn du siehst, wie der Esel deines Gegners unter seiner Last zusammenbricht, dann lass ihn nicht im Stich, sondern leiste ihm Hilfe!*«

Jakob zeigte seinen Tieren gegenüber eine brüderliche Güte. Er zog es vor, mit seiner Herde langsam vorwärts zu kommen, als schneller zu gehen, um zu einem Fest bei Esau zu gelangen: »*Mein Herr weiß, dass die Kinder noch Schonung brauchen; auch habe ich für säugende Schafe und Rinder zu sorgen. Überanstrengt man sie nur einen einzigen Tag, so geht das ganze Vieh ein*«. (Genesis 33, 13). Dann baute er Unterstände für sie, in denen sie die Nacht verbringen konnten.

Im Buch Numeri steht, dass die Eselin von Balaam sogar dreimal ihrem Herrn das Leben rettete, worauf sie die Sprache erlangte und zu ihm redete. Wenn Gott es so will, wird jedes Geschöpf zahm, während es gegen den Menschen rebelliert, wenn Gott erzürnt ist. Der Rabe nährte Elias; der Bär gehorchte dem Gebot des Propheten; der Löwe vergaß seinen Hunger und seine natürliche Angriffslust, um Daniel zu schonen. Vielen Kommentatoren ist es entgangen, dass der Prophet Zacharias (11, 4-6) die Kaufleute leidenschaftlich dafür tadelt, dass sie sich am Tode ihrer Tiere bereichern und außerdem noch wagen, Gott dafür zu danken!

> *So spricht der Herr, mein Gott: Hüte die Schafe, die geschlachtet werden sollen. Ihre Käufer töten sie, ohne es zu büßen. Ihre Verkäufer sagen: Gepriesen sei der Herr, denn ich bin reich geworden. Ihre Hirten haben kein Mitleid mit ihnen. Wahrhaftig, ich habe kein Mitleid mehr mit den Bewohnern des Landes.*

Jesaja beklagt zusammen mit Hosea das Töten der Tiere bei den Opferungen: »*Was soll ich mit euren vielen Schlachtopfern?*« spricht der Herr. »*Die Widder, die ihr als Opfer verbrennt, und das Blut eurer Rinder habe ich satt; das Blut der Stiere, der Lämmer und der Ziegen ist mir zuwider...*«. Jonah kündigte die Zerstörung von Ninive an. Daher »*wurde folgender Erlass auf Befehl des Königs und seiner Großen in Ninive verkündet: 'Menschen und Tiere, große und kleine, sollen nichts zu sich nehmen; sie sollen nicht weiden und kein Wasser trinken. Menschen und Tiere sollen sich in Säcke hüllen und mit aller Kraft Gott anrufen; jeder einzelne soll sich von seinen üblen Taten lossagen...'*«. Am Ende der Bußzeit wird Gott Ninive verschonen und zu Jonah sagen: »*Warum sollte ich kein Mitleid haben mit einer so großen Stadt, mit so vielen Menschen und einer solchen Menge von Tieren?*« Der Gott des Alten Testaments zeigt oft, dass er das Leben und die Tiere liebt. In Psalm 36 steht:

> *Herr, deine Güte reicht,*
> *so weit der Himmel ist,*
> *deine Treue,*

so weit die Wolken ziehen.
Deine Gerechtigkeit steht wie die Berge Gottes,
deine Urteile sind tief wie das Meer:
Herr, du hilfst Menschen und Tieren.

Und Joel schreibt:

Fürchtet euch nicht, ihr Tiere auf dem Feld!
Denn das Gras in der Steppe wird wieder grün,
der Baum trägt seine Frucht,
Feigenbaum und Weinstock
bringen ihren Ertrag.

Dieses Gefühl des Einsseins mit der Schöpfung, das das ganze Alte Testament durchzieht, erreicht im Buch Kohelet oder Ecclesiastes, einem der eindringlichsten Bücher des Alten Testaments, seinen Höhepunkt.

Nachdem bestätigt wurde, dass »das Geschick der Menschen und der Tiere das Gleiche ist, denn es gibt einen Windhauch für alle«, taucht die ungeheuerliche Frage auf: »Wer kann wissen, ob auf der Erde der Windhauch des Menschen nach oben steigt und der der Tiere nach unten sinkt?«

Niemand kann wissen, welches Geschick den Seelen bevorsteht. Und vor allem soll niemand wagen, eine Aussage dazu zu machen!

Der legendäre König Salomo sagt in seinen Sprichwörtern: »*Ein rechter Mensch kümmert sich um das Leben seiner Tiere; wer schlechte Gefühle hat, empfindet kein Mitleid mit ihnen.*«

Die Ethik der Antike erkannte den Tieren das Recht zu, die Menschen anzuklagen. In der jüdischen Tradition erscheint diese Idee zum ersten Mal im »Buch Henoch« (Kap. 58). Henoch ist ein Seher, der die verschiedenen Himmel besucht. Auf einer seiner 'Reisen' kommt er zu einem Himmel, in dem die Seelen der Tiere die Menschen vor dem Gericht der Toten anklagen!

> *»Jetzt also bin ich in den Himmel aufgestiegen und kenne alle Dinge... Ich kenne alles und habe in meinen Büchern die Grenzen der Himmel beschrieben und das, was sie füllt, ich habe ihre Bewegungen gemessen und kenne ihre Heere, ich habe die Sterne gezählt, den Kreis der Sonne gemessen, ihre Strahlen gezählt, den Kreis des Mondes und seine Bewegungen gemessen...*
> *Alle Seelen der Tiere haben im großen Zeitalter ihren Platz, sie haben ein großes Geviert, eine große Weide im Himmel. Denn die Seelen der Tiere, die Gott geschaffen hat, werden nicht im Tode vernichtet, bis zum Tag des Jüngsten Gerichts: dann werden alle Seelen den Menschen anklagen.*
> *Wer den Seelen der Tiere Böses tut, begeht ein Verbrechen an seiner eigenen Seele.«*

Eine wunderbare Passage. In einem anderen, von der Zeit versehrten und rissigen Fragment, hält wiederum Henoch, der große Prophet der Antike, alle dazu an, den Tieren nichts zuleide zu tun, damit... *»die Stimmen der Tiere, die zum Himmel aufsteigen, keine Schmerzensschreie sind«*.

Die Freundschaft mit Tieren ist eine Tugend, die viele große Menschen gepflegt haben. Die heiligen Wüsteneinsiedler erfreuten sich oft der Gesellschaft von Raubtieren oder zahmen Tieren. Jesus selbst, so bezeugte der Apostel Markus (1, 12), *»...blieb vierzig Tage lang in der Wüste.. bei den wilden Tieren, und die Engel dienten ihm.«*

Wie hätte auch Jesus, der Prophet der Reinheit, anders handeln können, als außer den Kindern die Tiere zu lieben, die dem

Reich der Unschuld angehören? Das Evangelium erzählt aus seiner Kindheit, dass Jesus einmal zwölf Lehmhügelchen anhäufte. »*Er klatschte in die Hände; da verwandelten sie sich in Vögel, und er rief aus: »Geht, fliegt fort, entfernt euch in die Höhe und fliegt! Niemand wird euch töten*«. Und die Spatzen flogen zwitschernd davon.

Bestimmte Sätze im »Evangelium der Ebioniter« lassen darauf schließen, dass Jesus sich nicht vom Fleisch der Tiere ernährte: »*Ich bin gekommen, um die Opfer abzuschaffen. Und wenn ihr nicht aufhört, [Tier-] Opfer zu bringen, wird der Zorn in euch nicht abklingen.*«

Und weiter: »*Seine Jünger sagten: »Wo sollen wir das Ostermahl für dich bereiten?*«

Da antwortete er: »Habe ich etwa verlangt, mit euch zu diesem Osterfest Fleisch zu essen?««

Die christlichen Wüstenväter verbrachten ein Leben voller Demut und Liebe, oft in der Gesellschaft von Tieren. Der Eremit Paulus verlebte sein Alter in einer Höhle, die von einer großen Anzahl von Raubtieren bewacht wurde. Wenn wir die Seiten durchblättern, die die erhabenen Werke vieler großer Heiliger beschreiben, treffen wir mit erstaunlicher Leichtigkeit auf Geschichten der Freundschaft und gegenseitigen Unterstützung zwischen diesen Meistern der Tugend und Tieren aller Art. Diese Asketen des Altertums waren so fromm, dass sie noch nach ihrem Tode die Tiere, die ihre Gefährten gewesen waren, umarmten und mit sich nahmen.

In den Wüstengebieten des mittleren Ostens, im ägyptischen Alexandria und in Nag Hammadi in Syrien war bis zum IV. Jhdt.

eine Lehre verbreitet, die Gnosis genannt wurde. Ihre Meister predigten den Kontakt mit der Göttlichkeit durch eine innere, sehr persönliche Erfahrung. Die Gnosis, die später unter dem Christentum verschwand, hat jedoch im Lauf der Jahrhunderte durch unterirdische Strömungen überlebt – im »Corpus Hermeticum«, in der Magie, der Kabbala und der Alchemie. Einer der wichtigsten heiligen Texte ist die »Pistis Sophia«. In diesem Buch ergreift Sophia, die Weisheit in Person, das Wort, um den Menschen die höchsten Wahrheiten über das Leben und den Tod zu enthüllen. Unter diesen Texten befindet sich auch diese Offenbarung über den Ursprung der Seelen, sowohl der Menschen als auch der Tiere, die in den Himmeln von Hierarchien der Engel geformt werden.

»Melchisedeck, der große Empfänger des Lichtes, stieg manchmal zum Himmel auf, unter die Äonen und alle Archonten, die im Himmel wohnen. Er erhielt von allen Wesen des Himmels das gereinigte Licht.

Melchisedeck, der Empfänger des Lichtes, reinigte diese Kräfte und brachte ihr Licht in die Schatzkammer des Lichtes, das heißt, in den Himmel unterhalb der Äonen. Dort nahmen weitere Engelwesen das Licht in Empfang und formten daraus die Seelen der Menschen, der Tiere, der Reptilien, des Viehs und der Vögel, die sie hinunter in die Welt der Menschheit schickten.

Außerdem schauten die Empfänger der Sonne und des Mondes nach oben und sahen, wo sich die Umlaufbahnen der Äonen befanden. Sie sahen die Position des Schicksal und der Sphären. Daraus entnahmen sie ihre Leuchtkraft: Die Empfänger der Sonne bereiteten sie zu und hinterlegten sie, um sie den Empfängern von Melchisedeck, dem Lichtreiniger, zu übergeben. Den materiellen Rest brachten sie zu der Sphäre, die unter den Äonen lag, und machten daraus die Seelen von Menschen, Reptilien, Tieren, von Vieh und Vögeln – in Übereinstimmung mit den Gesetzen der Harmonie in der Welt und in den Himmeln. Diese warfen sie dann in die Welt der Menschheit, an diesen Platz, wo sie zu Seelen wurden, wie ich euch vorhin schon sagte.«

Wenn die Seelen der Tiere, der Reptilien, der wilden Tiere und der Vögel aus dem gleichen Licht geformt sind wie die der Menschen, dann ist ihr Überleben im Jenseits gesichert.

Eins ist jedenfalls gewiss: Die Tiere leben in den jenseitigen Welten, in den Sphären des Geistes, die nur durch eine religiöse Ekstase zu erreichen ist. Im fernen Mittelalter machten 'die Reisenden ins Paradies', die visionären Mystiker, eine Reise der Seele bis zu den Pforten des Paradieses und kehrten zurück, um darüber zu berichten. Sie sahen ein Eden, das überreich an Tieren, Vögeln, Fischen und Geschöpfen war, die inmitten einer blühenden Natur voller Wunder zwischen mythischen Bäumen flatterten. Das berichtet jedenfalls die »Legende der Reise von drei heiligen Mönchen ins irdische Paradies«. Darin wird erzählt, wie drei Mönche eines Klosters am Ufer des Flusses Zion eines Tages einen Ast erblickten, der von der Strömung transportiert wurde. Er hatte Tausende von Farben und war mit Blüten und Früchten bedeckt. Sie dachten: »Wahrhaftig, der Ort, von dem dieser Ast kommt, ist heilig.« Also beschlossen sie, am Flussufer aufwärts zu wandern.

Und so kamen sie an den Fuß eines sehr hohen Berges, auf dem im Osten das irdische Paradies lag. Sie hörten schon von weitem den Gesang der Engel im Paradies; da freuten sie sich. Sie begannen den Berg hinanzusteigen, und je höher sie hinauf kamen, desto mehr wunderbare Bäume und Kräuter fanden sie. Diese waren sehr schön und voller Früchte. Jeder Baum trug gleichzeitig Blüten und Früchte von mildem Geschmack. Ihr Anblick war so herrlich und der Duft der Blüten und Kräuter so stark, dass sie keinen Hunger oder Durst mehr verspürten. Die Schönheit der Vögel und ihr Gesang waren süß und unterhaltsam. Quellen und

Wasserläufe waren frisch, und es war kein einziges schädliches oder giftiges Tier zu finden. Alle Tiere, die auf den Hängen des paradiesischen Berges lebten, schienen zahm zu sein, das heißt, Vögel und andere Tierchen waren hübsch und zutraulich.

Die drei Mönche wurden nicht müde von ihrem Aufstieg, sondern immer munterer und stärker. So erreichten sie die Pforte des Paradieses, die verschlossen war; und ein wunderschöner Cherubim bewachte sie. Die Mönche setzten sich hin.

Sie warteten sieben Tage und sieben Nächte an der Pforte. Schließlich bemerkte der Engel, dass ihnen das Warten nichts ausmachte, weil sie voller Freude waren, und fragte sie: »Warum seid ihr gekommen?«

»Wir möchten eintreten und drei Tage dableiben, wenn's Euch recht ist«, antworteten die Mönche.

Der Engel öffnete ihnen die Pforte des Paradieses, und die Mönche traten ein. Sie sahen, wie sich das Rad des Himmels mit einem sanften Klang drehte, dankten Gott und trafen die ersten Paradies-Reisenden, die Patriarchen Henoch und Elias. Diese begleiteten sie zum Jungbrunnen. Dort sahen sie den Apfelbaum, dessentwegen der Mensch aus dem irdischen Paradies vertrieben wurde. Sie sahen den Baum des Lebens und viele andere wunderkräftige Bäume. Es gab im Paradies alle möglichen Arten von Vögeln (es gab nur keine Raubvögel und sonstige Schädlinge). Ihr Gesang war so süß, dass jedes menschliche Herz und jeder Verstand in Ohnmacht fallen würde, wenn er ihn hörte.

Es gab auch eine Wiese voller Gras und Blumen in allen erdenklichen Farben, die fünf Meilen an jeder Seite maß. Sie war ganz mit Bäumen bewachsen, und jedes Ding hatte eine besondere Tugend. Auch die Steine waren ganz hell und glänzend, so dass sie wie Edelsteine wirkten.

Der Duft, der in der Luft lag, war erquickend. Er vertrieb den Hunger und den Durst. Die Blüten der Bäume und der Wiese waren vielfarbig, einige wirkten wie getriebenes Gold, viele wie reines Silber.

Genauso war es mit den Vögeln; es schien genauso viele Farben wie Vögel zu geben. Die Früchte fielen nicht zu Boden und faulten nie. Auf der Erde gab es weder Würmer noch Giftschlangen.

Alle Tiere waren zahm und zutraulich.

Um die Mitte des 6. Jahrhunderts reiste der edle Brandano degli Alta, Abt von Clonfert, mit dem Schiff zur »Insel der Seligen«. Während dieser Reise sah er Inseln mit Schafherden, die frei und glücklich waren. Strände, die von Schwärmen weißer Vögel wimmelten, und diese Vögel schlugen ihre Flügel mit einem Klang wie Festtagsglocken und sangen ihr Loblied zu Gott. Sankt Brandano gelang es, mit ihnen zu sprechen. Ein riesiger Vogel kam seinem Schiff zu Hilfe, als es von einem Ungeheuer angegriffen wurde.

Die kühnen Seefahrer fuhren an der Hölleninsel vorbei und segelten über ein Meer, das so klar wie ein Spiegel war, auf dessen Grund man alle Vögel des Himmels und alle Tiere der Erde sehen konnte. Schließlich landeten sie auf einer Insel. Sankt Brandano ging 'über eine herrliche Brücke mit einem Bogen' und kam zum 'Paradies'. Auch er bestätigte die Anwesenheit von seligen, sorglosen Tieren.

Und nachdem sie Gottes Loblied beendet hatten, stiegen Brandano und seine Gefährten vom Schiff. Ein Land, wegen seiner Schönheit und der herrlichen Dinge, die es auf ihm gab, kostbarer als alle anderen, lag vor ihren Augen.

Klare, reine Flüsse mit süßem, sehr frischem Wasser. Es gab viele Rosen, Lilien, Veilchen, Kräuter und Blumen. Alles duftete und war vollkommen in seiner Pracht. Es gab Singvögelchen aller ergötzlicher Arten, die alle harmonisch sangen, und es schien ein ewiger Frühling zu herrschen. Die Straßen und Wege waren mit Edelsteinen gepflastert.

Es war so schön, dass es das Herz all derer erfreute, die dieses freudige Schauspiel erblickten: es gab Haustiere und wilde Tiere aller Arten, sie gingen und blieben, wie es ihnen gefiel; und alle Tiere waren zusammen, als ob sie zahm wären, ohne einander etwas zuleide zu tun und ohne einander stören zu wollen.

Das irdische Paradies kann nur von reinen, unschuldigen Seelen bewohnt werden; die Mystiker des Mittelalters sahen diese 'Gärten der Seele' alle von Tieren bevölkert.

Auch ein Text der Kabbala, das »Buch der Gestalt« (Sefer Ha-Temunah), eines der höchsten Bücher der hebräischen Mystik, besagt, dass Tiere eine Seele haben, die nach dem Tode weiterlebt. Es wurde zu Beginn des 13. Jahrhunderts von einem hebräischen Autor geschrieben, der seinen Namen nicht nennen wollte. Dieser beherrschte jedoch auf beste Weise die Heiligen Schriften und die rabbinische Tradition. Über das grausame Schlachten von Tieren sagte er folgendes:

»*Es ist angebracht, dass wir als Gesetz des Herrn die lebenden Wesen nicht leiden lassen, wobei wir uns daran erinnern sollten, dass wir oftmals Schaden anrichten können... wie geschrieben steht: Liebe deinen Nächsten wie dich selbst. Wir fügen den Tieren keinen Schaden zu..., damit ihre Seele nicht gegen uns schreie, denn die Seele ist das Blut und die Seele jeden Fleisches ist im Blut.*«

Ein weiteres Buch, das zu einer geheimen Tradition der hermetischen Philosophie gehört und mehr oder weniger aus der gleichen Epoche stammt (XIII. - XV. Jhdt.), erklärt uns die Essenz der Seele aller lebenden Wesen. Es handelt sich hierbei um das *Turba Philosophorum*, einen Text, der den Alchemisten heilig ist. Die größten Weisen der gesamten Menschheit haben sich zu einer Tagung versammelt, um über die Schöpfung, die Harmonie der Welt sowie den ewigen Fluss der Elemente Luft, Wasser, Feuer und Erde zu diskutieren. Einer der Meister ergreift das Wort.

Die Philosophen:
»Meister, setze deine Rede über die Schöpfung fort, und schenke unseren Herzen mit deinen Worten Freude.«
Aber der Meister antwortete:
»Ich weise euch darauf hin, dass Gott alle Geschöpfe aus den Elementen geformt hat: Mit Erde, Wasser, Luft und Feuer hat er die fliegenden Wesen, die Tiere auf der Erde und die Pflanzen geschaffen.«
Also sagte die Versammlung der Philosophen:
»Daran haben wir unsere Zweifel: Wir bitten dich demütig um Verzeihung, aber wir glauben nicht, dass es in den lebenden Wesen Feuer gibt.«
Und er:
»Ich habe die Wahrheit gesprochen, und bestätige, dass sie alle Feuer enthalten.«
Und sie:
»Und wo wäre dieses Feuer?«
Er antwortete:
»Das elementare Feuer, dessen Existenz ihr bezweifelt, ist die Seele. Sie ist in all den Dingen vorhanden, die über Geist und Seele verfügen, in allen fliegenden und auf der Erde gehenden Tieren und in den Pflanzen...«

Die wichtigsten Aussagen über die Seelen der Tiere kommen also aus den großen, faszinierenden Werken der heiligen Bücher, die allerdings zu geheimen Mysterien-Traditionen für Eingeweihte gehören. In der Kulturgeschichte der letzten zweitausend Jahre in Europa und dem Mittleren Osten versammelten sich an der

Seite (oder besser gesagt unter der Herrschaft) der Kirche und der offiziellen Lehren Gruppen von Priestern, die sich als Erben uralter Traditionen betrachteten, sowie ausgewählte Gruppen von Philosophen, Gelehrten, Künstlern und Naturwissenschaftlern um einen Altar in einer Krypta, einer Schule, einem Zentrum oder einer Werkstatt. Gnostiker, Anhänger des Mithras-Kultes, Jünger der Theurgie, Hermetiker, Kabbalisten, Alchemisten... erleuchtete Geister, denen es gelang, aus dem Studium und der Meditation Bücher voller Inspiration und Wahrheit zu schreiben.

Hohe, höchste, himmlische Wahrheit, die gerade deshalb unsichtbar, okkult, verborgen zu sein scheint.

Heilige Worte für die Geschöpfe

zusammengestellt von
Stefano Carnazzi und Stefano Apuzzo

Gott schuf alle Arten von großen Seetieren und anderen Lebewesen, von denen das Wasser wimmelt, und alle Arten von gefiederten Vögeln.
Gott sah, dass es gut war. Gott segnete sie...
Gott machte alle Arten von Tieren des Feldes, alle Arten von Vieh und alle Arten von Kriechtieren auf dem Boden. Gott sah, dass es gut war.

Genesis 1, 21-25

Dann sprach Gott zu Noah und seinen Söhnen, die bei ihm waren: »Hiermit schließe ich meinen Bund mit euch und mit euren Nachkommen und mit allen Lebewesen bei euch, mit den Vögeln, dem Vieh und den Tieren des Feldes, mit allen Tieren der Erde, die mit euch aus der Arche gekommen sind.«

Genesis 9, 9-10

»Sechs Tage kannst du deine Arbeit verrichten, am siebten Tag aber sollst du ruhen, damit dein Rind und dein Esel ausruhen...«

Exodus 23, 12

Denn jeder Mensch unterliegt der Vorsehung, und auch die Tiere unterliegen der Vorsehung... Beide haben ein und denselben Atem. Einen Vorteil des Menschen gegenüber dem Tier gibt es da nicht. ... Wer weiß, ob der Atem der einzelnen Menschen wirklich nach oben steigt, während der Atem der Tiere ins Erdreich hinabsinkt?

Kohelet 3, 19-21

Der Herr ist gütig zu allen, sein Erbarmen waltet über all seinen Werken.

Psalm 145

Der Gerechte weiß, was sein Vieh braucht,
doch das Herz der Frevler ist hart.

Sprichwörter 12, 10

...denn von der Größe und Schönheit der Geschöpfe lässt sich auf ihren Schöpfer schließen.

Das Buch der Weisheit 13, 5

So zahlreich die Geschöpfe auch sind, ich gelobe, sie zu retten.

Sama-Veda

Genauso ist es, mein Lieber; was immer die Geschöpfe hier auf der Erde sind – Tiger, Löwe, Wolf, Wildschwein, Wurm, Schmetterling, Bremse oder Stechmücke – sie alle bestehen als Sein fort. Was auch immer diese subtile Essenz ist, das gesamte Universum besteht aus ihr; sie ist die wahre Wirklichkeit, sie ist die Große Seele. Sie ist Du.

Chandogya-Upanishad

Die Seele der sanften Tiere soll durch keinen Übergriff angetastet werden.
Zarathustra

Wir widmen unsere Gebete allen Quellen, Bächen, den Pflanzen, die wachsen, den mächtigen Wäldern, der ganzen Erde und dem Himmel; allen Sternen, der Sonne und dem Mond und dem ewigen Licht. Wir widmen sie auch allen Tieren, die in den Wassern leben, denen, die auf der Erde leben, denen, die ihre Flügel zum Flug ausbreiten und denen, die über die Ebenen gehen. Allen guten und heiligen beseelten Wesen deiner Schöpfung, oh außerordentlicher Schöpfer aller Dinge.
Zarathustra

Lass alle Geschöpfe leben und nähre sie,
lass sie leben und halte sie nicht als dein Eigentum,
lass sie wachsen und zwinge sie nicht...
Lao-Tzu

Immer großmütig und tolerant den Geschöpfen gegenüber zu sein, die Menschen nicht zu unterdrücken – das ist das höchste Ziel.
Yin vom Pass

Es ist der Weg des Weisen, es den beweglichen Geschöpfen gegenüber nicht an Respekt fehlen zu lassen. Der heilige Mensch lebt unter den Geschöpfen, ohne ihnen Leid anzutun.
Chuang-Tzu

»Töte keine lebenden Wesen.«
Dieses Gebot korrigiert und reguliert den Geist, es macht ihn stark gegenüber der Welt und öffnet ihm den Weg der ewigen Gesundheit.
Bewahrt es immer in eurem Herzen...
Töte nicht, sondern schütze jedes lebende Wesen und hilf ihm.
Buddha

Alle Wesen sind mit einer großen Zahl von Verdiensten ausgestattet, mit einer unfassbaren, unvergleichlichen, unmessbaren Menge an Gnade. Alle Geschöpfe besitzen einen gleich großen Teil an Glanz.
Vajracchedika

Der Weise demonstriert auf vielfache Art sein großes Mitgefühl für die Geschöpfe, die ihm begegnen, wo immer er auch ist und die Möglichkeit dazu hat.
Arya Sura

Wenn wir das Fleisch von lebendigen Geschöpfen essen, vernichten wir die Wurzel des Mitleids in uns.
Surangama-Sutra

Die einfachste Art, einigen Geschöpfen Gutes zu tun, ist unendlich verdienstvoll.
Sieh dein Leben als ein Boot an, das nach deinem Willen kommt und geht, nützlich, um die Geschöpfe zu retten und ihnen Gutes zu tun.
Ich muss den Schmerz der anderen bekämpfen, denn er ist wie mein eigener Schmerz. Ich muss den anderen Gutes tun, denn sie sind lebende Wesen wie ich.
Es ist für die Weisen ein Ozean der Freude, die Geschöpfe zu befreien. Das muss meine Überzeugung sein, oh Herz! Du darfst keinen anderen Gedanken haben als das Wohl aller Geschöpfe.
Shantideva

Es ist eine abstoßende und furchterregende Erscheinung, Tiere aus Sport, aus Lust, aus Abenteuer oder wegen ihrer Felle zu töten. Für diejenigen, die sich solchen brutalen Handlungen hingeben, gibt es keinerlei Rechtfertigung.
XIV. Dalai Lama

Der spirituelle Fortschritt verlangt von uns, dass wir aufhören, unsere Gefährten, die Tiere, zu töten, um unsere körperlichen Bedürfnisse zu befriedigen.

Mahatma Gandhi

Erzieht die Kinder so, dass sie außerordentlich sanft und mitfühlend den Tieren gegenüber werden.

Abdul-Baha

Was euch betrifft, ihr Tiere der Erde, die ihr unter dem Menschen gelitten habt, so wird der Tag kommen, an dem ich ein großes Fest bereiten werde, ein großes Festmahl im Himmel. Ihr werdet euch der Anwesenheit Gottes erfreuen.

Ezechiel

Töte keine Tiere; das soll zum Gesetz für alle werden, das ohne Unterbrechung herrscht, durch den wachenden Äther und das immense Licht...

Empedokles

Nachdem Gott die Welt erschaffen hatte, brachte er die Lebewesen hervor.
Nachdem er die Weltenseele vermischt und aufgeteilt hatte, verteilte er sie und übergab sie der Natur. Diese nahm seinen Platz ein und schuf die Tiere.
Er hauchte ihnen die Seelen ein. Einige davon entnahm er dem Mond, andere der Sonne, und wieder andere von den Planeten, die auf fernen Himmeln ihre Bahn ziehen.

Timäus von Lokris

Die Liebe wohnt nicht nur in den Menschen, die sich von schönen Geschöpfen angezogen fühlen, sondern auch in allen anderen Lebewesen und in den Tieren.

Platon

Jede irdische Spezies, Menschen, Tiere und die Wasserwesen, die Herden und die farbigen Vögel; sie alle stürzen in den Wahn und die Flamme: die Liebe ist für alle gleich.

Vergil

Also fragte er: »Wohnen alle Seelen ohne Unterschied in allen Lebewesen oder ist die Seele des Menschen anders als die eines Pferdes oder Esels?«
»Nein, sie sind alle in allen Wesen gleich«, antwortete ich.

Justinus der Märtyrer

Sei sanft und mildtätig zu allen Geschöpfen, die die göttliche Heiligkeit in diese Welt gesandt hat. Füge niemandem Schmerz zu, schlage kein Tier.

Sepher Chassidim

Würde man die Natur fragen, warum sie erschafft, so würde diese antworten: »Das erschaffene Wesen ist für mich ein Objekt stummer Kontemplation.«

Plotin

Die Lebewesen sind durch ein Band der Verwandtschaft verbunden. Die Tiere sind durch ein Band der Bruderschaft mit uns verbunden, weil sie das gleiche Leben besitzen und aus den gleichen Elementen geformt sind.

Giamblico

O Gott, hilf uns, alle lebenden Dinge zu lieben, unsere kleinen Brüder, denen Du diese Erde zusammen mit uns als Wohnstätte gegeben hast. Möge der Mensch sich darüber klar werden, dass sie nicht nur für ihn leben, sondern auch für sich selbst und für Dich; dass sie genauso die Süße des Lebens lieben wie wir und Dir besser dienen als er.
St. Basilius von Cäsarea

Wir sollten zweifellos sehr gut zu den Tieren sein, aus zahlreichen Gründen; aber vor allem, weil sie den gleichen Ursprung haben wie wir.
Die Seelen der Heiligen sind von höchster Güte, und diese Güte erstreckt sich auch auf die Tiere.
Johannes Chrysostomos

Die Seele mit ihrer Kraft umfasst alle Geschöpfe.
Ratramnos von Corbies

Der allmächtige Herr und Gott erschafft die Seele der Tiere aus ihrer Seele, wie er ihre Körper aus ihrem Samen erschafft.
Godescalco d'Orbais

Wieviele Tiere gibt es, die das, was sie zum Leben brauchen, nicht bei sich führen. Und doch unterstützt Gott, der sie anhört und versteht, sie und euch gemeinsam. Sicher werden sie dir auf die Frage: »Wer hat Himmel und Erde erschaffen?« antworten, dass Gott sie schuf.
Koran

Wir werden uns im Reich des Himmels an der Seligkeit der ewigen Liebe erfreuen, wenn der Mensch, frei von Mühen und Last, mit den Vögeln und wilden Tieren im Himmel wohnen wird.
Moslemischer Ausspruch

Eine gute Tat an einem Tier ist genauso verdienstvoll wie eine gute Tat an einem Menschen, während eine grausame Handlung an einem Tier genauso schlimm ist wie eine grausame Handlung an einem Menschen.
Wer immer auch freundlich zu den Geschöpfen Gottes ist, ist freundlich zu sich selbst.
Mohammed

Sei demütig gegenüber den Geschöpfen Gottes.
Dhu'n-Nun Al Misri

Die vollkommenen Mystiker können lesen, was auf den Blättern der Bäume, auf dem Wasser, in der Luft, auf dem Festland und im Meer geschrieben steht. Sie verstehen die Sprache der Vögel und der wilden Tiere.
Ibrahim Ad Dasqui Al Qurashi

Jeder Übergriff auf den Körper eines lebenden Wesens, der Schmerz oder Krankheit verursacht, steht im Widerspruch zu den Prinzipien des Islams.
Imam Al-Hafiz Basheer Ahmad Masri

Höchster, allmächtiger, gütiger Herr,
Dein sind der Lobpreis, die Herrlichkeit, die Ehre und jegliche Segnung.
Dir allein, Höchster, gebühren sie,
und kein Mensch ist würdig, Deinen Namen zu nennen.
Gelobt seist Du, Herr, mit allen Deinen Geschöpfen,
besonders dem Herrn Bruder Sonne,
welcher der Tag ist, und durch den Du uns leuchtest.
Und er ist schön und strahlend mit großem Glanze,
von Dir, Höchster, trägt er den Sinn.

Gelobt seist Du, Herr, für Schwester Mond und die Sterne.
Du hast sie im Himmel gebildet, hell, köstlich und schön.

Gelobt seist Du, Herr, für Bruder Wind
und für Luft und Wolke und Himmelsblau und jedwedes Wetter,
wodurch Du Deine Geschöpfe erhältst.

Gelobt seist Du, Herr, für Schwester Wasser,
gar nützlich ist sie und demütig und köstlich und keusch.

Gelobt seist Du, Herr, für Bruder Feuer,
durch den Du die Nacht erleuchtest,
und schön ist er und fröhlich und rüstig und stark.

Gelobt seist Du, Herr, für unsere Schwester, die Mutter Erde,
die uns erhält und leitet
und mancherlei Früchte hervorbringt nebst bunten Blumen und Kräutern.

Gelobt seist Du, Herr, für alle, welche verzeihen aus Liebe zu Dir,
und Krankheit ertragen und Not,
selig, die ausharren in Frieden,
denn sie werden, Höchster, durch Dich die Krone empfangen.

Gelobt seist Du, Herr, für unsere Schwester, das leibliche Sterben,
dem kein Mensch entrinnen kann.
Weh jenen, die in Todsünden verscheiden.
Selig, die Deinem heiligsten Willen sich fügen,
denn der zweite Tod wird ihnen kein Leid antun.

Lobet und preiset den Herrn und saget Ihm Dank
und dient Ihm in großer Ergebung.

Ganz versunken in der Liebe zu Gott, sah der selige Franziskus die vollkommene Güte des Herrn nicht nur in seiner eigenen Seele, sondern auch in jedem Geschöpf. Wir, die wir mit dem seligen Franziskus zusammen waren und diese Dinge aufschrieben, können bezeugen, ihn viele Male sagen gehört zu haben: »Wenn ich zum Kaiser spreche, werde ich ihn anflehen und überreden, indem ich sage, er solle Gott und mir zuliebe ein besonderes Gesetz erlassen, dass niemand die Schwestern Lerchen fangen oder töten soll, noch ihnen sonst irgendein Leid antun. Außerdem sollen alle Governeure der Städte und Herren der Burgen verpflichtet sein, jedes Jahr am Tage der Geburt unseres Herrn den Menschen aufzuerlegen, Weizen und anderes Korn in den Straßen auszustreuen, draußen auf dem Land und vor den Burgen, damit die Schwestern Lerchen und die anderen Vögel etwas zu essen haben, an einem so hohen Feiertag und in Verehrung des Gottessohns, den in jener Nacht die seligste Jungfrau in die Krippe zwischen den Ochsen und den Esel legte. Jeder, der einen Ochsen oder Esel hat, soll verpflichtet sein, ihnen in jener Nacht reichlich Futter zu besorgen, auch die Armen sollen an diesem Tage von den Reichen mit guten Speisen gesättigt werden...« Er wollte, dass an diesem Tag jeder Christ Gott lobte, und dass aus Liebe zu ihm, der uns sich selbst schenkte, alle reichlich nicht nur für die Armen, sondern auch für die Tiere und Vögel sorgten.

Geschrieben von Bruder Leone und
den Gefährten des hl. Franziskus

Wir sind den Menschen Gerechtigkeit schuldig; Gnade und Güte den anderen Geschöpfen, die dafür empfänglich sein können.

Michel Eyquem de Montaigne

Jedes Wesen ist ein leuchtendes Teilchen der universellen Seele.

Gottfried Leibniz

Jedes Lebewesen ist den anderen gleich;
es ist der Natur und dem Himmel teuer.
Giuseppe Parini

Alle Formen der verschiedenen natürlichen Zusammensetzungen sind Strahlen des Geistes der Welt.
Spiegel der Wahrheit

Ich bin ein Indianer.
Ich denke an einfache Dinge, wie an diesen Kochtopf.
Das Wasser, das darin kocht, kommt aus den Regenwolken.
Es repräsentiert den Himmel.
Das Feuer kommt von der Sonne
die alle wärmt: Menschen, Tiere und Bäume.
Das Fleisch steht für die vierbeinigen Geschöpfe,
unsere Brüder, die Tiere.
Die ihren Körper geopfert haben,
um uns das Leben zu ermöglichen.
Der Dampf ist der Atem, der lebt.
Er war Wasser; jetzt steigt er zum Himmel auf,
und verwandelt sich wieder in eine Wolke.
Diese Dinge sind heilig.
Ich betrachte diesen Topf voller Suppe
und denke, wie der Große Geist sich
auf so einfache Weise meiner annimmt.
Tahca Ushte, Lame Deer (Lakota)

Jedes Leben ist heilig. Das Gleiche gilt für alles, was eine Kraft besitzt, sei es in der Aktion, wie die Wolken, die nach dem Gutdünken der Winde herbeikommen, oder im passiven Widerstand, wie der Fels auf dem Weg. Das ist so, weil auch der bescheidenste Zweig oder der einfachste Stein eine spirituelle Essenz besitzt, die Verehrung verdient als

Manifestation der geheimnisvollen Kraft, die das ganze Universum durchdringt.

Francis LaFlesche

Die Vögel waren für die Indianer schon immer wichtig, weil sie überall hinkommen, wo sie wollen, sich niederlassen, wo sie können, und frei sind. Wir nehmen uns die Federn der Vögel. Wir benutzen sie zu unseren Zeremonien, weil sie uns an den Schöpfer erinnern. Unter allen Vögeln ist der Adler dem Schöpfer am nächsten, weil er sich in die höchsten Himmel aufschwingt. Seine Federn sind von allen die heiligsten. Er ist der edelste Vogel. Daher gehört er zu jedem Volk, zu jedem Stamm.

Buffalo Jim

Heilige Mutter Erde, die Bäume und die ganze Natur
sind Zeugen deiner Gedanken und deiner Werke.

Winnebago-Meditation

Wie ihr wisst, sage ich, dass die Biber beschützt werden sollen; wie ihr wisst, sage ich, dass ihr aufhören sollt, die Wälder abzuholzen; wie ihr wisst, sage ich, dass das Geld, das ihr dafür bekommt, nicht den Preis wert ist, den ihr bezahlt. Aber da ist noch mehr zu sagen. Wenn wir jetzt zu sagen beginnen, dass bestimmte Dinge nicht zu verkaufen sind, dass bestimmte Dinge uns allen und den zukünftigen Generationen gehören, kann es sein, dass andere uns hören und die gleichen Dinge zu sagen beginnen. Und eines Tages werden wir ziemlich viele sein und uns davon überzeugen, dass wir es schaffen können.
Dass man die Welt wirklich verändern kann.

Häuptling Graue Eule, 1936

Alle Bewohner des Universums, vom bescheidensten bis zum mächtigsten, unterliegen der unmittelbaren Fürsorge und dem Schutz der großen, wohlwollenden und allwissenden Wesenheit, die jede Bewegung in der Natur leitet.
Adam Smith

Der Mensch sollte den Tieren gegenüber Herzensgüte zeigen, denn wer gewohnt ist, grausam zu ihnen zu sein, ist genauso unsensibel den Menschen gegenüber.
Man kann das Herz eines Menschen schon allein danach beurteilen, wie er mit Tieren umgeht.
Je mehr man sich dem Studium der Tiere und ihres Verhaltens widmet, der Fürsorge, die sie ihren Kleinen gegenüber an den Tag legen, desto mehr wird man sie liebgewinnen.
Immanuel Kant

Denn alles Lebendige ist heilig!
William Blake

Der betet gut, der Tiere, Vögel
und den Menschen liebt.
Noch besser betet derjenige,
der noch mehr all diese Dinge
zusammen liebt, kleine und große:
denn Gott liebt uns, der sie
geschaffen hat und dem sie
alle am Herzen liegen!
Samuel Taylor Coleridge

Gott gab Adam das gleiche Leben, das die anderen Tiere genießen. Ja, sie alle haben den gleichen Atem; daher nimmt der Mensch keine bevorzugte Stellung vor den Tieren ein.

John Wesley

Wie kostbar, wie herrlich ist ein Lebewesen! Wie gut passt es sich seiner Umgebung an, was für eine Wahrheit trägt es in sich, mit welcher Fülle der Existenz ist es ausgestattet!

Johann Wolfgang von Goethe

Wenn es keine Hunde gäbe, würde ich nicht leben wollen.

Arthur Schopenhauer

Ich liebe das, was lebt!

J.V. Widmann

Der Grad der Zivilisation eines Volkes ist an seiner Güte und seinem Mitgefühl den Tieren gegenüber abzulesen.

Alexander von Humboldt

Wenn die Vorsehung euch einen ausgesetzten Hund finden lässt, der wie ihr nach Liebe lechzt, sollt ihr ihn wie einen Freund behandeln. Das Herz dieses Tieres wird immer mit eurem Herzen schlagen, bis zu dem Tag, an dem der Priester Gottes euch zum letzten Male segnen wird, während der Hund euch im Namen der Natur beweinen wird.

Pater Lacordaire

Das geistige Prinzip in den Tieren ist von der gleichen Essenz wie das der Menschen.

Sir Benjamin Brodie

Ein Hund ist das einzige Wesen auf dieser Welt, das euch mehr liebt als sich selbst.

Charles Darwin

Die Tiere empfinden nicht nur Liebe, sondern wollen auch geliebt werden.

Charles Darwin

Die Grundlage jeder menschlichen Gesellschaft, in der untrennbaren Gemeinschaft des Menschen mit den anderen lebenden Wesen und der natürlichen Umgebung, in der er lebt, sollte das Mitgefühl sein.

Richard Wagner

Jedes Wesen ist wie ein lebendes Wort, das seine eigene Bedeutung hat; während die Erde wie eine Rede ist, die den Sinn aller Worte enthält. Die Menschen und die Tiere können nur als die Verben der Rede betrachtet werden. Ihre Komposition bringt einen höheren Sinn zum Ausdruck, als es das einzelne Wort an sich tun könnte.

Gustav T. Fechner

Respektiere die Tiere, denn sie verfügen über die ganze Fülle der Freude und das Prinzip des Denkens.

Fjodor Dostojewskij

Schau dir den Blick deines Hundes an: Kannst du immer noch behaupten, er hätte keine Seele?

Victor Hugo

Der Mensch ist das einzige Tier, das Mitglieder der eigenen Rasse tötet und foltert.

Erich Fromm

In den Augen meiner Katze liegt ein größeres Mysterium als in einer fliehenden Galaxis.

René Tom

Wäret ihr wenigstens vollkommen wie die Tiere! Aber die Unschuld gehört zum Tier.

Friedrich Nietzsche

Und wie tief ist im menschlichen Herzen das Gefühl der Sympathie für die anderen Lebewesen!

Leo Tolstoi

Wir sind zu zweit im Raum, mein Hund und ich... Ich begreife, dass in diesem Moment in ihm und in mir genau das gleiche Gefühl herrscht, dass es zwischen uns keinen Unterschied gibt. Wir sind identisch: in beiden brennt und leuchtet das gleiche bange Flämmchen... Nein! Das sind nicht ein Hund und ein Mensch, die miteinander Blicke tauschen... Es sind zwei Paar identische Augen, die fest auf den anderen gerichtet sind.
Und in diesen Augen, sowohl im Tier als auch im Menschen, liegt ein und dasselbe Leben, das sich scheu an das andere schmiegt.

Ivan Turgenew

Die Tiere sollten also als Geschöpfe angesehen werden, die sich selbstständig bewegen und handeln oder die Seelen wie die der Menschen besitzen, die sie informieren und leiten. Das Gedächtnis der Tiere, ihre Fähigkeit, Vergleiche anzustellen, zu unterscheiden und zu überlegen, und vor allem ihre Vernunft, die notwendigerweise ein fühlendes Prinzip voraussetzt, bestätigen darüber hinaus diese Wahrheit.

E.D. Buckner

Die wilden Tiere sind meine geliebten Geschwister.
Aleksandr Dobroljubov

Glücklich bin ich
über das, was ich eingeatmet habe,
was ich gelebt habe.
Glücklich, Frauen geküsst,
auf Blumen getreten, im Gras
herumgerollt zu sein,
und niemals Tiere,
unsere kleineren Brüder,
auf den Kopf geschlagen zu haben.
Sergej Esènin

Welches Gefühl
kann man je unter
den Menschen finden,
das der Treue eines Hundes gleichkommt?
Thomas Hardy

Jedes Lebewesen trägt in sich ein Licht.
Paul Claudel

Die Schöpfung lebt. Alle Wesen leben vom Gedanken.
Paul Klee

Es war viel mehr und viel weniger als Mitgefühl: Eine maßlose Teilnahme, ein Verschmelzen mit allen Geschöpfen... die sich zu mir erheben in einer solchen Fülle, in einer solchen Präsenz der Liebe, dass mein erfreutes Auge nichts um mich her erblickt, das nicht lebendig wäre.
Hugo von Hoffmannsthal

Gott gab Adam das gleiche Leben, das die Tiere genießen. Ja, sie alle haben ein und denselben Odem. Daher hat der Mensch keinerlei Vorrecht vor den Tieren.
John Wesley

Das geistige Prinzip bei den Tieren ist von der gleichen Essenz wie das der Menschen.
Sir Benjamin Brodie

Mein Mitgefühl für die Tiere beruht auf den tiefsten Grundlagen einer weit zurückreichenden Einstellung, nämlich der unbewussten Identität mit den Tieren.
Carl Gustav Jung

Der Dichter liebt wie ein Kind die Tiere, die wegen der Einfachheit und Nacktheit ihres Lebens Gott und den Wahrheiten, die man im offenen Buch der Schöpfung lesen kann, viel näher sind als die Menschen mit ihren Notwendigkeiten der sozialen Verpflichtungen und ihrem ständigen Heucheln.
Umberto Saba

Es gibt nichts auf der Welt, was mich so rührt wie die Augen der Tiere. Es liegt ein Geheimnis in diesen Augen, das für mich mehr wert ist als jedes Mysterium der Menschen.
Curzio Malaparte

Ist das Wehklagen eines Welpen, den man aus Bosheit getreten hat, so anders als das Weinen eines Kindes?
Dino Buzzati

Auf dem Grunde der Tieraugen leuchtet ein schwaches Licht der Traurigkeit, das mich mit einer derartigen Liebe erfüllt, dass mein Herz sich wie eine Zufluchtstätte für den Schmerz aller Geschöpfe öffnet.
Francis James

Wenn ihr weißen Menschen nie hierher gekommen wäret, so wäre dieses Land noch, wie es einmal war. Alles hätte seine ursprüngliche Reinheit bewahrt. Ihr habt das 'wild' genannt, aber so war es in Wirklichkeit nicht. Es war frei. Die Tiere sind nicht wild; sie sind lediglich frei. Auch wir waren bis zu eurer Ankunft frei. Ihr habt uns wie Wilde behandelt, habt uns unzivilisierte Barbaren genannt. Dabei waren wir nur frei!
Häuptling Leon Shenandoah

Wie kann der Mensch das Leben verstehen, wenn er nicht daran teilnimmt? Er muss lernen, im Herzen eines Koyoten zu leben. Es ist keine poetische Geste, sich vorzustellen, was der Wolf oder das Käuzchen empfinden. Ein Medizinmann muss sich mit seinem Bewusstein in das Tier versetzen und sich als Koyote, Vogel oder ähnliches begreifen. Er muss praktisch mit den Augen des Koyoten sehen, mit seinen Ohren hören und mit seinem Verstand denken.
Rolling Thunder, Medizinmann aus Nevada

Die Tiere sind der Großen Seele näher als wir Menschen. Aber gleichzeitig sind sie auch seltsamerweise in einer Intensität mit der Erde verbunden, die wir Menschen nie erreichen werden. Daher haben sie ein wenig Mühe, wenn sie sterben, in die Wirklichkeit jenseits der irdischen Ebene einzutreten.
John Browne (Schamane vom Indiostamm des Jaguar-Volkes)

Aus der Tiefe meines Geistes wusste ich, dass das Leben, das in mir fließt, aus der gleichen Quelle entspringt wie das der Tiere. Gott hatte beide geschaffen. Hass und Angst lösten sich auf, und in mir breitete sich die Liebe zum Leben aus.

E.J. Michael

Es dürfte sehr schwer sein, einen Hundebesitzer davon zu überzeugen, dass sein Tier nicht telepathisch mit ihm kommuniziert.

Maurice und Robert Burton

Weißt du, dass deine Wünsche nur dann in Erfüllung gehen, wenn du zu Liebe und Verständnis für Menschen, Tiere, Pflanzen und Sterne fähig bist, so dass jede Freude zu deiner Freude, jeder Schmerz zu deinem Schmerz wird?

Albert Einstein

Als ich noch klein war, bevor ich in die Schule kam, konnte ich nicht verstehen, wieso mein Abendgebet nur den Menschen gelten sollte. Wenn meine Mutter daher mit mir gebetet hatte, fügte ich gewöhnlich still ein Gebet für alle Lebewesen hinzu, das ich selbst verfasst hatte: »Oh himmlischer Vater, schütze und segne alle Dinge, die lebendig sind, verteidige sie gegen das Böse und mache, dass sie in Frieden schlafen.«

Albert Schweitzer

Wenn ich erwarte, dass die anderen mein Leben respektieren, muss ich auch das Leben der anderen respektieren, so seltsam mir das vorkommen mag.

Albert Schweitzer

Ich finde es richtig, dass ihr euch direkt an die Jugend wendet und ihr klarmacht, dass unser Herz sich für die anderen Geschöpfe verantwortlich fühlen soll, indem ihr verhindert, dass an ihnen Grausamkeiten verübt werden, und sei es auch aus Zerstreuung oder Unwissenheit.

Albert Schweitzer

Schau diesen armen streunenden Hund an. Rufe ihn, gib ihm ein bisschen von deiner Wegzehrung ab, streichele ihn. Der Herr hat ihn geschickt, damit du einem seiner Geschöpfe, das so verlassen ist, etwas Gutes tun kannst.

Don Bosco

Grausamkeit gegen Tiere kommt einer hasserfüllten Handlung gegen Gott gleich.

Kardinal John F. Newman

Man sollte die Liebe zu Gott, dem Nächsten und den Geschöpfen lernen, dann wird die Seele erhöht.

Monsignor M. Faloci-Pulignani

Jeder Impuls, Tiere grundlos zu töten, jede Misshandlung oder Grausamkeit ihnen gegenüber ist zweifellos zu verurteilen. Ein solches Verhalten übt einen schlechten Einfluss auf die Seele des Menschen aus. Es lässt ihn niederträchtig werden.

Pius XII.

Die Tiere sind Geschöpfe Gottes. Sie dürfen nicht misshandelt werden... Erinnern wir uns nur an das Leid, das Franziskus empfand, wenn er sah, wie Hunde misshandelt wurden, und wie er unweigerlich einschritt, um sie zu schützen. Und Jesus als guter Hirte konnte nicht anders, als die sanften Schafe zu lieben und alle zu ihrem Schutz aufzurufen.

Johannes XXIII.

Die Tiere sind der kleinste Teil der göttlichen Schöpfung, aber wir werden sie eines Tages im Mysterium des Christus wiedersehen.

Paul VI.

Das Christentum verfügt über tiefe Legenden, die Tiere und Menschen verbinden: Der Ochse und der Esel, die mit ihrem Atem das Jesuskind wärmen; der Löwe, der hingebungsvoll die Leichen der Einsiedler beerdigt oder Hieronymus als Wachhund dient; die Raben, die den Wüstenvätern Nahrung bringen; der Hund des Rochus, der für seinen kranken Herrn sorgt; der Wolf, die Vögel und die Fische des Franziskus; die Tiere des Waldes, die Schutz suchen bei Blasius; das Gebet für die Tiere des Basilius von Cäsarea oder der Hirsch mit dem Kreuz, der Hubertus bekehrt (es ist eine der grausamsten Ironien der religiösen Folklore, dass dieser Heilige zum Schutzpatron der Jäger geworden ist). Oder auch die Heiligen Irlands und der Hebriden, die einige verletzte Reiher ans Ufer bringen und pflegen, die die nunmehr schutzlosen Hirsche beschützen und in Bruderschaft mit einem weißen Pferd sterben...

Marguerite Yourcenar

Wenn wir ein lebendes Wesen sehen, wissen wir, dass dahinter ein Akt der Liebe Gottes steht.
Jedes Lebewesen ist ein Akt der göttlichen Vorsehung, eine Antwort auf seinen Ruf.

Kardinal Giacomo Vitti

Herr, nimm deine freien Geschöpfe wieder zu dir!

(Jesus, während er zwei Tauben bei der Kreuzigung der Zeloten freiläßt. Aus dem Film *Die Gärten von Eden*).

Der Herr hat uns einen Garten geschenkt, wo alles in Harmonie lebt... nur wir Menschen wissen, dass wir aus diesem Bild fallen; ich möchte wissen, warum.

(Jesus, an die Essener gewandt. Aus dem Film *Die Gärten von Eden*).

»Was wird mit meinem Hund geschehen?« »Er geht dahin, wohin wir alle gehen werden; wie kann das etwas Schlechtes sein?«

(Dialog zwischen der Mutter und der Tochter aus dem Film *Bis ans Ende der Welt*).

Am siebten Tage betrachtete Gott die Schöpfung in Güte, mit Liebe und Zärtlichkeit...
Wir müssen das liebevolle Antlitz Gottes allen Geschöpfen gegenüber wieder entdecken.

Johannes Paul II.

Möge sich die Menschheit mit der Schöpfung aussöhnen.

Johannes Paul II.

Jesus liebte die Tiere sehr.

Johannes Paul II.

Das Leben ist Leben, für jedes Wesen, das es besitzt, für das Blümchen auf der Wiese, für den Tiger im Urwald, für den Parasiten und das Hündchen; und als Leben muss man es immer respektieren und schützen.

Salvatore Privitera

Was man einem Kind beibringen muss, vor allem mit Beispielen, ist die Achtung und der Respekt vor jeder Form des Lebens. Das Verständnis und die Wertschätzung all dessen, was anders ist. Ein Welpe, der in einer Menschenfamilie aufwächst, kann all dies wirklich lehren. Wenn sich das Kind dann um das Wohlergehen des Welpen sorgt, so kann diese Projektion und Aufmerksamkeit den Bedürfnissen der anderen gegenüber sogar seinen natürlichen, kindlichen Egoismus mildern. Ein Welpe kann wirklich unseren Kindern wichtige Dinge beibringen. Das, was die großen Tugenden ausmacht. Unterschätzen wir ihn also nicht.

Danilo Mainardi

Wie können wir mit dem zufrieden sein, was wir haben? Wie können wir die Gier bezähmen, die uns befällt?
Genügt es vielleicht, in einer klaren Nacht die Sterne zu betrachten? Oder sich in einen großen Stein oder einen schönen Baum zu versetzen?
Oder auch, wenn wir versuchen, es den Tieren gleichzutun? Wenn wir ihr Verhalten erforschen, um so zu werden wie sie, eins mit den Dingen, mit der Schöpfung.
Wir müssen uns daran erinnern, dass der Begriff Tier *(italienisch* animale*) sich vom lateinischen* Anima *(Seele) ableitet.*

Pietro Cascella

VI.
Wenn ein vierbeiniger Freund stirbt

– Edgar Meyer –

Friedhöfe für Katzen und Hunde

Der älteste Tierfriedhof in Italien wurde von Mussolini gegründet. »Es war vor über sechzig Jahren, im Jahre 1923«, berichtet Luigi Molon, der heutige Besitzer der »Casa Rosa« in Rom. »Mein Vater, der aus Venetien stammte, sich jedoch in der Hauptstadt niedergelassen hatte, leitete eine Klinik und eine Pension für Tiere. Er behandelte auch die Tiere vom Duce und seiner Familie. Eines Tages kam er mit einer besonderen Bitte zu mir. Eine Spielgefährtin der Kinder Mussolinis war gestorben, ein Huhn, an dem die ganze Familie besonders gehangen hatte. Sie wollten es nicht wie einen beliebigen Gegenstand einfach wegwerfen. Daher baten sie meinen Vater, der neben der Klinik ein Stück Land besaß, es dort zu begraben. So geschah es. Mussolinis Kinder kamen oft, um das Grab zu besuchen.« Daraufhin machte die Neuigkeit die Runde, und es kamen erneut Anfragen. »Es kamen zum Beispiel auch einige Mitglieder des Königshauses«, fährt Molon fort. »Später brachten auch Peppino De Filippo und Anna Magnani ihre Tiere hierher. Auch heute noch ist dieser Friedhof bei berühmten Persönlichkeiten des öffentlichen Lebens beliebt.«

Casa Rosa ist der älteste Tierfriedhof Italiens und daher auch der meistbevölkerte. Auf den sechzehnhundert Quadratmetern seines Areals gibt es über achthundert kleine Grabsteine. Das Grab von Mussolinis Huhn ist jedoch nicht mehr vorhanden. In Rom gibt es noch drei andere Zufluchtsstätten der letzten Ruhe für Tiere. Sie sind alle im Zusammenhang mit Tierkliniken oder Pensionen entstanden. Der kleinste Friedhof ist das »Hotel für Katzen und Hunde«, das fünfzehn Gräber beherbergt. Für den Friedhof von Villa Andreina, der seit dreißig Jahren besteht und 1991 restauriert wurde, sind Neuigkeiten in Sicht. »Ich habe die Absicht«, sagt der Inhaber, Arnaldo Palladini, die Grabstätten zu verschönern und zu erweitern. Bisher sind 250 Plätze vorgesehen.« Aber abgesehen von Rom sind im zentralen und südlichen Italien die Aussichten nicht besonders ermutigend. Von den Tierliebhabern hört man nur Schlechtes. »In Umbrien gibt es nichts.« »Im oberen Tibertal gibt es nicht einmal vernünftige Tierheime, geschweige denn Einrichtungen wie Tierfriedhöfe.« »Es gibt keine Tierfriedhöfe«, bestätigte man uns auch bei der »Enpa« in Catanzaro, der regionalen Delegation der LAV (Lega Antivivisezione) der Abbruzzen, sowie bei den Vereinen, die wir befragten. Das Städtchen Grosseto macht Fortschritte: »Wir empfinden das Bedürfnis«, erklärte Loredana Serboli, die Beauftragte für Tiere im Stadtrat, »eine solche Stätte einzurichten, auch weil es in der gesamten Maremma (und wahrscheinlich in der ganzen Toskana) keine Tierfriedhöfe gibt. Daher werden wir neben dem Tierheim, das demnächst eröffnet wird, auch einen Friedhof einrichten, der allen Tieren zur Verfügung steht.« Inzwischen sind wir beim südlichsten Tierfriedhof Italiens angelangt. Er wird von der Abteilung Neapel des Nationalen Hundeschutzbundes betrieben. Diese Initiative ist sehr interessant, besonders weil sie wahrscheinlich die einzige in ganz Süditalien ist.

Das Franziskus geweihte Tierheim und der Friedhof sind fast gleichzeitig entstanden – das eine im Jahre 1964 und der andere zwei Jahre später. Im Laufe der Jahre wurden im Zusammenhang mit diesen beiden Einrichtungen verschiedene Initiativen ins Leben gerufen. Am 2. November findet eine Prozession zum Tierheim und zum Friedhof statt, während am Tag des Franziskus ein großes Fest organisiert wird. »An diesem Tag«, sagen uns die Mitglieder des Hundeschutzbundes, »bringen wir viele Blumen auf den Friedhof, die wir auf alle Grabstätten stellen, auch auf die, die im ganzen Jahr von niemandem besucht werden und daher nicht geschmückt sind. Zum Schluss möchte ich Ihnen eine Besonderheit erzählen: Außer Katzen und Hunden, Tauben und anderen Vögeln beherbergt dieser Friedhof auch einen Aal. Eine Dame brachte ihn zu uns, die ihn nach neapolitanischer Tradition für Sylvester gekauft hatte. Der Aal wurde lebend verkauft, und die Dame brachte es nicht übers Herz, ihn umzubringen. Als er starb, brachte sie ihn hierher.«

In Capo d'Orlando in Sizilien gibt es im Park der Villa des Dichters Lucio Piccolo, eines Zeitgenossen von Tommaso di Lampedusa, einen privaten Friedhof, der den oben beschriebenen ähnelt. Er beherbergt nur etwa fünfzig Grabsteine, unter denen alle Hunde beerdigt sind, die der Dichter und seine Familie im Laufe seines Lebens besaßen. Der Platz ist bezaubernd. Er liegt auf einem Hügel mit Blick über das Meer und wird zusammen mit der Villa von einem Kulturverein betreut.

Wenn ein kleiner Freund stirbt

Wer sind die Menschen, die sich dazu entschließen, ihrem vierbeinigen Freund eine Grabstätte zu geben? Es sind Berufstätige, Arbeiter, Hausfrauen und viele junge Leute.

»In den ersten Jahren«, bemerkt Frau Zani, die Leiterin des *Country Dog*, »kamen vor allem ältere Menschen zu uns, denen ihre Tiere viele Jahre lang Gesellschaft geleistet hatten und die es nicht übers Herz brachten, sich brutal von ihren Lieben zu trennen. Aber in letzter Zeit wenden sich auch viele junge Leute an uns, die ihre Kindheit und Jugend mit einem Hund oder einer Katze verbracht hatten, mit ihnen aufgewachsen waren. Vor allem für sie ist es schwierig, diesen langjährigen Freund und Gefährten vieler Abenteuer einfach in den Mülleimer zu werfen«.

»Unsere Kunden«, sagen auch die Mitglieder des *Parco San Francesco*, »sind überzeugt, dass das Leben in allen seinen Manifestationen Respekt verdient, vor allem auch nach dem Tode; daher wollen sie für ihr Tier, das ihnen soviel gegeben hat, ohne etwas zu fordern, eine würdige Grabstätte.«

»Oft«, sagt zum Abschluss der Inhaber des *Riposo di Snoopy*, »kommen Personen zu uns, die sehr schüchtern sind und sich ihrer Gefühle schämen. Hier ist ein wenig Psychologie erforderlich. Ich sage zu ihnen: Wollt ihr weinen? Dann weint. So habe ich mit vielen Menschen Freundschaft geschlossen.«

Die Erinnerung an unsere treuen Gefährten bewahren

Man kann heutzutage auf immer mit seinem vierbeinigen Freund verbunden bleiben, auch nach dessen Tod. In Italien ist das vor allem dann möglich, wenn man in der Lombardei lebt.

In Osio di Sotto, etwa fünfzehn Kilometer von Dalmine, gibt es den *Zoocimiteriale Mesolino*, das erste private Krematorium für kleine Haustiere in Italien. Es wird von Franco Medolago geleitet, der, bevor er sich für diese Tätigkeit entschied, in der Werbung und als Leiter eines Restaurants aktiv war.

»Wie sind Sie auf diese Idee gekommen?«

»Vor einigen Jahren entdeckte ich, dass es in England, im *Cambridge Practical Cemeteries*, ein so genanntes *Pet Rest* gibt, einen Beerdigungsdienst, der für Grabstätten oder Kremierung sorgt und mit etwa der Hälfte der englischen Tierärzte in Verbindung steht. Bereits vor Jahren hat diese Firma Franchise-Unternehmen in Frankreich, Holland und Deutschland ins Leben gerufen. Aber die Idee, seinen Firmennamen auch in Italien zu plazieren, wurde noch nicht ins Auge gefasst, weil es bei uns für Tiere noch keinen öffentlichen Beerdigungs- oder Verbrennungsservice gibt. Daher bin ich auf die Idee gekommen, ein Krematorium für kleinere Haustiere einzurichten. Ich bin stolz darauf, weil ich überzeugt bin, dass dies sehr vielen Leuten helfen kann, die Trennung von ihrem vierbeinigen Freund leichter zu überwinden.«

»Können Sie uns ein paar Beispiele nennen?«

»Ich erinnere mich an ein hübsches Mädchen aus Como, das mit seinem bei einem Verkehrsunfall gestorbenen Hündchen zu uns kam. Sie übergab es mir und fragte: »Kann ich in die Urne auch diese Briefe legen, die ich ihm geschrieben habe?« Ich erfüllte ihr diesen Wunsch. Später sah ich sie tränenüberströmt weggehen, im Arm des jungen Mannes, der sie begleitete.«

»Worin genau besteht Ihr Service?«

»Ich setze mich persönlich mit den Tierärzten in Verbindung und informiere sie über unseren Verbrennungsdienst für Hunde und Katzen. Es gibt auch die Möglichkeit, deren Asche mitzunehmen. Außerdem führe ich selbst die Kremierung durch.«

»Wie geht das vonstatten?«

»Normalerweise ruft mich der Tierarzt an, wenn ein Tier verbrannt werden soll. Oder der Besitzer des Tieres meldet sich, um sich über die letzten Augenblicke der irdischen Existenz seines vierbeinigen Freundes zu informieren. Innerhalb von vier Stunden nach dem Tode des Tieres hole ich seine kleine Leiche ab und bringe sie an ihren letzten Bestimmungsort, das Krematorium. Nach der Verbrennung bringe ich die Asche auf dem Grundstück meiner Firma unter oder auf Wunsch in einer kleinen Urne, die ich selbst dem Besitzer überbringe.«

»Zu welcher Tageszeit findet dieser Service statt?«

»Der Service ist zu jeder Tageszeit möglich. Ich stehe für die Überführung der Leichen von sieben Uhr morgens bis neun Uhr abends zur Verfügung, auch Sonntags.

»Kann der Besitzer des Tieres der Kremation beiwohnen?«

»Ja, sicher, aber das ist kein leichter Moment...«

»Wieviel kostet eine Kremierung?«

»Die einfache Einäscherung einer Katze oder eines Hundes kostet etwa 2,20 Euro pro Kilo und 15 Cent pro Kilometer für die Transportkosten. Die Übergabe der Asche eines Hundes von 20 bis 25 Kilo und einem Transport von 25 bis 30 Kilometern kostet etwa 150 Euro, einschließlich Transport, Einäscherung, Urne und Übergabe der Asche. Für große Hunde ist der Preis höher. Für eine Dogge von 60 Kilo kostet die Prozedur etwa 250 Euro. Aber bei Schildkröten, Hamstern oder Wellensittichen ist sie absolut kostenlos.«

Schon vor tausend Jahren gab es Tierfriedhöfe

Die Engländer sind als tierlieb bekannt; aber kaum jemand weiß, dass sie bereits vor über tausend Jahren Tiere in speziell für sie ausgehobenen Gräbern bestatteten.

Das wurde bei einer ausführlichen archäologischen Ausgrabung entdeckt, bei der die Gebeine zahlreicher Hunde ans Tageslicht kamen, die seit mehr als zehn Jahrhunderten begraben waren.

Bis heute galt in England ein 'nur' zweihundertjähriges Grab als das älteste, das für einen Hund angelegt wurde. Die jüngsten Funde machte man bei Ely, einem Ort in Großbritannien, an dem zahlreiche Spuren einer Ansiedlung von *Hereward the Wake* gefunden wurden, der 1070 gegen Wilhelm den Eroberer kämpfte, um ihn aus England zu vertreiben.

Es wurden mindestens zwanzig Hunde gefunden, die zur Rasse der Staffordshire Bullterrier gehörten. Kein anderes Haustier wurde mit soviel Respekt behandelt. Die zahlreichen Reste von Katzen, Kühen und Schweinen wurden an verschiedenen Stellen oder im Abfall gefunden, aber kein Knochen eines Hundes wurde irgendwo an einem beliebigen Platz weggeworfen.

Der englische Forscher Roddy Regan hat gesagt: »Es gibt einen Zweifel, über den wir uns noch nicht klar geworden sind, was die Anwendung dieser Hunde betrifft: Waren sie Begleiter des Menschen oder Hunde, die bestimmte Arbeiten verrichteten?

Es gibt auf diese Frage noch keine endgültige Antwort, auch wenn ich glaube, dass es sich vermutlich um Hunde handelte, die für die Bewachung der Kuh- und Schafherden abgerichtet waren. Ein tüchtiger Schäferhund hätte seinem Herrn einen guten Verdienst ermöglicht; daher war es ganz natürlich, wenn zwischen dem Herrn und den Hunden eine besonders enge Beziehung entstand. Das erklärt, warum ein Hund nach seinem Tode mit fast religiösem Respekt beerdigt wurde.«

Die Fundstücke sind geborgen worden, aber mehrere Monate lang wurde diese Entdeckung geheim gehalten, um zu vermeiden, dass der Ort von Dieben und Neugierigen geplündert wurde. Die Skelette der Hunde bilden nur die Spitze des Eisbergs aller Funde. Wenn man die Knochen und das Geschirr zusammenrechnet, sind über 50.000 Fundstücke entdeckt worden, die jetzt untersucht werden, um Aufschluss über den Alltag jener Bevölkerung zu erhalten.

Die besten Stücke wurden in das Museum von Ely gebracht. Das Ausgrabungsgebiet war vom 7. bis zum 12. Jahrhundert von mehreren hundert Personen bewohnt.

Bereits in der Antike wurden Tiere beerdigt

Die Ägypter opferten Stiere und männliche Kälber, die als rein galten. Kühe wurden hingegen nicht geopfert, weil sie Isis geweiht waren. Tatsächlich trägt die Statue der Isis, die als Frau dargestellt wird, die Hörner einer Kuh auf dem Kopf. Die Ägypter begruben Rinder nach ihrem Tode; die Kühe wurden dem Fluss übergeben, während die männlichen Tiere im Stadtviertel begraben wurden, in dem sie gelebt hatten. Dabei schaute eines der Hörner oder beide aus der Erde, um auf ihre Anwesenheit aufmerkam zu machen. Wenn der Körper eines Tieres verwest war, kam zu jeder Stadt ein Boot von der Insel Prosopis. Diese Insel lag im Delta des Nils und hatte verschiedene Städte, darunter Atarbeck, wo es einen Aphrodite-Tempel gab. Aus Atarbeck kamen die Boote, die die Gebeine der Rinder abholte. Diese wurden dann an einer einzigen Stelle begraben.

Frankreich

Hier beginnt unsere Reise durch die Welt der Tierfriedhöfe; ein Weg, der uns noch einmal gezeigt hat, wieviel Liebe in einem Leben mit Vierbeinern entstehen kann.

Wenn in Italien auch die Tradition der Tierfriedhöfe noch jung ist, so besteht sie in anderen Ländern bereits seit Jahren. So zum Beispiel im benachbarten Frankreich, wo der Brauch, Haustiere zu respektieren, schon lange verfestigt ist. In Paris wurde vor fast hundert Jahren, genau 1899, ein Friedhof für Katzen und Hunde eingerichtet. Die Idee dazu kam von Marguerite Durand, einer Feministin, die sich dem Tierschutz verschrieben hatte, und einem Pariser Rechtsanwalt, George Harmoi. Der Plan fand aus Gründen der Hygiene breite Zustimmung in der Öffentlichkeit und bei den Behörden der Stadt. Man wählte eine kleine Insel auf der Seine, zwischen Clichy und Asnières, vor den Toren von Paris. Der Bürgermeister übereignete diese Insel den Hunden. Nach etwa sechzig Jahren hatten dort bereits 40.000 Vierbeiner ihre ewige Ruhestätte gefunden. Kleine, fast sämtlich mit Blumen geschmückte Gräber liegen an den schmalen Kieswegen aufgereiht. Der Friedhof hat die Atmosphäre eines romantischen Gartens; er wurde sogar vor etwa zehn Jahren zur nationalen Sehenswürdigkeit erklärt. Ein

Besuch ist für einen Tierliebhaber, der Paris besucht, fast ein 'Muss' geworden. (Cimetière des chiens d'Asnières, 4 Pont de Clichy, F-92600 Asnières).

Man folgt einem architektonischen Verlauf, der beim Beginn des 20. Jahrhunderts anfängt und bis in die heutige Zeit reicht. Man kann dort zum Beispiel die Grabstätte von Rin Tin Tin, dem ersten Fernseh-Hundestar, bewundern, die heute noch Ziel vieler Fans ist.

Aber in Asnières gibt es noch ein anderes Grab, dem die Franzosen besonders verbunden sind – das von Barry, dem beliebtesten aller Bernhardiner aus dem berühmten Kloster in den Alpen, die den Menschen zu Hilfe eilten, wenn sie sich im Schneesturm verirrten. Das Grabmal von Barry, ein großer Marmorblock, auf dem die Statue eines Bernhardiners steht, vergisst man nicht so leicht. Die Inschrift darauf besagt: »Er rettete vierzig Personen das Leben; die einundvierzigste tötete ihn.«

So war es, denn Barry starb im Winter des Jahres 1929, erstochen von dem Mann, den er gerettet hatte. Die Zeitungen von damals berichten, dass Barry einen unter dem Schnee begrabenen Mann aufgestöbert und den noch Bewusstlosen mit den Zähnen aus dem Eis gezerrt hatte. Der Mann kam wieder zu sich, hielt jedoch, von Angst verwirrt, den Hund für ein wildes Tier. Er zog ein Messer und stach dem Bernhardiner mit den verbliebenen Kräften in die Kehle.

Wenn man durch die Kieswege spaziert, sieht man überall Grabsteine, die an die Zuneigung der Besitzer zu ihren vierbeinigen Freunden erinnern. Wie zum Beispiel das Denkmal, auf dem ein kleiner Hund zu sehen ist, der unter einem großen, girlandengeschmückten Kranz schläft, mit der Inschrift: »Im Gedenken an meine liebe Emma, die treue und einzige Gefährtin meines ansonsten verzweifelten und entwurzelten Lebens.« Überall sind rührende Inschriften zu sehen.

Ein bisschen weiter steht: »Mon Mouk, Liebling, treuer und beweinter Gefährte meiner guten und schlechten Tage, ruhe in Frieden. Ich werde dich weder vergessen noch ersetzen. Wenn ich einmal nicht mehr hierher komme, so heißt das, ich lebe nicht mehr.« Es gibt in Paris noch weitere Friedhöfe, wie den *Les jardins du souvenir*, der sehr viele Besucher hat, und *Les champs de repos*.

England

Sehen wir uns als nächstes England an. Dort liegt die Gründung des ersten Tierfriedhofes 116 Jahre zurück. Er lag natürlich in London, einer Stadt, die heute noch auf dem Gebiet der Tierhaltung und Tierliebe vorbildlich ist. Dieser entzückende Zufluchtsort liegt im Inneren des Hyde Parks, der sich im Gebiet von Westminster über eine Fläche von 146 Hektar erstreckt. Der *Pet Cemetery* wurde 1882 eingeweiht. Es gibt heute noch Grabmäler aus dem späten 19. Jahrhundert. Wie etwa den Grabstein »Im Gedenken an den geliebten Cupido« von 1898. Es sind kleine Fragmente der weniger bedeutenden Geschichte, kleine Inseln der ewigen Zuneigung.

Von 1882 bis heute sind allein in London etwa zehn weitere Tierfriedhöfe entstanden. Es ist unmöglich herauszufinden, wieviele über ganz England verstreut liegen, aber es sind viele, sehr viele. So viele, dass vor drei Jahren sogar ein Verein ins Leben gerufen wurde – der Verein für private Tierfriedhöfe und Krematorien – in dem sich etwa dreißig Beerdigungsinstitute für Vierbeiner zusammengeschlossen haben, die im ganzen Land verteilt sind. Seine Mitglieder müssen über eine reguläre Lizenz verfügen; sie verpflichten sich, diskret vorzugehen, mit Respekt für die Tierbesitzer und ihre Lieblinge; denn auch im Lande der Tierliebhaber gibt es einige Probleme. Die englischen Zeitungen befassten sich kürzlich mit einem wenig sympathischen Fall: Die Besitzerin eines Tierfriedhofes wurde wegen Betrugs zu 27 Monaten Haft verurteilt. Die Dame hatte für ein Entgelt von ca. 1250,- Euro ihren trauernden Kunden versprochen, die kleinen Leichen ihrer Lieblinge würdig zu beerdigen. Sie durften einen Sarg und die Grabstätte wählen. In Wirklichkeit waren die Tiere, wie man herausfand, in Lumpen oder Plastiksäcke gehüllt, nur wenige Zentimeter unter der Erdoberfläche begraben. Eine traurige Täuschung, die die Gefühle der Kunden missachtete.

Aber zum Glück gibt es auch Heiteres zu berichten: In der englischen Monarchie durfte das 'Pfötchen' [Wortspiel im Italienischen, das Pfötchen bedeutet hier Einfluss, N.d.Ü.] der Königin nicht fehlen. 1994 nahm sich die Queen, die offensichtlich auch sehr tierlieb ist, den Fall des Besitzers eines Tierfriedhofes zu Herzen, der keine Lizenz zur Ausübung seines Berufes hatte, jedoch vom sanitären Standpunkt einen einwandfreien Betrieb führte. Er hätte fast seine Tore für die Besucher schließen müssen; dann aber reichte ein Unterstützungsbrief Ihrer Majestät, um die Ausstellung der notwendigen Papiere zu erreichen.

Damit sind wir in Schottland angekommen, einem weiteren angelsächsischen Land. Hier, in Edinburgh, gibt es auf den Bastionen des Schlosses einen besonderen Friedhof für 'Hundesoldaten'; er ist allen Maskottchen der englischen Militärcorps gewidmet. Dies ist eine verdiente Anerkennung für die Hunde, die in der Vergangenheit der menschlichen Sache treu gedient haben. Der Friedhof wird von einem Ehrencorps bewacht; bei Sonnenuntergang spielen Dudelsäcke das Lied *Il Silenzio.*

Deutschland

In ganz Europa finden wir Zeugnisse der Liebe und des Respekts für die Tiere. Friedhöfe existieren in der Schweiz, wie etwa in Zürich und in Bern. In Deutschland scheinen die schönsten von ihnen in Nürnberg und in Volkersheim, einem Dorf bei Hannover, zu liegen. In München hingegen gibt es keine Tierfriedhöfe, aber die Tierliebhaber sind darüber nicht besonders erbost, denn, wie es scheint, benutzen sie dafür heimlich den Englischen Garten, einen weitläufigen Park in München, am Ufer der Isar.

Bei Berlin finden wir eine Kuriosität. Im herrlichen Park von Sanssouci in Potsdam gibt es einen privaten Tierfriedhof. Dort sind die Windhunde Friedrichs des Großen begraben, den die Chroniken der damaligen Zeit als begeisterten Liebhaber dieser Hunde beschrieben haben. Das Schloss war vierzig Jahre lang sein liebster Aufenthaltsort. Hier verbrachte der 'alte Fritz', wie ihn heute noch die Deutschen gern nennen, seine Tage mit Nachdenken und der Leitung der preußischen Politik. Seine Windhunde folgten ihm überall hin. Hier sollten sie daher nach seinem Willen begraben werden.

Auch heute noch wird dieser romantische Friedhof, wie auch der ganze Park, von empfindsamen Menschen gern aufgesucht.

USA und Japan

Auch in Übersee finden wir zahlreiche Zeugnisse einer intensiven Freundschaft zwischen Menschen und Tieren. Berühmt ist der Tierfriedhof von New York, der eine große Zahl von Grabsteinen und Denkmälern aufweist. Diese gleichen in Stil und Inschriften denen der Menschengräber.

Den größten Tierfriedhof der Welt finden wir in Japan. Er liegt in Jindai-Ji, einem Vorort von Tokyo. Am Eingang zu diesem Friedhof steht ein richtiger Tempel. Von dort aus gelangt man zu einer grenzenlos erscheinenden Grünfläche, die nur von Tausenden kleiner gelber Säulen unterbrochen wird.

Jede Stele zeigt eine Stelle an, wo ein Tier begraben liegt. Ein buddhistischer Mönch wacht über die ewige Ruhe Tausender

Hunde, Katzen, Vögel, Fische und Papageien. Die buddhistische Religion besagt, dass auch die Tiere eine Seele haben und jedes Tier eine Zeit lang den Geist eines Menschen beherbergt. Daraus erklärt sich der Tierkult, dem viele Japaner frönen. Die Besitzer der Hunde gehen zum Tempel, um zu beten. Sie sammeln sich innerlich einige Minuten lang, dann kommen sie zu dem kleinen Grab ihres Lieblings. Die Beerdigungen sind einfach und feierlich zugleich: Ein kleiner Sarg, viele Blumen und immer sind viele Kinder dabei.

Es gibt in Tokyo noch drei weitere Tierfriedhöfe. Sie sind so schön, dass sie oft bei der Stadtbesichtigung zum festen Programmpunkt werden.

– Antonio Marasco –

Spoon River – der virtuelle Friedhof von Bau.it

Es ist nicht schwierig, aber heikel, über Tiere und *Spoon River* zu sprechen; daher will ich ihn auf Zehenspitzen betreten – ein wenig wie Fabrizio De André, als er sich von den Gedichten von *Spoon River* zu seinem Stück *Der Chemiker* inspirieren ließ.

Die Gedichte von Masters klagen die politische und soziale Heuchelei an, die sich in die Stimmen der Erinnerung an die Toten mischt, die auf den Grabsteinen des auf einem Hügel in der Nähe des Flusses Spoon gelegenen Friedhofs zu lesen sind.

Das Buch *Spoon River* ist zu Recht ein Bestandteil der Literatur-Klassiker geworden. Es ist der meistgelesene Gedichtband der Welt.

Der *Spoon River* von Bau.it ist eine 'vierbeinige' Neuauflage von Masters *Milieu*; mit dem Unterschied, dass hier die Grabinschriften von den Besitzern oder besser gesagt von den Freunden geschrieben wurden, die in ihrem Leben über einen kürzeren oder längeren Zeitraum von dem Tier begleitet wurden, das nun tot ist.

Ich möchte besonders folgendes Gedicht von Cassius Hueffer erwähnen:

»Im Leben musste ich üble Zungen ertragen;
jetzt, wo ich tot bin,
wird mir eine Grabinschrift zugemutet.«

Das stimmt wahrscheinlich genauso wie die Tatsache, dass unsere Seele in früheren Evolutionsstufen auch durch den Körper der Tiere gewandert ist.

Das trifft wohl ebenso zu wie der Sachverhalt, dass die Tiere über verschiedene Arten von Empfindungen verfügen, die manchmal außergewöhnlich, manchmal erstaunlich sind und vereinfachend als 'menschlich' bezeichnet werden.

Gleiches gilt für den Umstand, dass beim Lesen der Grabinschriften des virtuellen Friedhofs von Bau.it auch bei den nüchternsten Menschen ein Gefühl der Bewegtheit aufkommt.

Wenn all dies wahr ist, so hat *Spoon River* von Bau.it unseren virtuell begrabenen Freunden ein Körnchen von jener Liebe zurückgegeben, die sie uns, oft ohne Erwiderung zu finden, geschenkt haben.

»Senken sich also alle Seelen«, so fragte er,
»ohne Unterschied in jedes Lebewesen hinein,
oder ist die Seele des Menschen anders als
die des Pferdes oder des Esels?«
»Nein, sie ist in allen gleich«, antwortete ich.

Justinus der Märtyrer (christlicher Philosoph, 100 n. Chr.)
Prolog des Dialogs mit Triphon dem Juden

Im virtuellen Friedhof von Bau.it liegen der Hügel, das Land und der Wald am Flusse Spoon. Die sanfte Landschaft neigt sich zum Meer hin, dem einzigen neuen Element im Vergleich zu seiner ursprünglichen Lage bei Edgar Lee Masters in Lewistone, Illinois.

Jenes Meer, das Odysseus nach Hause brachte
und dem treuen Hund Argos erlaubte, vor seinem
Tode den Freund wiederzusehen; und Argos,
der treue Hund, nachdem er Odysseus nach zehn
Jahren wiedergesehen hatte, schloss seine Augen
im Schlafe des Todes.
Homer, Odyssee

Das Meer ist ein wichtiges Element, denn viele Tiere leben im Meer oder in seiner Nähe. Das Meer will mit seinem Rauschen auch den jüngst vergangenen Erinnerungen eine weitere Wahlmöglichkeit und einen letzten Zufluchtsort bieten. (Wie in der folgenden Geschichte von Tora, der Hündin aus Palau, die den Schiffern beim Vertäuen der Boote half.)

Die Geschichte von Tora

»Guten Abend, ich heiße Lucia und möchte euch von einer kleinen Hündin namens *Tora* erzählen, die von den Hafenarbeitern von Torres adoptiert worden war.

Sie war eine etwa sechsjährige Mischlingshündin und starb, kurz bevor sie ihre Jungen zur Welt brachte, innerhalb von wenigen Tagen zusammen mit ihrem Wurf, wahrscheinlich infolge eines Zeckenbisses.

Sie war bereits als Welpe zum festen Bestandteil des Hafens geworden, wo sie den Hafenarbeitern half, die ihr beigebracht hatten, wie die Boote zu vertäuen waren... Sie nahm die Taue und wand sie um die Poller, um die Boote zu vertäuen; es war unglaublich... Ich habe sie nicht persönlich kennengelernt, aber von ihr gehört. Ich möchte hier *Toras* gedenken und aller Menschen, die sich um sie gekümmert haben sowie der vielen Touristen und der Einwohner von Porto Torres, die sie sicher nicht vergessen werden. Wenn sie einen Spaziergang am Hafen entlang machen, werden sie sich an diesen kleinen weißen Hund erinnern, der schwanzwedelnd tags oder nachts den Hafenarbeitern helfen wollte und dafür nichts weiter erwartete, als gestreichelt zu werden.

Ciao *Tora*! Da, wo du jetzt mit deinen Welpen bist, kannst du jederzeit schwanzwedelnd alle deine neuen Freunde begrüßen, die im Hafen anlegen.«

Wenige Monate, nachdem er ins Leben gerufen wurde, sind die Gäste des virtuellen Friedhofs von Bau.it schon auf mehrere Hundert angewachsen; das bestätigt, dass unser »Garten der Erinnerung« eine gute Idee war. Außer den Widmungen enthält der Friedhof von Bau auch Photos und, soweit möglich, auch kurze Filme über die verstorbenen Freunde. Man braucht nur Spoon zu betreten und einige Inschriften zu lesen, um festzustellen, dass die Phantasie weit weg zu den Ufern eines lächelnden Flusses reisen kann, in einer üppigen, blühenden Landschaft, die von einem sich zum Meer absenkenden Hügel beherrscht wird.

Vierbeinige Erbschaft: Ein Testament für die Tiere

Zu Beginn des Herbstes 1999 entdeckte die Stadt Mailand eine Geschichte von unendlicher Grausamkeit den Tieren gegenüber. Der Pfarrer von Niguarda, Don Fabio, hatte eine Villa mit großem Garten von einem verstorbenen Gemeindemitglied geerbt und die vier Hunde einschläfern lassen, die dieses Mitglied, Giuseppina Brambilla, so liebevoll versorgt hatte. Nachdem er das eigenhändig verfasste Testament der Frau Brambilla bekommen und sich der Villa bemächtigt hatte, zögerte der Pfarrer nicht einen Moment. Er brachte die vier Mischlingshunde zum örtlichen Tierarzt, der sie einschläferte. Auf diese Weise gelangten Tufino, Gilda, Fritz und Fido, ohne es zu merken, ins Jenseits. Don Fabio behauptet, er habe den letzten Willen der Verstorbenen damit erfüllt, den sie ihm mündlich mitgeteilt habe. Den freiwilligen Helfern von GAIA, den Rechstanwälten und einfachen Bürgern zufolge, die den Fall bei der Magistratur und der Presse anzeigten, hatte der Pfarrer hingegen keinerlei Recht, die Hunde töten zu lassen. Auch der Tierarzt hätte sich weigern können, dieses »Todesurteil« zu vollstrecken. Leider verbietet der Artikel 727 des Strafrechts (Misshandlung von Tieren) nicht ausdrücklich die Tötung von Tieren, die sich in Privatbesitz befinden. Wer aber hat behauptet, dass der Pfarrer als »Testamentsvollstrecker« wirklich zum Besitzer der Tiere geworden war? Ein ähnlicher Fall ereignete sich im Dezember 1999 in Serino, in der Provina Avellino, als eine Adlige den Franziskanern eine beträchtliche Summe mit der einzigen Auflage vererbte, ihre zehn Hunde und zwanzig Katzen, die nunmehr herrenlos geworden waren, liebevoll zu versorgen. Aber die Brüder von Serino verweigerten, ganz im Widerspruch zum Geiste und Werke des heiligen Franziskus, diese Erbschaft, denn sie hielten es nicht für recht, auch für Tiere sorgen zu müssen. In der Zwischenzeit starben einige der Hunde und Katzen aus Verwahrlosung. Die Brüder wurden bei den Tierwärtern der ENPA angezeigt.

Viel besser geht es hingegen, wenigstens theoretisch, den Hunden, die zu Lebzeiten von Barattieri Sforza, aus Mailand, von ihr versorgt wurden. Diese Dame hinterließ ein eigenhändig verfasstes Testament mit einer millionenschweren Erbschaft zugunsten ihrer 300 vierbeinigen »Findelkinder«. Sobald das Testament der Dame gefunden wurde, protestierten die Verwandten gegen die

Form des Erbes, die einige Zweifel aufkommen ließ (»Ich wünsche, dass mein gesamter Besitz dazu genutzt wird, eine Stiftung oder einen Verein für den Bau eines Heims zu gründen, das für ausgesetzte Hunde eingerichtet werden soll, von denen ausgehend, die wir bereits besitzen.), und versuchten, es für ungültig zu erklären. Schließlich wurde das Testament jedoch als gültig anerkannt; die Enkel und andere, die darauf Anspruch erhoben, mussten sich dem Urteilsspruch fügen.

Warum sollte man jedoch bis zum letzten Moment warten? Warum sollte man riskieren, dass der eigene letzte Wille und der Einsatz zugunsten der Tiere, auf den man sein ganzes Leben verwendet hat, aus Mangel eines klaren Testamentes umsonst war? Man sollte lieber ein eigenhändiges, handschriftlich verfasstes Testament zu Lebzeiten schreiben, in dem man seine Güter einem Tierschutzverein, einer öffentlichen Stelle oder einer Person des höchsten Vertrauens vermacht; mit der Klausel, dass sie für die Versorgung der eigenen Tiere verwendet werden, solange diese noch leben, und danach für die Versorgung und Pflege verlassener Tiere.

Man kann auch schon während des Lebens diese Hinterlassenschaft der eigenen Güter verfasssen, die dann erst nach dem Tode wirksam wird; etwa an einen Verein, eine Vertrauensperson oder an die Gemeinde, indem man zusammen über die Bestimmung des Geldes entscheidet (Tierheim, Tierpension, Tierklinik, Lehrzentrum, Naturpark usw.). Ein Teil der Erbschaft kann den Armen und Bedürftigen zugute kommen und ein weiterer Teil der Pflege unglücklicher Tiere. Wenn man mit Tieren lebt, aber keinen Partner hat, der diese Liebe zu den »kleineren Brüdern« teilt, wird es zur Pflicht, daran zu denken, was mit den Vierbeinern des Hauses geschieht, wenn der, der sich um sie kümmert, vorzeitig aus dem Leben scheiden sollte.

VII.

Der Schmerzensschrei der Tiere

– Edgar Meyer und Stefano Apuzzo –

Das Gemetzel der Tiere

Das Schlachten

Über 10 Milliarden Tiere (Fische nicht mitgezählt) werden jedes Jahr in der Welt zu Lebensmittelzwecken geschlachtet; etwa 625 Millionen in Italien. 600 Millionen davon sind Kaninchen, Hühner und anderes Geflügel, 5 ½ Millionen Lämmer, 3 ½ Millionen Rinder, 1 ½ Millionen Kälber, 2 ½ Millionen Schafe und Ziegen, 500.000 Pferde und 12.570.535 Schweine. Die Tiere in Italien, die auf eine Schlachtung warten, zählen etwa 5.000.000 Rinder und Jungkühe, Milchkühe und Kälber, 8.100.000 Schweine, 150.000.000 Hühner, 8.600.000 Schafe und Ziegen und 14.900.000 Kaninchen.

Hierbei zählen die »kleineren« Tiere nicht mit, deren Zahl erschreckend hoch ist; man denke nur an 100 Millionen Frösche, die jedes Jahr in Indien getötet werden, um für den Lebensmittelmarkt exportiert zu werden, und an die 5000 Tonnen Schnecken, die in Italien jedes Jahr lebendig in den Kochtopf geworfen werden.

Jeder Italiener verschlingt im Durchschnitt im Laufe seines Lebens 14 Rinder, 23 Schweine, 45 Puter und 1100 Hähnchen.

Wir können leider keine genauen Daten über die Millionen von Hunden liefern, die für den menschlichen Bedarf in den asiatischen Ländern getötet werden; unter ihnen China, Vietnam,

Korea und die Philippinen. Wie Filme und Fotos der Organisationen *Amo gli Animali* und *Gaia* beweisen, werden streunende Hunde auf der Straße eingefangen, ihre Schnauze wird in eine Blechdose als Maulkorb gesteckt und ihre Pfoten auf den Rücken gebunden. In diesem Zustand werden die Hunde auf den städtischen Märkten verkauft und lebend gekocht, weil so 'das Fleisch weicher ist'. Die chinesische Regierung befahl ihren Bürgern vor einigen Jahren, alle wilden und zahmen Hunde zu töten, um keine 'Nahrungsquellen für den Menschen zu verschwenden'. (Ist das die Marktwirtschaft des asiatischen Kolosses?)

Die Vivisektion

Quellen der Anti-Vivisektionisten schätzen die Zahl der Versuchstiere, die jährlich der Vivisektion zum Opfer fallen, in der gesamten Welt auf hunderte von Millionen (in Italien sollen es 3,5 Millionen jedes Jahr sein). Aber nur eine begrenzte Zahl von Ländern liefert überhaupt offizielle Daten dazu. Die – sicher ungenauen – offiziellen Zahlen sind folgende (für 1999):

Frankreich	3.645.700
Deutschland (West)	2.402.700
Großbritannien	3.242.200
Irland	14.700
Holland	950.000
Schweiz	1.064.000
Italien	1.130.536
China	3.000.000
Japan	8.200.000

Nach den Daten, die die europäische Union zur Verfügung stellte, werden jedes Jahr in Europa 30.000 Tiere zu Tests über die

Giftigkeit von Kosmetika benutzt. In Italien wird die Gesamtzahl der Tiere, die Experimenten zum Opfer fallen, so aufgeteilt: 356.000 Mäuse, 688.145 Ratten, 31.564 Versuchstiere, 31.004 Kaninchen, 897 Hunde, 263 Katzen, 1708 Schweine, 583 Affen, 6761 Vögel, 910 Reptilien, 3645 Fische.

Ein nützlicher Hinweis, um die Glaubwürdigkeit dieser 'offiziellen' Daten zu beurteilen, kommt von der JAVA (Japan Anti-Vivisection Assossiation): Danach werden, um nur die Säugetiere zu nennen, über 20.000.000 Tiere jährlich in den Laboratorien benutzt.

Der Krieg

1990 meldete das amerikanische *Ärztekomittee für eine verantwortliche Medizin*, dass in den Laboratorien der USA über 500.000 Tiere jährlich den militärischen Tests zum Opfer fallen.

1991 wurden während des Golfkrieges Tausende von Hühnern (und auch ein paar Papageien) in Käfige gesperrt und an die Front gebracht, wo durch ihren Tod das Vorhandensein von Giftgas nachgewiesen wurde. Jedoch aufgrund der physiologischen Unterschiede zwischen Menschen und Tieren lehnten viele Militärs diese unzuverlässige Methode ab und verlangten die in Deutschland hergestellten mobilen Laboratorien.

Und in Italien? 1986 antwortete der damalige Verteidigungsminister Giovanni Spadolini bei einer parlamentarischen Befragung, dass die militärischen Experimente, bei denen Tiere getötet werden, »unverzichtbar seien«. Spadolini wies darauf hin, dass »jedes Jahr nur ein paar Hundert Tiere dazu benutzt würden«. Diese Tiere werden vom Verteidigungsministerium und der Kriegsindustrie in der ganzen Welt dazu benutzt, Kugeln, Bomben, Waffen und ihre zerstörerische Wirkung zu testen.

Ausgesetzte Tiere

Jedes Jahr werden in Italien etwa 150.000 Hunde ausgesetzt; es gibt 220.000 streunende Hunde, 600.000 freilaufende Hunde, die zwar einen Besitzer haben, aber freigelassen werden, besonders auf dem Land (allgemein sind es Hunde aus Höfen), und 80.000 verwilderte Hunde. Das freie Leben endet fast immer tödlich für die Hunde; wenn sie nicht, wie die meisten, gefangen und für den Rest ihres Lebens in Tierheime gesperrt werden, enden sie überfahren, bei Hundekämpfen, in den Laboratorien der Vivisektion oder durch die Grausamkeit von Schlägertrupps. Wir sollten auch daran erinnern, dass nach den Quellen des ADAC in den letzten zehn Jahren 45.000 Unfälle durch streunende Hunde auf den Straßen verursacht wurden. Diese Unfälle haben 4000 Verletzte gefordert und 200 Menschenleben gekostet.

Mafia: Hundekämpfe und heimliche Wetten

Summe des Wettgeldes in Italien	5 Milliarden Euro
Hunde, die dabei umkommen	5000 jährlich
Wetten	250 bis 5000 Euro pro Kampf
Gewinn der Besitzer	40.000 bis 50.000 Euro pro Kampf

Dutzende von Kampfplätzen sind in den letzten Jahren vom Piemont bis nach Sizilien, von Kampanien bis in die Lombardei entdeckt worden. Einige Veranstalter sind wegen der größeren Schwierigkeiten, die durch aktivere Kontrollen entstanden, in die nahe Schweiz umgezogen.

Die Jagd

Es gibt in Italien knapp eine Million Jäger. Wenn dieses Heer sich gleichzeitig auf dem gesamten nationalen Territorium ausbreitete, einschließlich der Städte, Vorstädte, Seen, Flüsse und Berge, gäbe es sechs Jäger pro Quadratkilometer. In Holland und Belgien gibt es 1,4 Jäger pro km^2, in Deutschland 1,3, in Luxemburg 1,2 und der Durchschnittswert für ganz Europa (außer Italien) liegt bei 2.

Allein die Zahl der jährlich von den italienischen Jägern erlegten Zugvögel beläuft sich auf 150 Millionen (gegenüber den 80 Millionen in Frankreich, 50 in Spanien und 1 Million in Dänemark). Abgesehen von den Zugvögeln ist die Summe der jährlich in Italien zur Strecke gebrachten Tiere 300 Millionen.

Wenn man sie bei einer durchschnittlichen Länge von 15 cm hintereinander auf den Boden legen würde, käme man auf eine Strecke von 22.500 km (wenn man 24 Stunden am Tag geht, braucht man über sechs Monate, bis man ihr Ende erreicht).

Stierkämpfe

Arenen in der Welt: 450
Länder, die Corridas veranstalten: Spanien, Mexiko, Venezuela, Perù, Kolumbien, Ecuador, Bolivien, Südfrankreich, Portugal
Corridas in Spanien pro Jahr: 1000
Stiere, die jährlich bei den spanischen Corridas
getötet werden: 4500
Pferde, die während der Corridas in einem Jahr sterben: 200

Jedes Jahr werden ihrer Pelze wegen 15 bis 20 Millionen wildlebende Säugetiere getötet, die größtenteils in Fallen gefangen werden.

Um einen Pelzmantel herzustellen, braucht man:

Tier	Anzahl der Felle	Tier	Anzahl der Felle
Breitschwanzlamm	30 – 45	Wolf	3 – 5
Karakullamm	18 – 26	Marder	40 – 50
Luchs (Bobcat)	15 – 20	Skunk	60 – 70
Biber	16 – 20	Nutria	25 – 35
Fohlen	6 – 8	Ozelot	12 – 18
Chinchilla	130 – 200	Opossum	30 – 45
Koyote	16 – 18	Waschbär	20 – 35
Hamster	120 – 160	Stinktier	50 – 70
Hermelin	180 – 240	Eichhörnchen	120 – 200
Fishe	18 – 25	Dachs	10 – 12
Robbe (Welpe)	5 – 8	Bisamratte	60 – 110
Katze	20 – 30	Nerz	30 – 50
Vielfraß	5 – 7	Fuchs	10 – 20
Luchs	8 – 18	Wallaby	20 – 30
Otter	10 – 20	Zobel	50 – 80

1988 konfiszierten die japanischen Behörden 120.000 Kaimanenhäute, die illegal aus Brasilien importiert worden waren.

Jedes Jahr werden etwa 15 – 20 Millionen Wildtiere (man spricht jedoch von 30 Millionen) und cirka 160 Millionen Zuchttiere, darunter fast 40 Millionen Nerze, wegen ihrer Felle umgebracht. Etwa 2 Millionen herrenlose Hunde und Katzen werden jedes Jahr in den asiatischen Ländern eingefangen (wobei China und die Philippinen einen traurigen ersten Platz einnehmen) und lebend gehäutet. Ihr Fell wird dazu verwendet, Spielsachen zu verkleiden oder dient als Garnituren und Einzelstücke in der italienischen und europäischen Pelz- und Bekleidungsindustrie. Diese Anklage ist im Jahre 2000, mit Filmen und Fotos belegt, von *GAIA* und *Amo gli Animali* veröffentlicht worden.

Der Fischfang

Jedes Jahr sterben in Italien, in den Schleppnetzen (die unerlaubterweise auch bis zu 12.5 km lang sind) gefangen, mindestens 8000 Delfine. Und nicht nur sie, sondern auch andere 90 Arten von Meeresbewohnern (einschließlich Schildkröten), von denen zwei Drittel tot wieder ins Wasser geworfen werden, weil sie nicht verwendbar sind.

Die Vereinten Nationen hatten im Dezember 1991 (mit der UNO-Resolution 46/215) alle Netzfangboote und Hochseenetze verboten. Diese Schonfrist wurde auch von der europäischen Union anerkannt. Aber die 600 italienischen Boote setzten ihre Tätigkeit unbeeindruckt fort. Auch für die Wale gibt es seit 1986 ein Moratorium, aber mit Hilfe verschiedener Ausreden hat bisher allein Japan seitdem mindestens 16.000 Exemplare getötet. In diesem Jahrhundert wurden mehr als anderthalb Millionen Wale mit der Harpune gefangen, wobei 486.000 Blauwale, von einer weltweiten Bevölkerung von 500.000, vernichtet wurden.

Und die Haie? Jedes Jahr werden 100 Millionen von ihnen getötet, vor allem wegen des Flossenfleisches, woraus die Chinesen eine Suppe bereiten. Der Rest des Körpers ist von so geringem Wert, dass viele Fischerboote das sogenannte *Finning* praktizieren: Sie fangen die Haie, schneiden ihre Pinne ab und werfen sie wieder ins Meer, wo sie ein langsamer, unnötiger Tod erwartet.

1988 wurden allein in den USA fast 6000 Tonnen Haifisch-Pinnen importiert.

Jedes Jahr werden in Italien fast 3 Millionen Fische, 1 Million Weichtiere und eine halbe Million Schalentiere gefangen. Weltweit werden etwa 80 Millionen Tonnen Fisch gefangen, von denen ein Drittel zur Produktion von Tierfutter und Dünger verwendet wird.

Der Handel mit exotischen Tieren

Hauptimportländer: Die arabischen Länder, USA, Frankreich, Spanien, Belgien, Italien, Griechenland.

Hauptexportländer von Affen: Brasilien, Zaire, Uganda, Kenia, Indien, Vietnam, Indonesien.

Die wichtigsten Durchgangsländer: Mexiko, Spanien, Frankreich, Belgien, Italien, Griechenland, Saudi-Arabien, Thailand, Taiwan, Singapur.

Schildkröten: In England werden jedes Jahr etwa 250.000 griechische Schildkröten importiert. Ihr Lebensraum ist die Küste zwischen Marokko und Israel; daher sterben ca. 90 % von ihnen während des ersten Winters, den sie im kalten England verbringen.

Außer den Fischen für Aquarien, die aus der Zucht kommen, gibt es über 300 Millionen Fische, die in ihren Ursprungsländern gefangen werden.

Fang und heimlicher Import betrifft unter anderem auch 10 Millionen Reptilien, 3 Millionen seltene Vögel und 40.000 Primaten, die unter dem Artenschutz stehen. Der Handel mit exotischen Tieren (unter Umgehung der CITES-Normen) dient oft dazu, Zoos, Forschungszentren und private Käufer zu beliefern.

Die Reise endet fast immer tödlich. In einer Lieferung von 5000 Java-Schwalben wurden bei der Ankunft in London 1000 Tiere tot aufgefunden. Am gleichen Flughafen fand man 300 erstickte Eichhörnchen und 200 Stieglitze. Um über 50 Flamingos in einen Käfig für maximal 20 Tiere zu bringen, zwingt man sie, ihre langen dünnen Beine unter den Bauch zu biegen und den Kopf zwischen die Flügel zu stecken. Fast die Hälfte von ihnen wird das Ziel der Reise nicht lebend erreichen. Genauso überleben nur 1 oder 2 Schimpansenjungen von 10 (die oft gefangen werden, nachdem das Muttertier getötet wurde) die Reise. Aber die astronomischen Preise (wie etwa 75.000,- bis 100.000,- Euro für Gorillas und 7.500,- bis 10.000,- Euro für Schimpansen) 'rechtfertigen' den barbarischen Handel.

Was die Vögel betrifft, so werden jährlich etwa 350 Millionen Tiere in die USA, nach Japan und in die europäischen Länder (Deutschland an der Spitze) exportiert. Dieser Handel hat die Zahl der Papageien in Südamerika um 75% reduziert, weil sie an europäische Sammler zu schwindelerregenden Preisen von 20.000,- $ pro Paar verkauft werden.

Im Zoo und hinter Gittern

Eine Million Tiere verschiedener Arten wird in der Welt gefangen gehalten. Davon sind 10.000 in Zoos, Safari-Zoos, Aquarien und ähnlichem (94 allein in Italien) untergebracht, 1000 sind gezwungen, in den italienischen Zirkus-Manegen aufzutreten.

VIII.

Die heiligen Tiere von A bis Z

– Stefano Carnazzi –

Adler

Der König der Vögel hat bereits die Menschen in der Antike mit seinem majestätischen Flug und seinem stolzen Charakter beeindruckt. Um 2500 v. Chr. glaubte man in Mesopotamien, dass alle Tiere von diesem sagenhaften Vogel beherrscht würden, der die Sturmwolken verkörpert. Der Adler begleitet oder verkörpert die großen Gottheiten der Vergangenheit. Der mächtige Baal von Babylon ist mit dem Adler verbunden. Das militärische Banner der kriegerischen Assyrer ist mit dem Gott Assur in Form eines Adlers mit menschlichem Oberkörper geschmückt.

Die *Syrische Apokalypse* von Baruch berichtet, dass der Prophet, nachdem ihm der Zeitpunkt des Weltenendes enthüllt worden war, einen Brief an die »neun Stämme« schrieb, in dem seine Prophezeiungen enthalten waren, und diesen dann einem Adler mit den Worten übergab: »Der Höchste hat dich als den stolzesten aller Vögel geschaffen. Flieg jetzt, lass dich nirgends zur Ruhe nieder, kehre nicht zu deinem Nest zurück und halte auf keinem Baum an, bis du die breiten Wasser des Euphrat überquert hast. Du wirst zu dem Volk fliegen, das dort unten wohnt. Bring ihnen diesen Brief. Und denke daran, dass zu Zeiten der Sintflut Noah den Ölbaumzweig von der Taube erhielt, nachdem er sie von der Arche ausgeschickt hatte. Auch die Raben stellten sich in den Dienst von Elias und brachten ihm, was er zum Leben brauchte. Salomon schickte ebenfalls einen Vogel, wenn er in der Zeit seiner Herrschaft sich eine Botschaft bringen lassen oder von anderen etwas fordern wollte. Dieser gehorchte ihm auf der Stelle. Zögere jetzt also nicht, nimm die kürzeste Strecke und gehorche dem Willen des Allerhöchsten, wie ich es dir gesagt habe.«

Die Griechen glaubten, Adler könnten in der Spurrinne der Sonne von einem Ende der Welt zum anderen fliegen. Er ist das Sinnbild des Zeus, dessen Blitze er trägt. Durch seinen Flug zeigte er Romulus und Remus die Lage der künftigen Stadt Rom an. Seit dem 1.Jhdt. v. Chr. war er das klassische Schutztier der römischen Legion. Er war ein Objekt religiöser Verehrung, man schwor in seinem Namen.

In den Erzählungen der Kelten verstecken sich hinter dem Aussehen des Adlers bestimmte Helden. Der Magier Gwyddyon gibt zum Beispiel dem in einen Adler verwandelten Helden Lleu Llaw Gyffes seine menschliche Gestalt wieder. Die Druiden beobachteten vor Zeremonien den Flug der Adler.

In den Tierbeschreibungen des Mittelalters galt die Tatsache, dass dieser stolze Vogel direkt in die Sonne (Gott) schaute und dies auch seinen Jungen beibrachte, als göttlich und vorbildhaft. Shakespeare verbietet in seinem rätselhaften Gedicht *Der Phönix und die Turteltaube* allen Raubvögeln die Teilnahme an einer sagenhaften Zeremonie, außer dem Adler: »Ausgeschlossen sei vom Ritus / jeder Vogel, der tyrannisch / außer König Adler.«

Die Alchemisten setzen ihn, wie auch den Löwen, der Sonne und dem Feuer gleich. In den Kriegsstandarten steht er für die Macht des Königs, des Kaisers oder des Staates.

Die afrikanischen Bantu erzählen, dass die Welt aus den Exkrementen entstand, die ein riesiger Adler zu Boden fallen ließ.

Bei den amerikanischen Awatowi-Indianern galt der Adler als heiliges Tier. Eine indianische Geschichte erzählt, wie eine Adlerfamilie in ihrem Nest einen von seinen Freunden im Stich gelassenen Menschen als einen der Ihren aufnimmt. Ein junger Krieger der Navajos ging auf die andere Seite des Himmels und erhielt von vier Adlern eine Medizin, die das Leben zurückgibt. Der Donnervogel war ein mythisches Wesen, das von allen indianischen Stämmen der großen Ebenen verehrt wurde. Der Adler ist sein Stellvertreter in der irdischen Welt. Nach dem Glauben der Haida, eines Stammes, der im Nordwesten lebte, kann auch eine menschliche Seele seine Form annehmen.

In einem Mythos der Azteken stürzt sich ein aus dem Nichts auftauchender Adler in die Flammen und kommt daraus schnell wie ein Lidschlag wieder hervor, wobei er in seinem Schnabel eine leuchtende Feuerkugel trägt. Er durchquert pfeilschnell den Himmel und gelangt zu den östliche Toren von Teotihuacan. Dort legt er den Feuerball auf einem Thron von Wolken ab. Er wird zur neuen Göttin der Sonne. Diese trägt kostbare goldene Kleider, die mit Perlen und Perlmutt geschmückt sind, die im Nebel leuchten. Sie hat scharlachrote Lippen: »Noch nie war ein Sonnenaufgang so schön. Ein großer Jubel erhebt sich unter den Göttern; er verbreitet sich überall im Morgenhimmel.«

Albatros

Dieser weiße Schwimmvogel mit schwarzen Flügeln, der an den südlichen, tropischen Meeren lebt, ist für die Seeleute ein heiliger, magischer Vogel. Er wacht über ihre Routen und zeigt ihnen den Weg, wenn Nebel herrscht. Wer einen Albatros tötet, gilt als verflucht und soll gezwungen sein, wie ein Toter oder ein gequältes Gespenst umherzuirren. Berühmt ist die *Ballade vom alten Seemann* von Coleridge.

Ameise

Die Ameise wurde zu allen Zeiten als ein Symbol der Hingabe an die Arbeit und als Symbol für die gesamten Menschheit, die

»schwarze Wolke von Ameisen«, gesehen. König Salomon schrieb: »Lerne von der Ameise!«

Nach den Azteken verdankt die Menschheit ihr Überleben den Ameisen. Quetzalcoatl, der höchste Gott, war auf der Suche nach Speisung für die Menschheit. Da traf er eine rote Ameise, die ein Maiskorn transportierte. Er ließ sich von ihr zum »Berg des Unterhalts« bringen, wo sich der Mais befand, und nachdem auch er sich in eine schwarze Ameise verwandelt hatte, brachte er ihn nach Taimoanchan, ins gelobte Land.

Der Boheme-Schriftsteller Carlo A. Dossi fragte sich in seinen *Blauen Notizen* von 1880: »Noch nie hat jemand Mitleid empfunden, wenn er eine Ameise zertrat, die wenigsten empfinden Ekel, wenn ein Huhn getötet wird, wenige beim Schlachten eines Ochsen. Und trotzdem erschreckt man, wenn ein Mensch getötet wird. Warum nur? Ist die Seele nicht etwa eine Einheit, ist die Ameise nicht genausoviel wert wie der Mensch?«

Bär

Der Fleisch und Menschen fressende Bär, der sanfte Bär mit dem warmen Fell, der sich von Honig ernährt, hat zu vielen lokalen Kultformen geführt. Der Bärenkult ist in den prähistorischen Grotten Europas entstanden; man fand in den Höhlen regelrechte Gebeinsammlungen von Bärenknochen. Die Schädel waren oft in den Ecken aufgestellt, als ob sie absichtlich dort platziert worden wären.

Es gibt eine Skulptur, in der ein Bär auf die keltische Göttin Artio zugeht. Der Bär ist der Schutzgeist einiger gallischer Stämme (bis vor nicht allzu langer Zeit bevölkerten Bären noch die wilden Bergregionen Europas); und gewisse Kelten nannten sich »Söhne des Bären«. Der Name des Königs Arthur stammt anscheinend nicht aus dem Lateinischen, wie man annahm, sondern baut auf dem Stamm *artu* oder *arto* auf, was in der keltischen Sprache *Bär* bedeutet.

In der Welt der asiatischen Schamanen ist der Bär Vater der Menschheit, Geist der Erde und Hüter der Höhleneingänge, besonders derer, die ins Jenseits führen.

Nach der Prophezeiung der Hopis sollen alle Gebiete der Erde einmal vom Bären-Clan der Hopis regiert worden sein. Auf diese Weise sei auch das Reich der Tiere, von dem das Leben der Menschen abhängt, geschützt worden. Ein Mythos der Navajo besagt, dass sich Bären (und Schlangen) in geschickte Bogenschützen und schöne junge Krieger verwandeln können, um die Gunst der jungen Frauen zu erringen.

Sein Aussehen, das an einen trägen, riesigen Menschen erinnert, der gern Honig nascht, sein Fell, seine Vorliebe für Streicheln und sein Reiben an Baumstämmen sowie die Liebe zu seinen Jungen haben ihn zu einem beliebten Symbol der Mütterlichkeit gemacht. Heute ist dieses Symbol im Teddybär verkörpert, dem allseits beliebten Spielzeug der Kinder.

Bison

Für die amerikanischen Ureinwohner symbolisiert er den Überfluss. Wenn ihnen ein weißer Bison, das heilige Tier schlechthin, erschien, so war das für sie ein Zeichen, dass ihre Gebete erhört worden waren und eine Zeit der Fülle anbrach. Eine Legende berichtet, dass eine weiße Bisonkuh den Menschen die Friedenspfeife gebracht habe. Im Tabak waren alle Kräfte der Natur vereint. Der Rauch war das sichtbar gewordene Gebet.

Auf der anderen Seite der Welt, in Südafrika, nennen die Baronga den Büffel »heiliger Vater, der in den Ebenen Wunder wirkt«.

Chamäleon

»Verdient dieses kleine Tier, das sich vom Windhauch ernährt und, wenn es will, alle Farben annehmen kann, nicht unsere Bewunderung?«, fragt sich der große Dichter Ovid in seinem Meisterwerk, den *Metamorphosen*. Dem Traktat *De subtilitate* des Arztes und Okkultisten Girolamo Cardano, aus dem 15. Jahrhundert, zufolge, empfindet das Chamäleon Gefühle. Es wechselt seine Farbe je nach Laune! Wenn es zornig ist, nimmt es eine bestimmte Farbe an; wenn es traurig ist, eine andere; und wenn es glücklich ist, noch eine andere.

Delphin

Apollon, der griechische Gott der Orakel, wählte den Delphin, um den Seefahrern Botschaften zu überbringen. Er war auch der Aphrodite heilig. Seit der Zeit der Griechen, die seine Intelligenz und Liebesfähigkeit kannten, gilt er als Beispiel mütterlicher Güte und Freundschaft. Plinius schrieb im I. Jhdt. n. Chr.: »Der Delphin ist nicht nur ein Freund des Menschen, sondern auch der Musik; die Harmonie der Instrumente macht ihm Freude... Er hat keine Angst vor dem Menschen als einem fremden Wesen; er kommt den Schiffen entgegen, spielt und springt um sie herum.« Zwei Jahrhunderte später sagte Helianos: »Die Männer bewundern Frauen wegen ihrer außerordentlichen Zuneigung zu ihren Kindern...Jedoch ist das Weibchen des Delphins von allen Lebewesen am meisten seinem Nachwuchs zugetan. Wenn ein Fischer einen jungen Delphin mit dem Dreizack verwundet oder mit der Harpune trifft, erschrickt die Mutter des Delphins nicht über das Geschehene, sondern folgt dem Boot aus einem tiefen natürlichen Antrieb mütterlicher Liebe. Niemand kann sie verscheuchen, denn die Delphinmutter erträgt es nicht, ihr Kind in der Gefahr im Stich zu lassen.«

Die Seefahrer des ganzen Mittelmeerraums respektierten den Delphin; nicht wie heute, wo sie ihn massenweise mit ihren Schleppnetzen umbringen oder ihn töten, weil er ihnen 'ihren' Fisch stiehlt... Es gab eine Zeit, wo sie ihn an ihren Fangzügen beteiligten.

Eisvogel

Nach der Überlieferung der Antike baut dieser Vogel sein Nest nur dann, wenn das Meer ruhig ist. Manche glaubten sogar, er habe die Macht, Stürme zu beruhigen. Ihn zu sehen, ist also auch ein gutes Vorzeichen.

Esel

Nach den antiken Ägyptern war es ein roter Esel, der die Seelen ins Jenseits begleitete. Er wurde auf den Kuchen abgebildet, die man dem Gott des Bösen anbot, und diente dazu, ihn fernzuhalten.

In Indien galt er als Transportmittel der Götter.

Die primitive latinische Bevölkerung betete den Gott Consus an, Schutzpatron der Felder und der Ernte. Während seiner Festtage (am 21. August und am 15. Dezember) war es verboten, die Zugtiere, Maultiere und Esel, zur Arbeit einzusetzen. Sie wurden stattdessen gefeiert und mit Blumengirlanden geschmückt.

Das Christentum hat den Esel als Symbol der Bescheidenheit und Großzügigkeit in vielen sehr liebenswürdigen Bildern aufgenommen. Auf seinem Rücken floh Maria vor Herodes und rettete so Jesus das Leben; ein Eselchen wärmte gemeinsam mit einem Ochsen den Stall für das Jesuskind, und als Erwachsener ritt Jesus auf einem Esel triumphierend in Jerusalem ein.

Um 1200 flüchtete die junge Elisabeth von Ungarn, die damals vom Governeur verfolgte Schutzpatronin der Franziskanerinnen, von der sich die Dorfbewohner abgewandt hatten, in einen alten Schweinestall, in dem zwei alte Maultiere standen. Als ihr Beichtvater nach vielen Nächten für sie eine Unterkunft fand, sagte sie beim Weggehen: »Ich danke euch, ihr Maultiere, dass ihr mir eure Gastfreundschaft gewährt und mich in diesen Nächten warmgehalten habt. Ich würde auch gern den Menschen danken, aber ich kann es nicht.«

Der Dichter und Nobelpreisträger Juan R. Ramirez hat den Esel in seinem rührenden Loblied in Prosa *Platero und ich* zum Sinnbild der Freundschaft erhoben.

Eidechse

Die Griechen hielten sie wegen ihrer Vorliebe für das wärmende Licht der Sonne für ein heiliges Tier des Phoebos Apollon, des Gottes der weißen Sonne. In den Orphischen Mysterien galt sie als Zeichen der Fortdauer des Lebens; sie wurde den schwangeren Frauen auf den Bauch gelegt.

Nach den Okkultisten wehrt sie den bösen Blick ab; daher wird sie auf magischen Nägeln, Amuletten und glücksbringenden Statuetten abgebildet.

Elefant

In der indischen Mythologie trägt er die Welt auf seinem Rücken. Ganesha, der Gott der Kraft, der Fruchtbarkeit und der Lust, ist ein Elefant. Nach der Überlieferung befruchtete ein Elefant Maya, die den Buddha gebar.

Seit dem Mittelalter ist er in Europa zu einem königlichen Symbol geworden, wie etwa in der Renaissance für den König von Frankreich.

Falke

Horus, die antike Sonnengottheit der Ägypter, wird als Falke dargestellt, der in den Himmel aufsteigt, um die Erde mit seinen Strahlen zu erleuchten. Er wurde in Heliopolis, in Hierakompolis und im alten Ägypten verehrt. Die Hieroglyphe des Falken bezeichnet nach Horapollos das, was hoch, überlegen und sieghaft ist.

In der Mythologie der Azteken stürzt sich ein Falke ins Feuer und kommt daraus mit einer Feuerkugel im Schnabel wieder hervor, die ein schwaches, bleiches Licht ausstrahlt, bringt sie in den Himmel und stellt sie neben die Sonne. Es ist der Mond.

Fledermaus

Die Verehrung der Fledermaus war in Mittelamerika weit verbreitet, wo sie in der Kultur der Azteken, Tolteken und Mayas eine bedeutende Rolle spielte.

Ihre herrlichen, membranartigen Flügel sind ein Meisterwerk der natürlichen Konstruktionskunst und Ästhetik. Sie beeindruckten die Menschen der Antike, die sie sich auf dem Rücken von Teufeln, Drachen und Greifen vorstellten und darstellten. Leonardo da Vinci wählte sie als Modell für sein Projekt der »Flugmaschine«.

Sie sind mit der Nacht, den Alpträumen und den Vampiren verbunden. In den sechziger Jahren wurden sie von Donald Griffin wieder zu Ehren gebracht, der ihren 'Radar'-Flug entdeckte und seitdem zum unermüdlichen Verfechter der Intelligenz und des Bewusstseins dieser Tiere wurde. Danilo Mainardi hat kürzlich den Fledermäusen ein reizendes kleines Buch gewidmet.

Flusspferd

Auch wenn die Menschen der Antike die Aggressivität des männlichen Flusspferdes kannten und fürchteten, so hielt man doch das Weibchen (etwa bei den Ägyptern) für ein Symbol der Fruchtbarkeit und eine Beschützerin der Entbindung. Das Flusspferd schützte also die schwangeren Frauen, die jungen Mütter und wohnte der Geburt der Menschen und der Götter bei.

Frosch

Es war Ägypten, das diesem Tier, das aus der feuchten Erde hervorkommt und spontan aus dem sonnenerwärmten Schlamm zu entstehen scheint, seine besondere Symbolik zugeschrieben hat – es ist ein Symbol der Schöpfung, des Lebens und der Auferstehung.

In dieser Bedeutung erscheint es auch auf den Amuletten in den ägyptischen Gräbern.

In der Tradition der schiitischen Narti gibt es einen Helden namens Batraz, der von einer Frosch-Frau abstammt.

Wir brauchen wohl nicht besonders an das Märchen vom Prinzen zu erinnern, der in eine Kröte verwandelt wird und seine menschliche Gestalt durch den Kuss eines Mädchens wiedergewinnt...

Fuchs

In Japan ist der Gott der Speisen (Kami) ein Fuchs.
In Griechenland führte ein Fuchs Orpheus ins unterirdische Reich, als er auf der Suche nach seiner Braut Eurydike war.

Der Fuchs war das Totemtier von Messenien, einer Region des Peloponnes.

In ganz Afrika, von Somalia bis zum Sudan, erzählt man sich Geschichten über schlaue, lebenslustige Füchse.

Gans

Die Wildgans ist ein edles Tier. Ihr Erscheinen in Ägypten zum Zeitpunkt der Wintersonnenwende hat sie als Sonnenvogel geheiligt; sie stellte die Seele des Pharao dar. Beim Amtsantritt von jedem neuen Pharao wurden vier Gänse an den vier Kardinalpunkten der Himmelsrichtungen freigelassen.

Bei den Schamanen des Altai wurde die Gans als himmlisches Reittier und Botschafterin zwischen Himmel und Erde verehrt; sie diente dem Schamanen als Führerin, wenn dieser sich in die Lüfte erhob.

Die Römer sind ihr sogar ewige Dankbarkeit schuldig. Die heiligen Gänse, die im Tempel der Juno Moneta auf dem Kapitol lebten, wehrten mit ihrem Gekreisch den Einfall der Gallier in der Stadt ab.

Orapollos, der erste Deuter der ägyptischen Mysterien, schrieb im IV. Jhdt: »Wenn man 'Sohn' schreiben will, stellt man eine Gans dar. Sie ist das Tier, das seine Jungen am meisten liebt. Wenn zum Beispiel die Gefahr besteht, dass sie zusammen mit ihren Jungen gefangen werden, so bieten sich die Eltern freiwillig den Jägern an, damit die Kleinen sich retten können. Aus diesem Grunde wird die Gans für ein verehrungswürdiges Tier gehalten.«

Das berühmte *Gänsespiel*, das Palamedes erfunden haben soll und das in der klassischen Version Symbole der ägyptischen Hieroglyphen enthält, verbirgt angeblich einen Einweihungsweg, dessen Schlüssel jedoch verlorengegangen ist. Aber die Leitfigur der Gans, die auf einen Weg führt, hat überlebt. Wir brauchen nur an die mütterliche Figur der »Frau Gans« in den Märchen zu denken.

Grille

Die Chinesen liebten es, dem Gesang der Grillenflügel zu lauschen.

Charles Dickens hat seinen Lesern in einer Weihnachtsgeschichte (Die Hausgrille) die Legende der Grille als kleines Genie der Familie, Hausfreund und Glücksbringer vorgestellt. Carlo Collodi nahm diese Inspiration auf und machte daraus die Figur der 'sprechenden Grille'.

Hahn

In der klassischen Mythologie gilt er als Begleiter in Orgien und als Saufkumpan des Mars. Weil er allenthalben als Verkünder des neuen Tages angesehen wird, glaubten die Mohammedaner, ein riesiger Hahn würde die Toten am Tage des jüngsten Gerichts auferwecken. Auch in der germanischen Mythologie ruft ein großer Hahn die göttlichen Truppen des Odin beim Ragnarök, der Endschlacht, zum Kampf.

Im christlichen Zeitalter wurde dieses Symbol der Wachsamkeit zum Wahrzeichen der Prediger.

Er ist ein Vogel, der guten Rat gibt, Gespenster vertreibt, die Schatten der Nacht auflöst und dem Hexensabbat ein Ende setzt. Im *Hamlet* lernt Marcello, wie der Hahn ununterbrochen in der Weihnachtsnacht singt, um den Hexen ihre Kraft zu nehmen.

Auch das Huhn erlebte Glanzzeiten: Nach den Lango-Afrikanern von Uganda könnte es sich, wenn man ein Huhn fängt, um ein verzaubertes Huhn handeln, das sprechen kann und unsterblich ist. Auch wenn es schon gerupft und gar gekocht ist, »schlägt es mit den gerupften Flügeln, schüttelt sich und fliegt weg!« Die Karo Batak im nördlichen Zentrum von Sumatra berichten, dass das Riesenhuhn *Manuk kredjan-kridjan* die Welt ins Leben gerufen habe: »Seine Federn wurden zu Bäumen und Blättern, der

Schwanz zu Zuckerrohr, die Innereien zu essbaren Pflanzen, denn es hatte Speisen aller Art gegessen; sein Fleisch wurde zur Erde und sein Blut zu Wasser.«

Hermelin

Sein Name stammt aus seinem Ursprungsland Armenien. Es hat ein weißes Fell, weil es in großer Höhe lebt. Im berühmten Bild von Leonardo da Vinci, »Die Dame mit dem Hermelin«, ist das Tier, das wahrscheinlich ein Frettchen war, mit folgenden Elementen ausgestattet, die zu denken geben: 1. Es hat einen dämonischen Blick; 2. Die Dame zeigt ein mütterliches Verhalten, sie streichelt es mit der Hand, wie in anderen Bildern Maria das Jesuskind streichelt; 3. Es ist ein erotisches Symbol.

Hirsch

Der Hirsch wurde von Skandinavien bis zum Mittelmeerraum als heiliges Tier angesehen und von der Jungsteinzeit bis zur Bronzezeit verehrt. Er ist in vielen Felszeichnungen dargestellt. In Spanien gibt es in Felszeichnungen und auf verschiedenen Fundstücken einen Hirsch, dessen Kopf die Form einer Sonne mit Strahlen hat. Ähnliche Zeugnisse finden wir in Italien im Valcamonica-Tal (einem Tal, das dreitausend Jahre lang als heilig galt); in Bohuslon in Skandinavien und in Kyrkestigen in Südschweden zieht ein Hirsch die Sonnenscheibe. Als starkes, schnelles Tier verkörpert der Hirsch viele Eigenschaften der Sonne: Die Verzweigungen seines breiten Geweihs, die als Strahlen gelten, Aggressivität, Beherrschung des Territoriums, Fruchtbarkeit und Wendigkeit.

Er war auch Artemis heilig, die besonders einen Hirsch mit goldenem Geweih liebte. Als Herkules gezwungen wurde, ihn zu töten, war der Zorn der Göttin entsetzlich.

Im Pantheon der Kelten gibt es den Gott Cernunnos, der ein breites Geweih hat. Man glaubte, dass die irische Sippe der Finn mac Cumaill einen Hirsch zum Vorfahren hatte. Im heiligen Wald von Martis in England wurden ebenfalls die Hirsche verehrt.

Augustinus empfahl, 'schnell wie ein Hirsch' auf die Quelle der Weisheit zuzulaufen; nicht nur wegen seiner Wendigkeit, sondern weil, wie man sagte, der Hirsch Schlangen tötete (d.h., die Sünde) und das Gift ihm im Maul brannte. Daher lief er schnell, um sich das Maul zu spülen. Wunderbar ist auch die Legende des hl. Hubertus: Als er einen Hirsch mit einem weißen Kreuz auf der Stirn sah, legte er für immer seine Waffen als Jäger nieder. Hoffen wir, dass immer mehr Jäger seinem Beispiel folgen.

Die Menschen, die mit Ritualen lebten, so sagten die Zuni-Indianer, konnten nach ihrem Tode als Hirsch wiedergeboren werden. Für alle indianischen Stämme gilt der Hirsch als Personifizierung der Freundschaft, der Zärtlichkeit und der bedingungslosen Liebe.

Hund

Roberto Merchesini, der italienische Gelehrte und berühmte Anthropologe, sagt, das Abenteuer des Hundes an der Seite des Menschen habe bereits vor 500.000 Jahren begonnen. Das ist wahrscheinlich der Grund, weshalb inzwischen die Kommunikation zwischen Menschen und Hunden auf einer seelischen Ebene stattfindet, ohne dass Gesten oder Worte erforderlich wären.

Die Ägypter verehrten den Gott Anubis, den Wächter des Jenseits, der manchmal mit einem Hundekopf, manchmal als Schakal abgebildet wird. Auch Thot, der Gott der Weisheit, wurde manchmal mit einem Hundekopf (Cinocefalus) dargestellt.

Bei den Griechen und Römern galt der Hund als treuer Wächter; sowohl im Guten (man erinnere sich nur an das bewegende

Wiedersehen zwischen Odysseus und Argus in der Odyssee) als auch im Bösen (Zerberus und Moloss, die schrecklichen Wächter der Unterwelt). Der Hund war auch ein Begleiter von Hekate, der dreifaltigen griechischen Gottheit der Unterwelt und der Nacht. Mit seinem Spürsinn wusste er außerdem die Seelen in den Hades zu begleiten. Er war ein heiliges Tier der Waldgöttin Artemis. Zeus schenkte der wunderschönen Europa einen Hund als Liebespfand. Hunde bevölkerten die Tempel des heilenden Gottes Äskulap. Sie waren dort beliebt, weil der Kontakt mit ihnen als wohltuend galt. Kannten die Griechen etwa schon die so genannte »Pet-Therapy«?

Die Menschen der Antike berichteten mehrere Geschichten über Hunde, von denen einige auch rührend sind. Der Grieche Äonos tötete den Hund von Hypochoon mit einem Steinwurf. Daraufhin schlugen Hypochoon und seine zwölf Söhne ihn mit Stöcken tot, und nicht einmal Herkules, der dem Freunde zu Hilfe eilte, konnte ihnen Einhalt gebieten.

Als Ikarus, der Held von Athen, getötet wurde, entdeckte das Hündchen Maira seine Leiche und rief mit ihrem Jaulen die Tochter von Ikarus herbei, die sich aus Schock das Leben nahm. Maira blieb daher bei der Leiche und starb aus Schmerz. Der Gott Dionysos verwandelte das treue Hündchen in den Waschbär-Stern aus der südlichen Konstellation des kleinen Hundes. Plutarch, der große Philosoph der Moral, schreibt: »Der Anblick der Bürger, die an Bord des Schiffes das Ufer verließen, erregte bei einigen Leuten Mitleid... auch die Tiere taten einigen Menschen leid, die während des Einschiffens mit hektischem Kläffen hinter ihren Besitzern hin und her liefen. Unter diesen Tieren wurde ein Hund von Xanthippos, dem Vater des Perikles, berühmt, weil er, untröstlich darüber, dass sein Herr ihn verließ, sich ins Meer stürzte und bis nach Salamis neben seinem Dreiruderer herschwamm. Sobald er jedoch das Land erreicht hatte, stürzte er bewusstlos zu Boden und starb. Auch heute noch ist in Salamis die Stelle zu sehen, wo er begraben sein soll. Sie wird »Tumulus des Hundes« genannt.«

Im Mittelalter wird der Hund endgültig zu einem positiven Symbol; die Folklore ist reich an Geschichten, in denen Hunde nahende Gespenster oder den Tod erahnen.

Die Helden des keltischen Epos haben alle eine sehr gute Beziehung zu Hunden; der nationale Held Cu Chulainn gehört einer Bruderschaft an, deren Wahrzeichen ein Hund ist. Selbstverständlich war es für diese Helden unerlaubt, Hunde zu quälen oder zu töten.

Auch die Heiligen hatten oft gute Beziehungen zu ihren vierbeinigen Freunden: Wir erinnern an den Hund des Hl.Rochus, der für seinen an Pest erkrankten Herrn sorgte, und an Grigio, den Wolfshund von Don Bosco, der immer, wenn sein Herr in Gefahr schwebte, ihm zu Hilfe eilte.

Käfer

Der Mistkäfer, *Scarabeus ateuchus*, umgibt sein Junges mit einer Kugel aus Stroh, Mist und verschiedenen Resten und deckt ihm so den Tisch für seine ersten Mahlzeiten. Das erregte die Aufmerksamkeit der ägyptischen Priester, die zwischen der Kugel des Mistkäfers und der Erdkugel eine Analogie entdeckten: Der Mistkäfer sorgt, wie Osiris, dafür, dass die Welt sich dreht. Er wurde als Ornament des Gottes der Morgensonne, Khepri, abgebildet. Porphyrius bestätigt tatsächlich, dass er in Ägypten als Symbol der Sonne galt (der ägyptische Käfer ist durch seine braun-goldenen Reflexe schöner).

C.G. Jung berichtet über den tibetischen Mythos von Bogda-Gesser Khan, der enorme Schätze anhäufte und sie in einer unzugänglichen Schlucht versteckte, die von einem alten Käfer bewacht wurde.

Käuzchen

Das Käuzchen war Athene heilig, der griechischen Göttin der Weisheit, der Kunst und des Krieges. Man sagte von Athene, sie habe große grüne, leuchtende oder auch helle Augen. Was beim Käuzchen auffällt, sind eben seine leuchtenden Augen. Ein strahlender Blick lässt auf Intelligenz schließen. Das Käuzchen ist der Vogel Athenes, weil es die ganze Nacht wach bleibt und daher ein Sinnbild des Geistes ist. Außerdem konnte die Göttin sich verwandeln und seine Form annehmen.

Kamel

Die Araber sagen, der Tod sei ein schwarzes Kamel, das vor allen Türen niederkniet; die Freude hingegen sei ein weißes Kamel.

Für die Christen ist es nach den Kreuzzügen ein Symbol der Nüchternheit und Sanftmut geworden, die in einer Skulptur der Kathedrale von Reims der Allegorie des Gehorsams zugeschrieben wird.

Kaninchen

Das Kaninchen gilt als Symbol der Fruchtbarkeit und Sexualität. Es war Aphrodite geweiht und wurde später auch mit Venus in Verbindung gebracht.

Es ist auch das Sinnbild aller von Jägern verfolgten Kleintiere. Die Heiligen von Irland und den Hebriden beschützten sie. Die Häschen flüchteten unter die Tunika des Hl. Joseph von Copertino, um den Hunden und Jägern zu entkommen, die dadurch in Verwirrung gerieten (im 16. Jhdt war der Hl. Joseph in der Gegend von Salento eine Berühmtheit).

Bei den Ägyptern wurde das Töten einer Katze strenger bestraft als das jedes anderen Tieres, ganz gleich ob es unabsichtlich oder absichtlich geschah. Wer eine Katze tötete, war immer ein Krimineller, und ein solches Verbrechen konnte nur mit dem Tode gesühnt werden. Wenn jedoch eine Katze eines natürlichen Todes starb, so sagte Herodot, beweinten die Bewohner des Hauses sie, als ob ein Familienmitglied gestorben wäre. Die Katze wurde einbalsamiert und würdig begraben.

Die Ägypter nannten sie *Myou*, was offensichtlich eine Lautnachahmung ist, und verehrten sie in vielen Regionen, aber hauptsächlich in Bubastis, der Stadt in Süd-Ägypten, in der Bastet, die Göttin mit dem Katzenkopf, verehrt wurde. Wie die Göttin Bastet, so war auch die Katze eine Feindin der Schlangen. In einem Grabpapyrus ist sie dargestellt, wie sie den Kopf eines Reptils abbeißt. Die Verehrung von Bastet war in Theben und Memphis verbreitet; in der Umgebung dieser beiden Städte wurden Katzenfriedhöfe mit über zweihunderttausend Mumien gefunden. Während der Kater der Sonne und Osiris heilig war, galt die Katze als dem Mond und Isis geweiht. Die Katze, deren Pupille Veränderungen unterworfen war, die an die Mondphasen erinnerten, wurde wegen ihrer geheimnisvollen und rätselhaften Natur und wegen ihrer empfindlichen Reaktion auf magnetische und elektrische Erscheinungen mit der Sphinx verglichen. Außerdem machten ihre gewohnheitsmäßig zusammengerollte Haltung und ihre Fähigkeit zu schlafen sie in den Augen der Hierophanten zum Sinnbild der Meditation. Sie wurde den Kandidaten der rituellen Einweihungen als Beispiel vorgestellt. Im Ägyptischen Totenbuch wird die Katze *Matou* genannt, weil sie gegen Apophis, die Pythonschlange der Sümpfe und das Symbol des Bösen, kämpfte.

Man behauptete schließlich, die Katze habe neun Seelen und neun aufeinander folgende Leben.

Die erste Frau, als Eva noch nicht geboren war, die reine, rebellische, unkontrollierbare und unberechenbare Lilith, die wilde Jungfrau und Herrin der Schatten, wählte den Geist der Nacht und des Mysteriums zu ihrem Gefährten – die Katze.

Die Griechen hingegen ignorierten die Katzen. Sie benutzten Wiesel und Nattern, um die Mäuse aus ihren Häusern zu verjagen.

Die Christen ihrerseits sahen die Katze in einem schlechten Licht; sie beschuldigten sie, alle möglichen Untaten anzuziehen. Bereits die Gnostiker glaubten, die Katze sei mit allen diabolischen Aspekten der Weiblichkeit verbunden. Die Katze verhält sich zum Hund, so sagten sie, wie die Frau zum Manne. Ihre Sinnlichkeit, ihre Zärtlichkeit und ihre Schläue ähnele jener der Frauen.

Außerdem wurde die Katze in der Folklore bereits früh mit der Hexerei in Verbindung gebracht. Hexen verwandelten sich gern in Katzen. Duchaussay sagt in seinem *Bestiaire Divine*: »Es ist sicher, dass die schwarze Katze als Ebenbild der dunklen Nacht, in der die göttliche Phoebe erstrahlte, zum klassischen Begleiter der Hexen ernannt wurde, nachdem Riten und der Kult des Mondes bereits offiziell verbannt und zur Hexerei erklärt worden waren.«

Wenn man die Erzählung *Die schwarze Katze* von Edgar Allan Poe aufmerksam liest, so entdeckt man darin eine erotisch-symbolische Rolle der Katze.

Kormoran

Die Seeleute haben großen Respekt vor diesem Vogel, der kreischt, wenn ein Sturm herannaht, weil er die Seele eines Ertrunkenen oder eines im Meer vermissten Seemanns verkörpern könnte.

Koyote

Der Koyote ist eines der wichtigsten Tiere in der Mythologie der Indianer! In der Schöpfungsgeschichte der Achuwami ist der Koyote, zusammen mit dem Fuchs, der Schamane, der mit seinem Gedanken und seinem Gesang die Welt erschafft. Nach einer Erzählung der Navajo raubt ein Koyote dem schwarzen Gott des Feuers die Flamme, während dieser schläft. Er durchquert mit der Glut das Haus der Sonne, läuft am Hause des Mondes vorbei und bringt sein Geschenk dem ersten Mann und der ersten Frau.

Die Hopis (Ureinwohner des Südwestens) vom Clan des Koyoten rufen ihr Totemtier mit Hilfe von rituellen Gegenständen an. Der Koyote von Oraibi zeigt ihnen den Weg, den sie bei ihren Wanderungen nehmen sollen.

Krokodil

Herodot von Halikarnass, ein reicher, gebildeter junger Mann, der im V. Jhdt. v. Chr. die gesamte damals bekannte Welt bereiste, erzählt, wie die Ägypter ihre heiligen Krokodile behandelten: »Für einige Ägypter sind die Krokodile heilig... Die Einwohner der Regionen von Theben und vom See Meris halten sie für absolut heilig. In beiden Regionen wählt man ein Krokodil aus, das handzahm aufgezogen wird; sie hängen ihm goldene Ohrringe mit Edelsteinen an die Ohren und Armreifen um die Vorderbeine, sie bringen ihm die vorgeschriebenen Lebensmittel und Opfer dar und behandeln es zu seinen Lebzeiten, so gut sie nur können. Nach seinem Tode balsamieren sie es und begraben es in einem heiligen Sarg.«

Die Mitglieder der afrikanischen Gemeinschaft der Mossi, die im Sudan leben, singen: »Möge deine Kraft nicht still und tatenlos bleiben! Wir drehen uns hierher, wir drehen uns zurück, wir drehen uns hierher... Schützer unserer Vorfahren, halt dir nicht die Ohren zu, schütze auch deine Kinder. Wir wenden uns hierhin, wir wenden uns dahin... wir haben dir deine Speisen zubereitet, das Feuer ist wieder angefacht. Lass deine Hilfe nicht auf sich warten, Vater Krokodil!«

Kuh

Die Ursprünge der sakralen Verehrung von Rindern in Indien geht auf lang vergangene Zeiten zurück. Sie verliert sich in den Spuren einer geheimnisvollen Zivilisation des Nordwestens von Indien, die um 5000 v. Chr. ihre Blütezeit erlebte.

Die erste Kuh, die Ahura Mazda zusammen mit dem Menschen erschuf, ist ein Symbol für die Fruchtbarkeit der Erde. Im Zend-Avesta steht geschrieben: »Dem guten, wohlwollenden, reichen und herrlichen Ahura Mazda werden alle Dinge zugeschrieben, die von höchster Güte sind: Ihm gehört die erste Kuh, ihm gehört die Heiligkeit, ihm gehören alle leuchtenden Sterne und der Glanz, der von ihnen ausgeht.«

In den Hymnen des Zarathustra wird gesagt, dass die Kuh ein Geschöpf ist, das den Geist der Güte verkörpert. Der Respekt ihr und den anderen Tieren gegenüber ist ein unverzichtbares Element, will man die »Gute Lehre« erlangen.

Lamm

Das Junge der Schafe ist wegen seiner rührenden Unschuld das Symbol der reinen, makellosen Geschöpfe.

»Wer hat dich erschaffen und dir befohlen, dich am Bach und auf der Wiese zu nähren; wer hat dir dieses weiche, wollige, herrliche Kleid der Freude gegeben, wer gab dir diese sanfte Stimme, um die Täler zu erfreuen? Lämmchen, Gott segne dich!«, so besingen es die *Lieder der Unschuld* (1789) von William Blake.

Der flammenspeiende Sturmgott Adad bei den Babyloniern (um 2500 v. Chr.) war ein geflügelter Löwe.

Sekhmet hieß die wilde ägyptische Löwengöttin der Sonne. Sie war so aggressiv, dass sie, als Ra sie auf die Erde schickte, um diejenigen zu bestrafen, die gegen seine Religion rebellierten, die Stadt anzündete und mit solch einer Wut verwüstete, dass Ra selbst eingreifen musste, um sie zu beruhigen, denn sonst hätte sie die ganze Welt zerstört.

Die Religion des Mithras kannte als höchsten Gott einen *Deos leontocephalos*, einen löwenköpfigen Gott.

Im *Cabinet des Dessins* in Paris ist eine Zeichnung aufbewahrt, in der die Gesichtszüge von Zeus, dem Götterkönig, studiert und mit denen des Löwen verglichen werden. Das eine ist von dem anderen überlagert. Mutter Natur, Cybele, durchpflügte die Himmel und die Berge Phrygiens mit ihren Löwen. Sie wird auch mit einem Löwen auf dem Schoß dargestellt, den sie wie ein Kind hält.

In den Tierbüchern des Mittelalters spielt der Löwe stets als Symbol von Christus eine wichtige Rolle.

Als typisches Sonnentier galt er für C.G. Jung als »Zeichen der Sommersonnenwende, das die heftigste, feurige Begierde symbolisiert«.

In vielen Denkmälern der Antike wird er als Hüter der Schwelle und Wächter des Tempels dargestellt, jederzeit bereit, das Böse zu zerfleischen und ihm so den Eintritt zu verwehren.

Bei den Alchemisten gilt er als Emblem des Goldes.

Maus

»Mäuse in Weissagungen sind nicht zu verachten«, schrieb Plinius der Ältere, der im 1. Jahrhundert die erste Enzyklopädie der Naturwissenschaften verfasste, »auch nicht in denen, die das öffentliche Leben betreffen. Dem Lanuvius nagten sie an seinen silbernen Schilden und kündigten so den Krieg der Marse an; dem Kommandanten Carbone sagten sie den Tod voraus, indem sie an seinen Schuhriemen nagten. Die Geburt weißer Mäuschen ist ein glückliches Vorzeichen.« Die Griechen in der letzten Epoche nannten Apoll, den Gott der Reinheit, den »Rattengott«, mit dem Gattungsnamen »Smintheos«.

Im Bereich der christlichen Kultur ist die Maus das Symbol einiger heiliger Frauen, wie etwa der Hl. Gertrud von München. Sie stellen hier das geduldige Rezitieren, 'Nagen' von Gebeten oder heiligen Texten dar.

Derjenige, der diese Worte geschrieben hat, kann heute als 'Bibliotheksmaus' (*topo di biblioteca*, ähnlich dem 'Bücherwurm', N.d.Ü) bezeichnet werden.

Nachtigall

Der Gesang der Nachtigall klingt süß durch die Nacht. Shakespeare schrieb in *Romeo und Julia*, dass ein Liebespaar zusammenbleibt, aber sich der Gefahr des Todes aussetzt, wenn es die Nachtigall hört; dass ihr Leben gesichert ist, die Liebenden sich jedoch trennen müssen, wenn sie die Lerche (mit ihrem morgendlichen Gesang) hören.

Otter

Dieses intelligente und verspielte Tier, das heute wegen der gnadenlosen Jagd auf sein Fell fast ausgerottet ist, war bei den Ägyptern heilig.

Es fühlt sich besonders im Wasser wohl, gehört aber auch zu den drei Reichen der Luft, der Erde und des Wassers.

Hieronymus Bosch hat den Otter dargestellt, wie er zu Füßen des Christus aus einer Wasserpfütze steigt.

Einer Legende der Navajos zufolge, können die großen Otter, die in den Flüssen leben, die Strömung des Wassers regulieren und Menschen heilen, die vom Blitz getroffen wurden oder im Wasser verunglückt sind. Der Otter ist nach den Indianern auch ein Symbol der weiblichen Energie; diese Energie macht ihn den ganzen Tag verspielt und lustig.

Papagei

Christoph Kolumbus brachte ihn von seinen Reisen mit und setzte damit in Europa eine Mode in Gang. Berühmt war im Jahre 1505 der Papagei der Margarethe von Österreich, den sie ihre »grüne Liebe« nannte. Als der Papagei von einem Hund gebissen wurde und starb, verfasste der Dichter Jean Lemaire ein langes Gedicht, *Der grüne Geliebte*, in dem die Abenteuer des kleinen Vogels im Jenseits erzählt werden, der seitdem bei Hofe wie ein heiliges Tier verehrt wurde.

In den Beitrittsriten der Freimaurer-Logen wird der Papagei als konkretes Beispiel gezeigt, um vor der weiblichen Neugier zu warnen. Außerdem wurde dieser Vogel zum Symbol der Schwatzhaftigkeit des zarten Geschlechtes.

Pfau

In den Legenden, sei es dass er von den Flotten des Königs Salomon aus Asien oder aus Indien von Alexander dem Großen eingeführt wurde, galt er immer als ein kostbarer, von den Königen geliebter Schatz.

Die Griechen machten ihn zum heiligen Tier von Hera, der eifersüchtigen und stolzen Gattin des Zeus.

In einer Legende der persischen Mystiker, der Sufis, schuf Gott den Geist in Form eines Pfaus.

Im alchemistischen Prozess gilt er als Zeichen des vollen Tages, des Sommers und der vielfarbigen Früchte.

In Vietnam ist er ein Friedenssymbol.

Pferd

Im Anatolien des zweiten Jahrtausends v. Chr. wurde Pìrva, der Pferdegott, angebetet. Im Indien der Upanishaden symbolisierte das Pferd die Welt: »Die Morgenröte ist der Kopf des Pferdes, die Sonne sein Auge, der Wind sein Atem, der Himmel sein Rücken und die vier Jahreszeiten seine Beine.« In Zentralasien wurden Pferde nach ihrem Tode neben dem Kriegerhäuptling begraben, der sie geritten hatte.

Geflügelte Pferde und Pferde-Schlangen bevölkern die ältesten Mythen. Weiß und leuchtend waren die Pferde des Helios, des griechischen Sonnengottes (dem alle Pferde heilig waren) Äos und der Aurora. Die des Hades waren schwarz (Pluto). Das Pferd begleitete die Helden: Bellerofontes tötet die furchtbare Chimäre, als er auf Pegasus reitet. In Griechenland wurden in der reichen Megalopolis von Argos die Pferde in den Heiligtümern von Hera, der Göttin der Ehe, gezüchtet. Sie stellen nicht die Götter dar, sind ihnen jedoch geweiht.

Nach dem Glauben der Römer war Neptun der Schutzgott der Pferde.

Als San Columella im Sterben lag, lehnte ihm sein weißes Pferd den Kopf an die Schulter und weinte.

Im Gesetzbuch der Ritter des Mittelalters, das voller reicher und komplexer Riten ist, waren Pferd und Reiter stets vereint. Der Ritter Uggeri der Däne nahm tausend Abenteuer auf sich, um sein Pferd wiederzufinden. Auch beim Kampf gegen den Drachen sind Pferd und Reiter unzertrennlich.

Bei den Indianerstämmen der amerikanischen Ebenen war es üblich, dass sowohl das Pferd als auch sein Reiter aufgemalte Symbole trugen. In der ganzen Welt symbolisiert das Pferd die irdische und überirdische Kraft. Es wird geschätzt und mit der magischen Kraft der Schamanen in Verbindung gebracht.

Rabe

In Indien wird der Rabe als Symbol der Schutzgottheit Indra verehrt.

Er ist Apollon in seinem Sonnenkleid als Phoebos geweiht und Mithras heilig, dem mächtigsten Sonnengott der menschlichen Geschichte. Auf ihre Hinweise hin brachte er den Auguren-Priestern glücksbringende Zeichen.

Der Gott Lug zeigte sich als Orakelvogel den Sterblichen, daher war der Rabe auch bei den antiken Galliern heilig.

Der selige Rabe, Bran Bendgeit, ist der Schutzpatron der alten irischen Seeleute.

Zwei Raben waren es auch, die Odin, den König der germanischen Götter, begleiteten.

Der Hl. Benedikt von Nursia wurde jeden Tag von einem großen schwarzen Raben besucht, der sich zur Mittagessenszeit auf dem Fensterbrett seiner Zelle niederließ, um ein paar Brotkrümel zu bekommen und sich, wie man sagt, mit ihm zu unterhalten.

In der Alchemie liegt die Phase, deren Zeichen er ist, die *Nigredo*, unmittelbar vor der *Albedo*, der Erleuchtung. Nach den Okkultisten deutet der Blick des Raben auf die Stelle, an der sich der Stein der Weisen befindet.

Bei den Indianern gilt der Rabe als Botschafter der Magie. Wenn eine magische Zeremonie abgehalten wurde, war der Rabe dabei, um die magische Energie aufzunehmen und an den Ort zu bringen, für den sie bestimmt war. Mit seiner Hilfe konnte man Menschen heilen, auch wenn sie weit entfernt waren.

Als Botschafter, Gedanke und Gedächtnis der Geister wurde er in dem bemerkenswerten Film *The Crow* (unter der Regie von Alex Proyas, USA 1994) dargestellt, dem letzten Film von Brandon Lee, der bei den Dreharbeiten starb.

Reiher

Wahrscheinlich war es der Reiher, der den Mythos vom Phönix inspirierte. Er ist das Symbol des ständig sich erneuernden Lebens und der ewig lebendigen Energie der Natur, König der kosmischen Zeit-Zyklen (sein sagenhaftes Leben dauert von 500 bis zu 14.000 oder gar 86.000 Jahren) und der Sonne und Sinnbild der Güte. Die Priester in Heliopolis, der Sonnenstadt in Ägypten, bereiteten das Nest für die Reiher, die im großen Tempel nisteten, wo sie unter dem Namen Benu verehrt wurden.

Rotkehlchen

Das Rotkehlchen hat sich sein Herz am Feuer des Himmels verbrannt. Nach einer christlichen Legende setzte sich dieser Vogel auf den Kopf des gekreuzigten Christus, der mit Dornen und Blut bedeckt war, und befleckte so seine Brust, die sich rot färbte. Seitdem trägt er diesen kostbaren Fleck.

Schaf

Der Herold und Götterbote Hermes, Gott der Schläue und der Orakel, liebte die Schafe und beschützte ihre Herden. Er hatte die Macht, ihre Gesundheit zu erhalten.

Die ersten italischen Ureinwohner glaubten, es gebe einen Gott, Faun, der den Schafen jedesmal zu Hilfe eilte, wenn er ihr Blöken hörte.

Für die Theologen ist das Schaf das vollkommene Bild der Milde, weil es sich, ohne Widerstand zu leisten, das abnehmen lässt, was es an Kostbarem besitzt – seine Milch und seine Wolle.

Im gesamten Mittelalter verband man nach dem großen Enzyklopädisten St. Isidor das Wort *ovis* (Schaf) mit *oblatio* (Opfer).

Der heilige Josef von Copertino bei Salento ist berühmt dafür, dass er die Schafe einer Herde, die vom Hagel getötet worden war, eins nach dem anderen wieder zum Leben erweckte.

Als in den Jahren von 1855 bis 1858 Bernadette Sobirou, die kleine Hirtin von Lourdes, ihre Schafe hütete, brach sie in ein untröstliches Weinen aus, wenn der Metzger kam, um die fettesten Schafe zum Schlachten zu kennzeichnen, sodass man, um sie zu beruhigen, ihr eine Lüge über die Bestimmung dieser armen Tiere erzählen musste.

Johannes XXIII. sagte 1961 bei einer Audienz in Castel Gandolfo: »Jesus, als guter Hirte, konnte nicht anders, als die sanften Schafe zu lieben und alle zu ihrem Schutz aufzufordern.«

Schildkröte

Nach einer hinduistischen Volkslegende verwandelte sich der Gott Vishnu in eine riesige Schildkröte, um das Gewicht der Welt zu tragen, die sonst untergegangen wäre.

Der Taoist Lieh-Tzu behauptet, der Himmel werde von fünffarbigen Steinen getragen und die Erde von einer Schildkröte. Auf der anderen Seite der Erde sehen die Algonqin-Indianer Zentral-Amerikas und die Irokesen die Welt als auf dem Rücken einer riesigen Schildkröte liegend.

Der homerische Hymnus an Hermes ruft die Schildkröte mit folgenden Worten an: »Du wirst gegen Pest und Krankheit schützen.« Überdies glaubte man, ihr milder Blick ließe die Eier ihrer Jungen aufgehen. In der Region von Arkadien waren die Schildkröten Pan, dem Gott der Wälder und der wilden Natur, geweiht.

In Afrika, genauer gesagt in Nigeria, erzählen die Igbo, dass in vergangenen Zeiten ein König, der die magischen Kräfte der Schildkröte erkannt hatte, folgendes Dekret erließ: »Die Schildkröte ist ein sehr mächtiges Tier; sie soll von nun an benutzt werden, um die bösen Geister zu vertreiben und die Zukunft vorauszusagen. Ihr Geist soll der Beschützer dieses Landes sein.«

Nach den Indianern hat die Schildkröte die Aufgabe, Neugeborene ans Licht zu geleiten. Außerdem besagt ihre Schöpfungsgeschichte, dass eine Schildkröte in der Zeit, als nur das Wasser existierte, in das Urmeer hinabtauchte und eine Schlammkugel heraufbrachte, aus der der große Vater die Welt formte.

Wer also eine Schildkröte im Garten hat, hüte sich, sie zu vertreiben. Er könnte von Krankheiten heimgesucht werden, seinen Sohn verlieren oder das Haus könnte über ihm zusammenbrechen.

Schmetterling

Der Schmetterling ist das Symbol der menschlichen Seele. Chuang Tzu (4. Jhdt. v. Chr.) erzählte: »Chuang Chou träumte einmal, er sei ein Schmetterling. Er war ein glücklicher Schmetterling, der sich damit amüsierte, seinen Launen zu folgen. Er wusste nicht, dass er Chou war. Plötzlich wurde er wach und war wieder Chou, in seinem Körper gefangen. Er wusste nun nicht mehr, ob er Chou war, der von einem Schmetterling geträumt hatte, oder ein Schmetterling, der geträumt hatte, er sei Chou... so ist es auch mit der Verwandlung der Wesen!«

Psyche, die griechische Göttin der Seele, wird als Mädchen mit Schmetterlingsflügeln dargestellt.

Eine irische Legende heißt »Die Seele ist wie ein Schmetterling«. Sie erzählt, wie ein Schäfer, der einschlief, als Schmetterling Traumplätze besuchte.

Die frühen Christen brachten den Schmetterling mit den Engeln in Verbindung: »Wie die Engel ernährt er sich von Licht.«

In einem wunderbaren modernen Tierbuch schreibt Jules Renard 1910: »Schmetterling. Ein zusammengefaltetes Liebeskärtchen, das nach der Adresse einer Blume sucht.«

Schlange

Auf den persischen Siegeln des 4. Jahrhunderts v. Chr. spielt die Schlange eine wichtige Rolle; sie symbolisiert die guten oder bösen Kräfte, die die Erde in ihrem Schoß birgt. Dieses Reptil erinnert besonders an das Wasser der Brunnen und die Vegetation.

Die Ägypter waren von diesem geheimnisvollen Tier fasziniert, das aus dem Innersten der Erde zu kommen scheint und sich jedes Jahr von neuem häutet. Es gab mehr als dreißig Gottheiten, die die Form einer Schlange hatten.

Nach zahlreichen 'primitiven' Legenden hat sich der Ur-Gott als Schlange manifestiert. Die Sonne selbst galt als 'die schöne Kupferschlange', während der *Ouroboros*, die ringförmige Schlange, den Kosmos und die unendliche Zeit darstellt.

Als Bewohner des Erdenschoßes sorgen die Schlangen für Fruchtbarkeit. In Rom wurde die Schöpferschlange oft als Ursprung und göttlicher Ahne von Königen und Helden bemüht. Eine Legende besagt, dass Apollon sich in eine Schlange verwandelte, um den Kaiser Augustus zu erschaffen. In den Provinzen des römischen Reiches (in Asien und Rumänien) huldigte man bis zum 3. Jhdt. dem Kult der Schlange Glykon.

Die Adepten der Gnosis feierten über Jahrhunderte Messen mit Schlangen.

Nach den Tewa-Indianern ist die Schlange ein Wahrzeichen des Blitzes. Bei den Hopis wird heute noch das Ritual der Schlange in den Kiwas der Mesa gefeiert. Andere Stämme glaubten, dass die Schlangen sie bei ihren Wanderungen beschützten, ihnen die Richtung zeigten und als Übermittler der Botschaften der Erde fungierten. Die Schlange der Kwaikutl konnte die Form eines Menschen oder eines anderen Tieres annehmen.

Die melanesischen Baining denken, dass »Steine und Schlangen nicht sterben«. Im gesamten südöstlichen Asien, in Neuguinea, Australien und Melanesien, ist der Mythos verbreitet, nach dem eine riesige Regenbogenschlange die ganze Welt erschuf.

Schwalbe

Jahrhundertelang haben die Dichter die Rückkehr der Schwalben als freudige Ankündigung des Frühlings besungen. So auch Horaz in der XII. Ode: »Hier kommen die Begleiter des Frühlings, die thrakischen Winde, die das Meer in Musik versetzen und die Segel vorwärts treiben. Die Wiese glättet sich, die Schmelzwasser des Winters verstummen. Die Schwalbe nistet.«

Die römischen Dichter glaubten, zwei Schwestern seien während einer Familientragödie von den Göttern in eine Schwalbe und eine Nachtigall verwandelt worden, um zu verhindern, dass sie getötet wurden. Ovid hat diese wunderschöne Legende in seinem Meisterwerk *Die Metamorphosen* erzählt.

Andere Zeiten, andere Schauplätze: Während der Wuwuchim-Zeremonie übergaben die Hopi-Indianer den Schwalben Botschaften, die sie den Göttern überbringen sollten.

Schwan

Der Schwan ist eines der heiligen Tiere Indiens. Brahma fliegt auf einem Schwan.

Er ist auch Apollon heilig, dem Sonnengott des weißen Lichtes und der Harmonie. Einer der zauberhaftesten griechischen Mythen ist der von der schönen Leda, die sich mit einem Schwan (einer Metamorphose von Zeus) begattet. Leda bekam dann ein Ei, aus dem die Zwillinge Kastor und Pollux geboren wurden, und, wie es heißt, die wunderschöne Helena. Der Schwan wird stets mit der weiblichen Schönheit in Verbindung gebracht. Nach der Mythologie sind die Schwäne auch Aphrodite heilig; sie ziehen den Wagen der Liebesgöttin Venus, wobei sie das göttliche Licht über der Erde verbreiten.

Aber wenn auch das makellose Weiß des Schwans und seine eleganten Bewegungen an die heitere Ausgeglichenheit des Geistes erinnern, so ruft die brutale Kraft seines Flügelschlags und die Aggressivität der männlichen Anführerschwäne die Vorstellung des Kampfes wach. Der Schwan war auch ein Tier, das Ares (Mars), dem Kriegsgott, gefiel.

Im alchemistischen Prozess der Herstellung des Steins der

Weisen ist der Schwan die zweite Phase, die *Albedo*, die Erleuchtung, das Morgengrauen.

In der asiatischen Folklore gibt es verschiedene Erzählungen, in denen ein Reisender an einem Seeufer wunderschöne nackte Frauen trifft, die in Wirklichkeit Schwäne sind – sie haben ihr Federkleid ausgezogen, um ein Bad zu nehmen.

Schwein

In der berühmten Geschichte aus der Odyssee verwandelt Circe die Gefährten des Odysseus in Schweine. Weniger bekannt ist hingegen die Überlieferung (von Plutarch und Lucianus bis zu Macchiavelli, Cristobal de Villalon, Gelli und La Fontaine), nach der sie anschließend nichts mehr davon wissen wollten, wieder in Menschen zurückverwandelt zu werden, nachdem sie das unschuldige Glück und die Sorglosigkeit dieser Tiere am eigenen Leibe erfahren hatten.

Im südlichen Mittelmeerraum war das Schwein seit jeher mit einem Tabu belegt. Sowohl für die Ägypter als auch für die Hebräer und Moslems war es klar, dass man Schweinefleisch nicht essen darf.

Einige Götter der damaligen Zeit 'forderten' das Opfern von Schweinen, wie etwa Demeter bei den Griechen.Die Ägypter opferten dem Mond Schweine, und auch die Kelten hatten ihre Riten, in denen sie sie verwendeten. Aber dabei handelte es sich um symbolische Opfer, nicht um die Massenvernichtung, die wir heute betreiben. Ein erschreckendes Massaker an Millionen armer Seelen, deren Körper in Schinken und Würste verwandelt werden.

Spatz

Er war Aphrodite/Venus geweiht. In der mittelalterlichen Ikonographie verkörperte er Vulgarität, Lüsternheit und Unzucht. Der heilige Josef von Copertino streichelte die Spatzen und besonders die Stieglitze. Ein bestimmter Spatz wurde berühmt dafür, dass er zu bestimmten Zeiten unglaublich pünktlich zusammen mit dem Heiligen die Choräle anstimmte.

Stier

Im IV. Jahrtausend v. Chr. hatten die Rinder in den Ebenen Mesopotamiens eine wichtige Rolle inne. Ihre Größe flößte Respekt und Verehrung, ihre sexuelle Kraft Furcht ein. Ihre Hörner waren das Symbol des Mondes und der göttlichen Macht.

Aus den Kellern des ersten, von Leonard Woolley entdeckten Tempels zwischen den Grabhügeln der Chaldäer von Ur, der ältesten Stadt der Welt, wurden vier bronzene Stiere geborgen, die als Wächter der Mutter und Göttin dienten.

Der Sturmgott der Hethiter ritt auf einem Stier.

Vom linguistischen Standpunkt aus sind 'Stier' und 'Gott' in vielen europäischen Sprachen miteinander verbunden:

Stier heißt auf Sanskrit	GO
in sumerischer Sprache	GUD
in persischer Sprache	GAW
Gott heißt auf skandinavisch	GUD
auf gotisch	GUTH
auf germanisch	GOTT
auf englisch	GOD

Die Sumerer, die den Stier wie ein übernatürliches Wesen verehrten, wandten sich mit folgenden Worten an ihn: »Stier, der du deine Truppe in Alarmbereitschaft hältst, dein Herz sei ruhig! Stier, dessen Kräfte wie Gewichte sind, dein Herz sei ruhig! Muhender Stier, dein Herz sei ruhig! Stier, der du Himmel und Erde erzittern lässt, dein Herz sei ruhig! Stürmischer Stier, dein Herz sei ruhig! Stier, dessen Hörner auf den Feind gerichtet sind, dein Herz sei ruhig!«

Die Verehrung heiliger Tiere in Ägypten überraschte die ausländischen Besucher der damaligen Zeit. Diodorus Siculus (Biblioteca Storica I, 84) bringt seine Überraschung so zum Ausdruck: »Was den Apis in der Stadt Memphis, den Mnevis in Heliopolis, den Ziegenbock in Mendes, das Krokodil vom Merides-See oder den Löwen, den man in Leontopolis füttert, betrifft, so ist das alles leicht zu erzählen, aber schwer, es denjenigen glaubwürdig zu machen, die es nicht gesehen haben. Diese Tiere werden in heiligen Gehegen gefüttert und der Pflege durch die geachtetsten Persönlichkeiten anvertraut, die ihnen ausgewähltes Futter geben. Sie kochen das beste Mehl oder Grieß in Milch und bieten ihnen ständig Honigkuchen und gekochtes oder gebratenes Gänsefleisch an; den fleischfressenden Tieren wirft man viele erjagte Vögel hin. In einem Wort, sie geben viel Geld für den Unterhalt dieser Tiere aus. Außerdem bereiten sie ihnen warme Bäder, sie salben sie mit den kostbarsten Ölen und verbrennen ohne Unterlass die süßesten Düfte vor ihnen. Dann bedecken sie sie mit Teppichen und reichem Schmuck. In der Paarungszeit verdoppeln sie ihre Pflege. Sie paaren die männlichen Tiere aller Art mit den schönsten Weibchen, Konkubinen genannt, sie verwöhnen sie mit allem möglichen Luxus und unter großen Ausgaben.« Der Stier Apis, wie in alter Zeit in Memphis beschrieben, wurde zunächst mit Ptah, dem Schöpfer, in Verbindung gebracht; danach wurde er auch zum lebenden Träger der heiligen Macht von Osiris. Die Verbindung von Osiris mit Apis wurde Oserapis, Sarapis oder Serapis genannt und von Griechen und Ägyptern als Gott verehrt. Die Nekropole der Apis-Stiere wurde bekannt, seit im Jahre 1851 der berühmte Sarapis-Tempel von Memphis entdeckt wurde. Die Ägypter begruben die mumifizierten Apis-Stiere am Rande der Wüste, in der Nekropole von Saqqarah. In dem abgegrenzten Bereich um die Gräber wurde unter Ramses II. (1304 – 1232 v.Chr.) ein Heiligtum zur Verehrung der verstorbenen Rinder errichtet; unter Ptolemäus I. (306 – 285 v.Chr.) kamen weitere Tempel hinzu.

In der Mythologie der Sioux sind die Unktehi, riesige Tiere in der Gestalt von Rindern, die Schöpfer und Beschützer des Landes. Auch nach den Dakota haben Rinder die Erde erschaffen; ihre Rippen bilden den Bogen der Erdoberfläche, ihr Schwanz und ihre Hörner berühren den Himmel.

In der christlichen Religion gibt es ebenfalls viele erbauliche Legenden über Rinder, angefangen von dem Ochsen, der mit seinem Atem das Jesuskind wärmte. St. Omobono liebte die Tiere im allgemeinen und besonders Rinder; sie liefen zu ihm, wenn sie seine Stimme hörten. Auch am traurigen Tage seines Todes kamen sie in gemessener Prozession herbei, um sich von ihm zu verabschieden.

Giosuè Carducci besang das Rind 1872 in folgendem Gedicht: »Ich liebe dich, du frommer Ochse, und deine sanften Gefühle; du verleihst meinem Herzen Kraft und Frieden; oh du, der du feierlich wie ein Monument über freie, fruchtbare Felder schaust oder dich zufrieden unter das Joch beugst, um dem Menschen bei seiner schweren Arbeit zu helfen. Er treibt dich an und sticht dich, du antwortest mit einem langsamen Umdrehen deiner geduldigen Augen. Aus deinem feuchten, schwarzen Nasenloch kommt dampfend der Atem; wie in einer freudigen Hymne verliert sich dein Ruf in der heiteren Luft; in deinem ernsten, leuchtenden

Auge von strenger Süße spiegelt sich weit und ruhig das Göttliche der grünen Stille.«

Es soll nicht respektlos erscheinen, wenn wir auf Carduccis Lied einen Gesang der ostafrikanischen Dinga folgen lassen: »Der Stier, glänzend wie die Sonne, ist die Freude der Frauen. Seine Hörner gleichen den Masten eines Schiffes. Der König der Welt ist glücklich darüber. Sein Buckel ragt mächtig über das hohe Gras!« Auch die Mulea-Ruanda in Ostafrika haben ein Wiegenlied zu diesem Thema: »Oh Kuh, wie schön bist du! Oh Kuh, alle bewundern dich. Oh Kuh, schön wie ein Juwel. Oh Kuh, du bist die Freude... Schön sind deine Schenkel und deine Brust. Schön ist dein Bauch, schön sind deine Farben.«

Stieglitz

Die christliche Ikonographie hat in ihrer Überlieferung den Stieglitz dabei dargestellt, wie er versucht, die Dornen aus der Stirn des gekreuzigten Jesus zu entfernen, wobei er einen Tropfen seines kostbaren Blutes als Geschenk erhält, den er immer mit sich trägt.

Storch

»Der Storch, der so sehr gelobt wird wegen der Fürsorge, die er seinen Eltern angedeihen lässt«, schreibt Charles Duret im Jahre 1613, »wird in der hebräischen Sprache 'chasisda', also der Milde, Mildtätige, mit Mitleid Begabte genannt.«

Der im europäischen Raum verbreitete Volksglaube, dass der Storch in seinem Schnabel neugeborene Kinder bringt, ist nicht so neu; er geht auf ziemlich lang vergangene Zeiten zurück.

Sie ist es, von der die erste Große Mutter der Zivilisation des Mittelmeerraums, die in den Felszeichnungen von Kreta als die Taubengöttin verehrt wird, ihren Namen und ihr Symbol bezog.

Zur Zeit der Sintflut brachte sie Noah den Ölbaumzweig, der Frieden und Rettung verhieß. Eine bestimmte Geste entging den Kommentatoren, die wir jedoch für unsere Beziehung zu den Tieren zum Vorbild nehmen sollten. Noah vollführt diese edle und überaus freundliche Geste: »Er streckte seine Hand aus, nahm sie und ließ sie herein.« (8,9) Diese Geste der Güte, Sorge und Aufmerksamkeit galt einem Tier, das Hoffnung, Unschuld und Reinheit brachte. Wir Menschen müssen unsere Hand ausstrecken gegen die Tiere und sie in unseren wohlwollenden Schutz nehmen, um unsere Freundlichkeit, Sorge, Aufmerksamkeit und Hoffnung auf eine bessere Zukunft zum Ausdruck zu bringen.

Bei den Griechen galt die Taube als prophetischer Vogel. Im heiligen Wald von Dodona in Epiros interpretierten die Priesterinnen ihr Gurren in der Nähe der großen Eiche, die Zeus geweiht war, als den Willen Gottes. Auch unter den heiligen Tieren der griechischen Göttin Aphrodite, die Liebe, Schönheit und Fruchtbarkeit verkörperte, befand sich die Taube.

Im »Evangelium der Ebioniter« steht geschrieben: »Als das Volk getauft war, kam auch Jesus und wurde von Johannes getauft. Als er aus dem Wasser stieg, öffnete sich der Himmel und er sah den Heiligen Geist in Form einer Taube, der herabstieg und in ihn eintrat.«

Bei den Alchemisten gilt die Taube als der Geist, der aus der groben Masse entsteht.

Heute ist sie ein Zeichen des Friedens; auf einem wunderbaren Bild von Picasso ist sie so dargestellt.

Wal

Nach der Bibel ist er Leviathan, das Urmonster der Tiefe. Seine Größe hat zu verschiedenen Legenden Anlass gegeben. Der Prophet Jonah hat im Bauch des Walfischs gelebt. Der gute Seefahrer Bruder Brandano las eine Messe auf dem Rücken des Wals, der so geduldig war, zu warten, bis die Mönche von ihm herunterstiegen, bevor er sich schüttelte und seine wahre Identität preisgab!

Widder

Der Widder ist nicht aus Zufall das erste Tier des Zodiaks. Er symbolisiert Glut, Impulsivität und Energie in Reinform.

Der ägyptische Geist der vier Elemente (Luft, Wasser, Feuer und Erde) wurde als Amon-Ra mit vier Widderköpfen dargestellt. Auch Amon aus dem Orakel der Oase von Siwah hatte Widderhörner. Das von Jason und seinen Argonauten eroberte goldene Vlies gehörte einem heiligen Widder. Außerdem war der Widder das bevorzugte Tier und der Bote von Hermes (Merkur), dem Gott der Musik und der Seelenhirten, dem Gott der Träume, der zum Spaß auf einem Widder ritt. Ein Widder war es auch, der den Gott Dionysos in der arabischen Wüste rettete, indem er ihm eine Quelle zeigte, an der er seinen Durst löschen konnte.

Wildschwein

Das Wildschwein war der griechischen Göttin Artemis geweiht. Die Kriegsgöttin Arduinna (von der der Name Ardennen stammt, die ihr Territorium waren) reitet auf einem Wildschwein. Der keltische Held Diamaid, ein Vorfahre von Tristan, ist ebenfalls mit dem Wildschwein verbunden. Sein Bruder wurde durch Magie in ein Wildschwein verwandelt. Seitdem war es für ihn unantastbar:

»Jage nie ein Wildschwein, das ist bei Todesstrafe verboten.« Auch in der gälischen Tradition findet man magische Wildschweine. Die stärksten Soldaten haben einen Helm, der mit einem Wildschweinkopf geschmückt ist, denn das Wildschwein galt als der mythische Vorfahre der Kriegerklasse.

Wolf

In Griechenland gab es einen heiligen Wald, der *Lukaion* genannt wurde, was *Reich des Wolfes* bedeutet. Der Wolf war Apollon geweiht, denn dieser entstieg der Nacht, wie der Wolf dem Wald oder das Licht der Dunkelheit; also fast wie ein Sohn der Finsternis, der Licht, Inspiration und Harmonie bringt.

Die Geschichte von Romulus und Remus, die von einer Wölfin aufgezogen wurden, ist nicht die Einzige in der Mythologie der Welt. Auch die Türken und die Griechen, die die Göttin Rea-Silvia verehren, kennen ähnliche Geschichten.

Die germanische Mythologie berichtet, dass Odin, der König der Götter, den Soldaten der von ihm beschützten Heere den Mut der Wölfe einzuflößen wusste.

Der Mythos der Wolfsmenschen und Werwölfe ist wahrscheinlich auf uralte kannibalistische Rituale zurückzuführen.